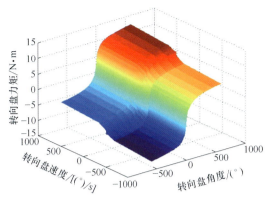

图 2-25 转向盘角度、转向盘速度与转向盘力矩间的 MAP

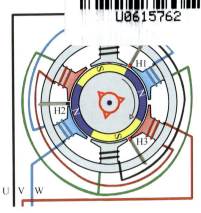

图 2-30 BLDCM 结构简图

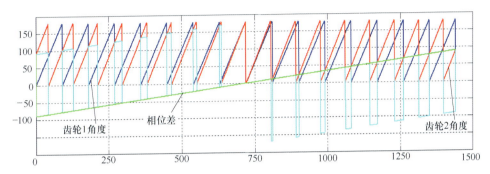

图 2-41 两个角度传感器输出及相位差

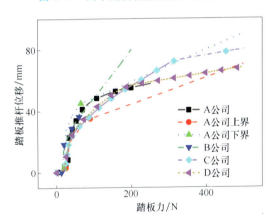

图 3-25 不同厂商的踏板力反馈特性

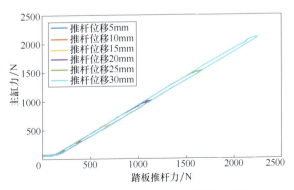

图 3-28 反应盘仅主面受力时的传力特性

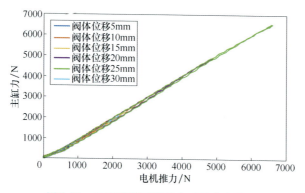

图 3-29　反应盘仅副面受力时的传力特性

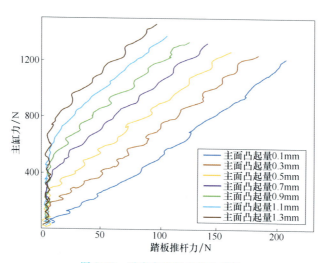

图 3-30　反应盘凸起时助力特性

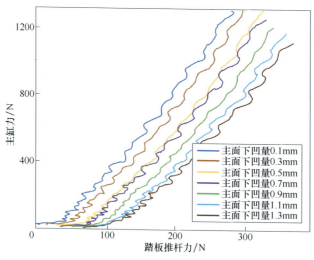

图 3-31　反应盘下凹时助力特性

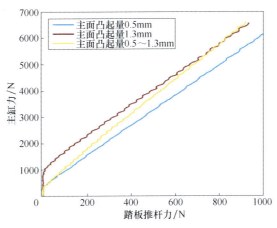

图 3-32　变凸起量时的助力特性

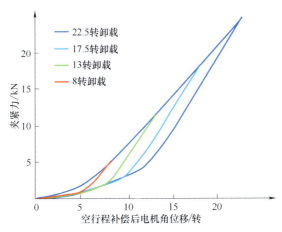

图 3-40　不同位置卸载时的夹紧力响应

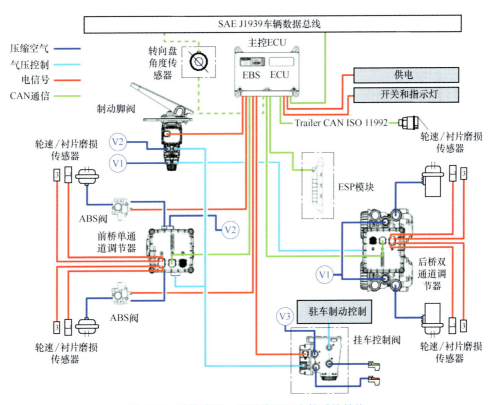

图 3-54　四传感器、四通道 EBS 电控系统结构

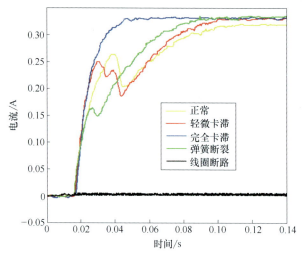

图 3-62 电磁阀在正常和失效工况下的电流响应

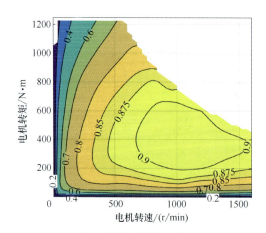

图 4-15 电驱动系统效率 MAP

"十四五"时期国家重点出版物出版专项规划项目

新能源与智能网联汽车新技术系列丛书

一流本科专业一流本科课程建设系列教材

智能车辆线控底盘与控制技术

黄 智 编著

机械工业出版社

本书是"十四五"时期国家重点出版物出版专项规划项目。

本书主要介绍了现代智能车辆线控底盘系统的基本结构、工作原理、主要控制问题及解决思路、电控系统以及故障诊断与容错控制等，内容包括绪论、线控转向系统、线控制动系统、线控驱动系统、线控悬架系统和底盘域协调控制技术等。本书力求为读者呈现线控底盘系统工程应用和技术研究的新进展、新成果，同时适当介绍最优控制、鲁棒控制、干扰观测器、模型预测控制等比较前沿的控制技术在线控底盘控制中的应用，以开拓学生视野。本书还特别介绍了线控底盘的功能安全问题，从冗余设计、安全架构、故障诊断与容错等方面讨论线控底盘系统的失效与容错控制问题，以利于培养读者的工程素养和工程实践能力。

本书可作为高等学校车辆工程和智能车辆工程专业高年级本科生和研究生的教材，同时也可作为相关领域工程技术人员的参考读物。

图书在版编目（CIP）数据

智能车辆线控底盘与控制技术／黄智编著. -- 北京：机械工业出版社，2025. 4. --（新能源与智能网联汽车新技术系列丛书）（一流本科专业一流本科课程建设系列教材）. -- ISBN 978-7-111-77870-7

Ⅰ. U463.1

中国国家版本馆 CIP 数据核字第 2025M105J3 号

机械工业出版社（北京市百万庄大街 22 号　邮政编码 100037）
策划编辑：宋学敏　　　　责任编辑：宋学敏
责任校对：陈　越　薄萌钰　封面设计：张　静
责任印制：单爱军
天津嘉恒印务有限公司印刷
2025 年 6 月第 1 版第 1 次印刷
184mm×260mm · 11.75 印张 · 2 插页 · 267 千字
标准书号：ISBN 978-7-111-77870-7
定价：43.00 元

电话服务　　　　　　　　　网络服务
客服电话：010-88361066　机　工　官　网：www.cmpbook.com
　　　　　010-88379833　机　工　官　博：weibo.com/cmp1952
　　　　　010-68326294　金　书　网：www.golden-book.com
封底无防伪标均为盗版　机工教育服务网：www.cmpedu.com

前　言

汽车智能化对车辆底盘系统提出了新的挑战，底盘系统面临电动化与智能化革命。线控技术解决了智能系统与人类共享控制、协同控制车辆，以及智能系统完全自主地控制车辆的技术手段问题，极大地改善了车辆的动力学性能、安全性和可靠性，是车辆底盘技术的发展方向。为使相关专业学生系统地了解、掌握现代智能车辆线控底盘系统的结构原理、设计思路、控制技术等，编者通过总结国内外近些年在线控底盘领域的工程应用和技术研究取得的新进展，并结合编者在该领域的部分研究实践，编写了本书，以满足车辆工程和智能车辆工程专业本科生、研究生层次的教学需要。

本书主要包括线控转向、线控制动、线控驱动、线控悬架和底盘域协调控制技术等五个方面的内容。在内容编排上，前四个内容属于并行的部分，按照结构原理、主要控制问题及解决思路、电控系统以及失效与容错控制的顺序由浅入深地展开；底盘域协调控制重点介绍协调框架和多动力学目标的协调控制方法。为了更全面地反映线控底盘技术的现状与进展，本书采用的案例涵盖了量产技术、概念技术和处于研究阶段的技术，以拓展读者的视野。本书对线控系统控制方法的介绍，既有经典的 PID 控制、模糊控制、滑模控制等，也引入了最优控制、自抗干扰控制、模型预测控制、干扰观测器等一些较新的方法，以满足不同层次的读者需求。另外，功能安全是线控系统设计时需要重点考虑的问题，本书对线控系统的功能安全进行了初步探讨，使读者了解基本的功能安全概念和功能安全设计方法。

本书由湖南大学黄智编著，本书的编写得到了湖南大学本科规划教材建设项目的资助，研究生寇胜伟、赖聪、谭倩、蔡名扬、袁佳伟等为本书的出版做出了贡献，在此一并表示感谢。

由于编者水平有限，书中难免存在错漏和不当之处，敬请使用本书的广大师生和其他读者批评指正。

编著者

δ	车辆转向角		$v_{in,r}$	内侧后轮速度
δ_f	前轮转向角		$v_{out,r}$	外侧后轮速度
G_p	转向灵敏度/横摆角速度增益		M_z	横摆力矩
v	车辆速度		$F_{x,fl}$	左前轮纵向力
v_x	车辆纵向速度		$F_{y,fl}$	左前轮侧向力
v_y	车辆侧向速度		$F_{x,fr}$	右前轮纵向力
ω	车辆横摆角速度		$F_{y,fr}$	右前轮侧向力
φ	车辆侧倾角		$F_{x,rl}$	左后轮纵向力
γ	车辆俯仰角		$F_{y,rl}$	左后轮侧向力
B_r	悬架的等效侧倾阻尼		$F_{x,rr}$	右后轮纵向力
K_r	悬架的等效侧倾刚度		$F_{y,rr}$	右后轮侧向力
M_u	主动悬架输出的抑制侧倾的力矩		$F_{z,fl}$	左前轮垂向力
β	车辆质心侧偏角		$F_{z,fr}$	右前轮垂向力
α_f	前轮侧偏角		$F_{z,rl}$	左后轮垂向力
α_r	后轮侧偏角		$F_{z,rr}$	右后轮垂向力
C_f	前轮侧偏刚度		$F_{x,f}$	等效前轮纵向力
C_r	后轮侧偏刚度		$F_{y,f}$	等效前轮侧向力
α_{fl}	左前轮侧偏角		$F_{x,r}$	等效后轮纵向力
α_{fr}	右前轮侧偏角		$F_{y,r}$	等效后轮侧向力
α_{rl}	左后轮侧偏角		F_{res}	滚动阻力与空气阻力的合力
α_{rr}	右后轮侧偏角		T_{cw}	转向机构库仑摩擦
w_b	轮距		B_w	等效到转向节黏滞摩擦系数
L	轴距		T_r	地面反力矩
l_f	车辆质心到前轴距离		M_s	轮胎侧偏力引起的回正力矩
l_r	车辆质心到后轴距离		M_f	轮胎原地转向时的静摩擦力矩
I_z	车辆在 z 轴上转动惯量		n_R	轮胎拖距
I_x	簧上质量在 x 轴上的转动惯量		m_s	簧上质量
h_g	车辆质心高度		m_u	非簧载质量
h_s	簧上质量质心到瞬时侧倾中心的距离		k_t	轮胎垂向等效刚度
m	车辆质量		z_s	簧上质量的垂向位移
$v_{in,f}$	内侧前轮速度		z_u	非簧载质量的垂向位移
$v_{out,f}$	外侧前轮速度		z_r	路面的垂向起伏

（续）

符号	含义	符号	含义
z_p	作动器行程	T_{mf}	减速机构等效到电机转子的摩擦力矩
p_z	油气弹簧液压缸工作腔压力	k_{m_w}	电机轴到转向轮的传动比
A_z	油气弹簧液压缸截面积	i_{ms}	电机到滚珠螺母的传动比
f_z	主动悬架的主动控制力	p_h	丝杠导程
$f_{z,\mathrm{tire}}$	轮胎垂向力	k_m	转向电机减速器的减速比
F_s	悬架弹簧力	B_w	制动轮缸等效阻尼系数
B_{si}	阻尼器的等效黏滞阻尼系数	B_s	主缸等效阻尼系数
F_{Ci}	阻尼器的库仑阻尼力	k_w	制动轮缸活塞等效刚度
I_d	直流电机电枢电流	E_l	制动液弹性模量
U_d	直流电机电枢电压	p_s	制动主缸压力
R_m	直流电机电枢电阻	p_w	制动轮缸压力
L_m	直流电机电枢电感	δ_{sw}	转向盘角度
T_m	电机输出电磁转矩	δ_p	转向器小齿轮转角
T_l	电机输出轴上负载转矩	T_{sw}	转向手力
J_m	电机转动惯量	T_{f_sw}	转向盘系统的摩擦力
ω_m	电机输出轴角速度	T_{m_sw}	路感电机输出的反馈力
K_e	直流电机反电动势系数	J_{sw}	转向盘系统的转动惯量
K_T	直流电机电磁转矩系数	B_{sw}	转向盘系统的阻尼系数
B_m	电机转子黏滞摩擦系数	k_{sw_w}	转向盘到转向轮的传动比
θ_m	电机转子转角	T_z	传递到转向盘的总转向阻力
T_{cm}	电机转子库仑摩擦力矩	k_{si}	路感电机减速器的减速比

目　录

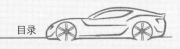

第1章 绪 论

汽车智能化和电动化加速推动了车辆底盘技术的变革，线控、电驱动、协调控制等是现代底盘技术的重要特征。智能驾驶要求底盘系统具有主动执行能力以及满足应用需求的安全状态，例如，自动驾驶要求底盘系统提供主动转向能力，并且具有冗余的执行器，当主执行器失效后，冗余执行器仍能提供完整的转向功能。本章从智能驾驶与线控底盘的关系展开，通过对各类底盘技术演进的介绍，使读者了解车辆底盘技术的过去、现在与未来，并对线控底盘系统需要着力解决的问题有所了解。

1.1 智能车辆与线控底盘概述

智能汽车的概念最早出现在 20 世纪 20 年代。1956 年通用汽车推出了 FireBird，该车基于车路协同技术，首次实现了在高速场景下的无人驾驶。20 世纪末，随着交通安全、通行效率和能源危机等矛盾的日益凸显，以及无人驾驶在特殊领域应用需求的加剧，汽车智能化获得极大关注，智能汽车技术逐步实用化，并在近年来快速发展。我国在"八五"期间诞生了第一辆能够自主行驶的测试样车 ATB-1，其行驶速度达 21km/h。2011 年，红旗 HQ3 首次完成从长沙到武汉 286km 的高速全程无人驾驶试验，全程自主驾驶平均速度达 87km/h，创造了我国自主研制的无人车在复杂交通环境下自主驾驶的新纪录。在近十年里，搭载智能驾驶系统的车辆在全球开始量产，智能车辆技术进入了快速商用的新阶段。

按照美国汽车工程师学会（Society of Automotive Engineers，SAE）发布的 J3016 标准，智能驾驶分为 L0～L5 共 6 个等级，如图 1-1 所示。SAE J3016 标准将 L0～L2 级定义为"驾驶人辅助"。在该等级的系统辅助下，无论是否开启驾驶辅助功能，都由驾驶人控制车辆，并对车辆安全负责。主动制动（Autonomous Emergency Braking，AEB）、车道偏离预警（Lane Departure Warning，LDW）、车道保持（Lane Keeping，LK）、自适应巡航（Adaptive Cruise Control，ACC）等均属于该等级的功能。L3～L5 级定义为"智能驾驶"，在该等级系统启动时，车辆的控制权由智能驾驶系统主导。L3 级智能驾驶系统仅在系统请求时需要驾驶人接管车辆，而 L4 和 L5 级系统不要求驾驶人进行接管。

汽车智能化的演变，对车辆底盘系统提出了新的要求与挑战，底盘系统面临电动化

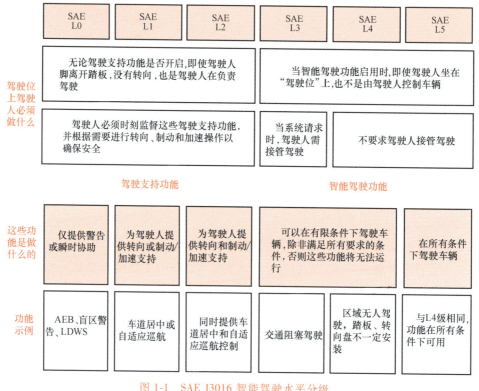

图 1-1　SAE J3016 智能驾驶水平分级

与智能化革命。在 L0 级系统中，驾驶人通过人力加助力的方式操作转向盘、踏板等以操纵车辆的转向、动力和制动。在 L1～L5 级的系统中，智能控制系统与驾驶人协同、共享或完全自主地操纵车辆的转向、制动和驱动系统。由此可见，在车辆智能化的驱动下智能车辆的底盘系统需要发生根本性变革。

1）底盘系统的结构、原理需要适应智能系统共享和自主控制的要求，即具有主动控制的能力。

2）底盘系统应具有各种冗余以满足底盘系统高可靠和功能安全的需要。

3）底盘系统应具有集成协调控制功能，以满足整车动力学最优控制和部分失效时失效降级的安全状态。

1.2　底盘技术的演进

1.2.1　转向技术的演进

汽车转向系统经历了机械转向、助力转向和线控转向的三个发展阶段，如图 1-2所示。

1. 机械转向阶段

在机械转向阶段，由驾驶人克服转向过程中的全部阻力操作车轮转向。由于转向阻

力大，驾驶人转向时工作负荷高。

2. 助力转向阶段

为改善转向沉重的状况，出现了助力转向技术——采用液压或电机助力的方式克服部分转向阻力。1951 年克莱斯勒在 Imperial 车型上采用的液压助力转向（Hydraulic Power-Assisted System，HPS）是车辆转向技术变革历史中的一个巨大进步。在液压助力下，驾驶员只需要较小的操作手力即可实现灵敏的转向响应。电液助力转向（Electro-hydraulic Power-assisted System，EHPS）具有经济性和控制率灵活可调的优势，是 HPS 的升级技术。不同于 HPS 中液压泵由发动机直接驱动，EHPS 采用电动泵产生助力液压，因而具有更高的燃油经济性，并且发动机停机时也能提供助力。电液助力转向仍然存在设计灵活性不足且需要使用液压的问题。1996 年推出的电动助力转向（Electric Power-Assisted System，EPS）采用结构紧凑的电机实现按需助力。EPS 解决了 HPS 和 EHPS 的环境污染和噪声问题，具有结构紧凑、质量小、低维护成本、设计灵活和燃油经济性高的优点，得到快速应用。在 EPS 中，电机的助力通过转向管柱（C-EPS）、小齿轮（P-EPS）等耦合进入转向传动机构，或通过第二小齿轮、齿条平行轴方式耦合提供更大的助力，以满足高轴荷的大型乘用车和商用车的需求。

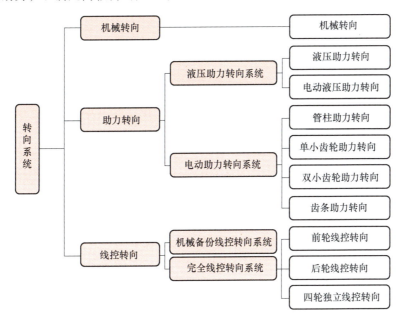

图 1-2　汽车转向技术的发展

3. 线控转向阶段

液压助力转向和电动助力转向的转向盘与转向器间的直接机械连接限制了通过转向控制以进一步改善车辆操纵性和动力学稳定性的空间，在人机共享控制时易产生冲突。线控转向（Steer-by-wire，SBW）取消了转向盘与转向器间的机械连接，将驾驶人或智能驾驶系统的操纵输入转化为电信号，经通信总线传递指令，并最终由电机驱动转向器，推动车轮转向，如图 1-3 所示。SBW 的灵活控制方式及快速精确的响应特性符合现

代汽车智能化的需求，并具有如下潜在优势：

1）改善了主动安全和被动安全。

2）模块化结构有利于装配。

3）较少的结构变动以适应左舵和右舵车型。

4）支持主动转向、人机共享转向控制、变传动比和动力学稳定性控制。

5）改善驾驶人路感。

6）降低质量、节省空间并实现更大的设计自由度。

图 1-3 线控转向系统的基本结构与人机操纵接口

a）线控转向基本结构 b）F200 Imagination 的手柄转向控制

基于 SBW 技术，可实现一体式转向、四轮转向等先进转向技术的应用。这些技术曾在丰田 Fine-X、奔驰 F200 Imagination，通用汽车 Hy-wire 以及英菲尼迪 QX Inspiration 等概念车上展示，如今部分技术已在一些量产车型上应用。

2017 年耐世特推出"耐世特先进转向技术集成系统"，可实现智能驾驶与手动驾驶的安全灵活切换。其中，"静默转向盘系统"在智能驾驶时可保持转向盘静止，以增强驾驶人安全感，该系统的可伸缩转向管柱为驾驶人从事其他活动时增加了可用空间。2018 年博世华域与奥迪合作开发的线控转向系统装备到奥迪 A3 上进行测试，其完全取消了转向操纵机构与执行机构之间的机械连接，实现了完全意义上的线控转向。2018 年捷太格特（JTEKT）在北京车展上的 SBW 样机取消了传统机械式连接，转向盘和转向器通过电线连接，具备更高的设计自由度，实现了理想的转向体验。2019 年舍弗勒推出可 90°转向的 e-Corner 智能转向驱动模块和具备三重安全冗余的 SpaceDriveII 线控技术。e-Corner 模块将全部驱动和底盘零件集成到一个单元内，左右转向轮之间没有机械连接，可实现左右轮独立转向，如图 1-4 所示。

2013 年英菲尼迪在量产车型 Q50 上装备了具有机械备份的线控转向系统，如图 1-5 所示。转向系统采用冗余的双电机转向执行方案，由两个 ECU 分别控制左右转向电机。当线控系统发生故障时，通过电控离合器将转向盘与小齿轮间的机械传动结合，确保基本转向功能可用。尽管采用了大量的功能安全措施，Q50 仍因线控转向系统安全隐患问题被大量召回。主要安全隐患有：由于 ECU 程序偏差，当发动机在蓄电池低电压状态起动时，ECU 可能对转向盘角度作出误判，导致转向盘与车轮转动角度存在偏差，即

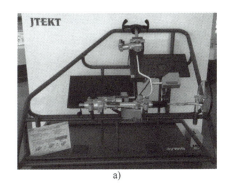
a)

b)

图 1-4　无机械连接的线控转向系统

a）JTEKT 公司线控转向系统　b）舍弗勒 e-Corner

图 1-5　英菲尼迪 Q50 机械备份线控转向系统

使转向盘回到中间位置，车轮转向角也可能没有回到中间位置，导致车辆不能按驾驶人意图前行或转向。

2022 年上市的丰田 bz4x 进一步取消了机械备份，实现了更大设计自由度和功能拓展。

1.2.2　制动技术的演进

汽车制动系统的发展经历了机械制动、电子控制制动和线控制动三个发展阶段，如图 1-6 所示。

1. 机械制动阶段

早期的汽车由于动力不足，速度慢，大部分汽车没有制动系统，部分车辆则装备了从马车上直接借鉴的驻车制动。随着车速增加，能及时停住成为汽车的必需性能。1890年威廉·迈巴赫设计了最早的汽车鼓式制动器，随后制动系统成为汽车的必需配置。1902 年英国工程师佛雷德里克·威廉·兰切斯特设计了汽车盘式制动器并申请了专利。早期的汽车只有后轮有制动器，1909 年阿罗·约翰逊发明了四轮制动系统，并在 20 世纪 20 年代开始普及。杜森博格率先使用轿车液压制动器，克莱斯勒的四轮液压制动器于 1924 年推出，通用和福特也分别于 1934 年和 1939 年采用了液压制动技术。最初的

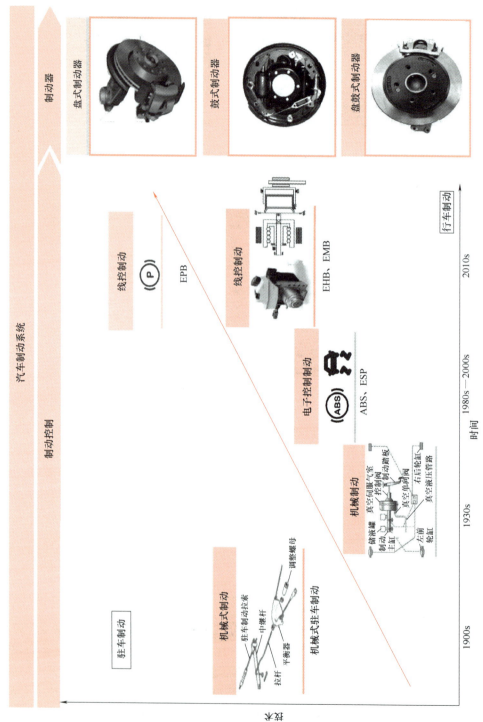

图 1-6 汽车制动技术的发展

制动操作是驾驶人操纵一组简单的机械装置向制动器施加作用力，随着汽车质量的增加，人力施加的制动力已经不能满足要求。1932年制动踏板真空助力装置问世，装备在质量2.86t的凯迪拉克V16轿车上。兼顾可靠性与成本考虑，至今仍有大量乘用车采用真空助力器。

2. 电子控制制动阶段

当制动器施加的制动力大于地面提供的最大附着力时，车轮会发生制动抱死。制动抱死的危害在于：①降低了路面附着利用率，从而使制动距离增加；②车轮侧向附着能力显著降低，车辆易发生方向失控和侧向失稳的危险。完全由人控制的机械制动无法满足车轮防抱死的要求。

自20世纪30年代起，汽车行业开始对防抱制动系统（Anti-lock Brake System，ABS）开展研究，试图通过自动调节制动压力来避免车轮抱死。受限于当时的技术水平，ABS没有实现量产。直到20世纪70年代后期，计算机技术和液压控制技术的发展为ABS研究与应用带来了革命性的影响。博世推出基于液压控制的ABS并于1978年正式量产。此后，博世、ITT Automotive、Kelesy-Hayes、威伯科等公司加强对ABS的研究，ABS的性能不断优化且价格逐渐降低，最终ABS成为汽车的标准配置。湿滑路面的驱动打滑问题限制了车辆的起步/加速性能并可能导致侧向失稳。1986年博世推出了牵引力控制系统（Traction Control System，TCS），并将制动防抱死和牵引力控制集成在一起，系统应用于奔驰S级轿车，标志着ABS/TCS集成时代的到来。

为提高车辆在高速转弯时的操纵稳定性，应用主动差动制动技术，1995年博世推出第一代车辆稳定性控制器（Electronic stability program，ESP），首次应用在奔驰S级轿车，如图1-7所示。针对高重心车辆在高附着路面上转向时易发生侧翻，汽车厂商进一步在ABS基础上发展了防侧翻控制器（Roll stability control，RSC）。RSC在车身侧向加速度/侧倾角/侧倾角速度等达到控制阈值时，施加主动制动以降低车速，从而提高车辆的侧翻临界操作范围。

图1-7 博世ABS/ESP控制器

3. 线控制动阶段

线控制动技术（Brake-by-wire，BBW）的主要技术特征是取消了制动踏板与制动器之间的直接机械（液压/气压）连接，通过制动踏板获取驾驶人制动意图，将驾驶人（或智能驾驶系统）的制动指令经总线发送到制动执行器，最终由电机（或压缩空气）直接驱动制动主缸建压或驱动制动器产生期望制动力。电动汽车制动能量回馈、提高制动响应以缩短制动距离等需求，推动了BBW技术的发展，辅助驾驶和智能驾驶的发展则进一步加速了线控制动技术的升级和市场渗透。由于取消了制动踏板与制动器间的直接机械连接，因此能够根据车辆和电驱动系统的状态灵活地确定能量回馈制动强度，同

时也最大程度消除了机械传动的滞后，提高了制动系统的响应速度。根据制动执行机构的不同，BBW 主要分为线控液压制动（Electro-Hydraulic Brake，EHB）、线控机械制动（Electro-Mechanical Brake，EMB）和线控气压制动（Electronic Brake System，EBS）三种。

EHB 基于传统的液压制动系统设计，保留了原液压制动的主回路，用电子控制部件代替传统液压制动系统里的部分机械部件。主要有两种结构形式：一种是使用电机提供动力替换真空助力器的电动助力 EHB；另一种是采用电动主泵和电磁阀产生并控制制动压力的完全解耦型 EHB。EHB 系统具有制动响应快、能耗低、易调控、助力精准且易于实现主动制动的特点。电动助力 EHB 在结构上保留了制动踏板和制动主缸之间的机械连接，在电子控制失效的情况下，仍能够通过人踩制动踏板的方式实现制动，从而达到失效备份的目的。20 世纪 90 年代，福特将其研制的电动助力 EHB 应用于电动汽车。1996 年戴姆勒克莱斯勒和博世合作开发了早期的电动助力 EHB。丰田为早期的混合动力汽车开发了蓄能式 EHB，由于存在成本高、液压泄漏导致可靠性问题，发生过召回事件，蓄能式 EHB 现已不再使用。2011 年日立推出电子液压制动系统 e-ACT，助力由无刷伺服电机直接驱动滚珠丝杠副实现，并且有专门的电子机械结构补偿踏板力，实现了良好的踏板感觉反馈。同年博世推出以 IBooster 系统为代表的电动助力 EHB，使用电机减速后直接推动制动主缸的方式建立制动压力。

EMB 系统取消了制动系统液压回路，制动信号和能量经电线传输，通过分布于各车轮处的电机直接驱动制动器进行制动，因而具有更快的响应速度，且简化了系统结构。EMB 系统最早应用于飞机，20 世纪 90 年代，博世、西门子和大陆等公司陆续开展了车用 EMB 的研究，大陆公司先后推出了几代电子机械式制动执行器样机。2021 年长城精工发布了自研的 EMB，并于 2023 年量产，成为全球首家实现 EMB 量产的企业。

第一代 EBS 由博世于 20 世纪 90 年代初率先在欧洲推出。EBS 的主要技术特征是取消了传统气压 ABS 系统中制动脚阀与 ABS 阀的直接气路连接。EBS 在脚阀中安装位移传感器检测驾驶人的制动意图，期望制动压力信号经通信总线发送至布置在车桥处的电控比例继动阀，由电控比例继动阀输出目标压力并经 ABS 阀驱动制动器。由于取消了脚阀到车轴制动器处的气压管路，从而降低了管路传输产生的延时。EBS 仍保留了控制脚阀输出到比例继动阀的备份气路连接，当电子控制失效时，由备份气路推动机械继动阀输出制动压力。威伯科新一代 EBS 则采用更高集成度的轴调节器，轴调节器采用开关阀取代电控比例阀以提高响应速度和可靠性，在前轴应用单通道或双通道的轴调节器，在后轴应用双通道轴调节器，并支持 L3 级以下的智能驾驶。

1.2.3　电驱动技术的演进

以内燃机为动力的车辆结构分类中，底盘系统由传动系、行驶系、转向系和制动系构成，驱动不属于底盘的范畴。随着电驱动技术的应用与发展，车辆的传动系和行驶系的结构、驱动形式、驱动力控制以及响应特性发生了巨大变化。

1）内燃机驱动仅有前轴驱动、后轴驱动、全驱三种集中驱动形式，电驱动还提供了分布式驱动，车轴和车轮驱动力可独立控制。

2）电驱动具有极宽的调速范围，电机和车轮间无需多档变速机构，甚至可以直接驱动车轮，成为车轮的一部分。

3）电机提供驱动和再生制动两种工作模式，方便实现力和转速的正反控制。

4）电机转速和转矩的响应速度、控制精度远高于发动机。

这些变化一方面使动力系统与行驶系逐渐融为一体（如轮毂电机、轮边驱动），另一方面动力总成可以精确、灵活地控制车轮转矩分配（转矩矢量控制），为改善底盘的操控性能提供了有效手段。因此在最新的一些文献中，也将电驱动作为一种广义上的底盘子系统，本书所讨论的线控驱动也特指电驱动。

尽管电驱动被认为是内燃机驱动的最可能的替代者，但实际上汽车电驱动的历史要早于内燃机驱动。1834 年，美国人托马斯·达文波特设计制造了世界首辆可以真正行驶的纯电动汽车，该车采用直流电机作为动力，由于电池成本太高，最终商业化失败。沉寂了 50 年后法国人 Gustave Trouve 制造了采用铅酸蓄电池供电、直流电机驱动的纯电动汽车，但动力性、续驶里程等不足以与马车抗衡。1899 年波尔舍发明了轮毂电机，用来代替内燃机汽车上使用的链传动，由两套 3.5 马力[⊖]的发动机、发电机和铅酸蓄电池构成的供电系统分别驱动左右轮毂电机，该混合动力装备在 Lohner-Porsche（图 1-8）上。此后 Lohner-Porsche 的后轮上也装备了轮毂电机，成为世界首款四轮驱动的电动汽车。19 世纪末到 20 世纪初，电驱动车辆凭借噪声低、行驶平稳舒适等优点曾在美国市场上短暂超越了内燃机驱动车辆，但此后由于续驶里程不足、燃油价格下降，电驱动被内燃机驱动淘汰。

图 1-8　首款混合动力驱动的 Lohner-Porsche

直到 20 世纪 90 年代，随着对能源安全和环保问题的关注，电驱动技术重新获得关注，电池、电机和电控技术取得巨大进步。首先混合动力获得发展，并很快进入商用。1997 年，丰田推出世界上首款大规模生产的混合动力汽车——普锐斯，采用混联式动力系统，发动机和电动机可以单独或共同驱动车轮。在现阶段，串联、并联、混联、插混等混合动力技术并存，以满足不同的使用场景需求。电池技术的发展使得 1000km 续驶里程的纯电驱动汽车推向市场，续驶里程焦虑不再是制约纯电驱动发展的主因，快速

⊖　1 马力 = 735.499W。

充电和储能系统安全性成为关注重点。

电驱动分为集中式和分布式驱动两种。集中式沿用了内燃机驱动的传动系统，电机输出动力经减速器、差速器和传动轴传递至左右驱动轮，是现阶段量产的电驱动系统的主要构型之一。分布式驱动的主要技术特征是取消了差速机构，电机输出动力经减速器（若有）、传动轴（若有）传递至车轮。集中式驱动的集成度、模块化和轻量化程度低，对左右车轮驱动力控制的灵活性差。分布式驱动缩短了动力传动路径，集成度和机械效率高，更重要的是可以对各个车轮的驱动力和制动力独立控制，从而利用转矩矢量控制改善车辆的操纵性和稳定性，是电驱动构型的未来发展方向。

对于智能驾驶，电驱动不是必需项，内燃机驱动汽车同样可以实现智能驾驶，但电驱动为智能驾驶的动力学性能改善和安全可用提供了更大的设计空间。

1）转向控制结合电驱动灵敏、准确和独立的驱动/制动力控制可实现比仅转向控制更加准确的路径跟踪。

2）电驱动的能量回馈制动可作为主制动系统失效后的失效降级的安全状态，降低主制动失效后的风险。

3）分布式电驱动的差动驱动/制动可作为主转向失效后的失效降级的安全状态，降低主转向失效后的风险。

因此，在现已量产的具有高阶（L3～L5）智能驾驶功能的车辆上基本都使用了电驱动系统。

1.2.4　悬架技术的演进

汽车悬架经历了被动悬架、半主动悬架和主动悬架（也即线控悬架）三个发展阶段。被动悬架的特点是悬架的刚度、阻尼特性不随外部状态变化。半主动悬架的特点是悬架的阻尼、刚度特性可根据外部状态实时调整。主动悬架是一种需要外部输入能量的悬架，通过主动作动器的输出力实时调整悬架的刚度、阻尼特性以及车身高度等。

1. 被动悬架阶段

汽车最早采用叶片弹簧缓冲路面冲击，随后相继出现钢板弹簧、螺旋弹簧、扭杆弹簧、空气弹簧、油气弹簧等。20世纪初，液压减振器的应用改善了被动悬架性能。被动悬架的参数根据经验或优化设计，在行驶过程中保持不变，故难以适应各种复杂的路况，减振效果较差。但由于结构可靠和成本低廉，被动悬架仍被广泛应用于中低档乘用车和商用车。

2. 半主动悬架阶段

半主动悬架的研究工作开始于1973年，由 D. A. Crosby 和 D. C. Karnopp 首先提出。多数半主动悬架是控制悬架的阻尼，少部分是控制悬架的刚度。

（1）悬架阻尼控制方式　阻尼控制的方式有：

1）有级阻尼调节，即通过开启/关闭控制阀门，使阻尼在几个设定值间快速切换。有级阻尼减振器的结构和控制相对简单，但在适应行驶工况变化方面存在局限。

2）无级阻尼调节，即阻尼系数在一定范围内连续变化，有连续阻尼控制和电/磁流变阻尼控制两种形式，如图1-9所示。连续阻尼控制（Continuous Damping Control，CDC）通过步进电机驱动阻尼器的阀杆，连续调节节流阀口的面积来改变阻尼，如图1-9a所示，也可通过电磁铁等其他形式驱动阀进行调节。电/磁流变液在外加电/磁场作用下，其流变材料的性能，如剪切强度、表观黏度会发生显著变化。因此，采用电/磁流变液作为减振器的工作液，在节流孔位置施加电/磁场，使液体的黏度改变，从而改变减振器的阻尼，如图1-9b所示。

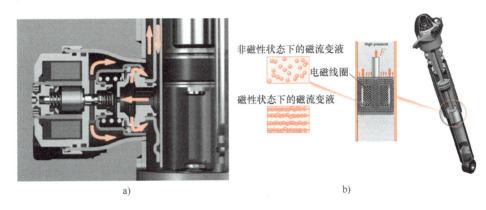

a) b)

图1-9　半主动悬架的阻尼调节方式

a）连续阻尼控制CDC　b）磁流变阻尼控制

（2）悬架刚度控制方式　对悬架刚度的调整可以改变系统固有频率，避免共振。改变弹性元件的等效刚度一般要求提供较高能量，而低能耗半主动变刚度技术存在工作带宽有限、实施复杂等缺点，如通过改变空气弹簧的气室体积来调整刚度。

3. 主动悬架阶段

主动悬架根据车辆行驶工况从外部输入能量控制作动器输出，以自适应控制车身高度、减振器阻尼和弹簧刚度。主动悬架的概念早在1954年由通用汽车提出，它在被动悬架的基础上增加可调节刚度和阻尼的控制装置，使汽车悬架在任何路面上都可以保持最佳的运行状态。20世纪80年代，汽车制造竞相开始研制主动悬架，90年代量产并装备在奔驰轿车上的主动车身控制（Active Body Control，ABC）是当时主动悬架的经典代表。新一代ABC系统在每个悬架上都安装一套48V电机驱动的液压作动器，通过提前感知路面，主动控制液压作动器的输出来抵消路面不平引起的冲击振动，并在车辆加速、减速和转向时主动施加作动力以抵消惯性力产生的车身俯仰和侧倾运动。

主动悬架不仅在改善车辆平顺性、姿态控制、高度控制方面较被动悬架、半主动悬架等具有显著优势，对车辆动力学控制也产生积极作用。例如，主动悬架控制能改变前后轴抗侧倾力矩的分布，进而产生侧向载荷转移、侧向力和车轮侧偏刚度变化，从而对车辆的转向特性产生影响，在高速转向工况下，主动悬架配合直接横摆力矩控制可改善车辆在极限工况时的操纵稳定性。

1.3 底盘域协调控制

为满足特定车辆动力学控制的需求，现代车辆装备大量的各类底盘电控系统。多数系统只关注单一维度动力学，而车辆作为一个复杂的机电系统，各向动力学间存在相互作用与耦合。如何综合考虑车辆各向动力学的耦合，解决各子系统间的干涉与冲突，实现车辆动力学的最优控制，底盘域协调控制应运而生。底盘域协调控制是当前底盘研究的热点，相较于底盘子系统独立控制所具有的优点如下。

1）消除各子系统间的冲突。

2）改善车辆动力学性能。

3）通过信息共享减少传感器。

4）通过整合简化系统结构，降低系统复杂性。

5）实现动力学控制冗余。

1. 底盘域子系统间的耦合与干涉

自 20 世纪 70 年代，各种底盘电控技术得到广泛应用以满足车辆的安全性和驾乘舒适性的要求。汽车动力学控制系统的发展历程如图 1-10 所示。根据各底盘子系统对车辆动力学的作用，将其分为纵向动力学控制、垂向动力学控制和侧向动力学控制三类。各控制系统由不同零部件厂商开发，软件及其功能与控制系统硬件（传感器与执行机构）深度耦合，不同供应商的硬件和上层控制软件通常不具有可替换和复用性。每类底盘子系统主要关注单一方向上的动力学问题，例如，ESP 解决侧向动力学稳定，主动悬架解决垂向运动引起的舒适性问题。由于各向动力学的耦合关系，ESP 工作时的制动会引起纵向速度降低，主动悬架的阻尼、刚度特性的调整会影响到车辆侧翻稳定性，因而各系统间或多或少存在相互干涉和耦合作用。戴姆勒公司所做的底盘各子系统间耦合关系的调查结果见表 1-1。其中右上部分（表中铺底色部分）为各子系统之间发生干涉的可能，而左下部分则对应了通过协调控制，整车性能改善的可能性。表中的数字越大，说明两系统间干涉或改善的可能性越大。换而言之，功能间干涉的可能性越大，也就意味着相应子系统间的耦合性越强，如果能够充分掌握耦合特性，通过协调控制系统性能可提升的潜力也越大。

表 1-1　底盘子系统间的耦合关系

子系统	ESP 制动	主动稳定系统	主动差速系统	主动转向系统	后轮转向系统	水平调节系统	主动阻尼调节	主动车身控制
ESP 制动	—	-3	-2	-2	-3	-1	-2	-3
主动稳定系统	+2	—	-1	0	-1	0	0	0
主动差速系统	+1	0	—	0	-1	0	0	-2
主动转向系统	+2	+1	0	—	-3	0	-1	-1
后轮转向系统	+2	0	+2	+2	—	0	-1	-1
水平调节系统	+1	0	0	0	+2	—	0	0
主动阻尼调节	+1	+1	+2	+1	+1	0	—	-1
主动车身控制	+3	0	+3	+2	0	0	+1	—

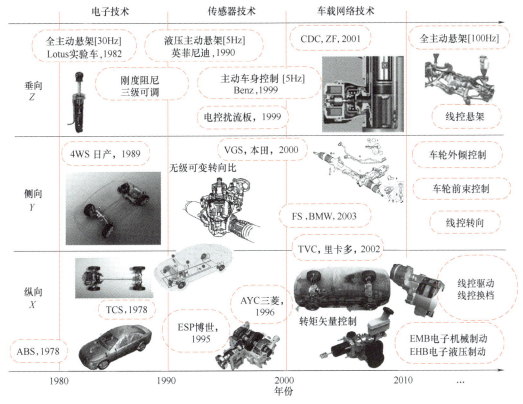

图 1-10　汽车动力学控制系统的发展历程

2. 底盘系统的协调控制

底盘域协调控制主要是指基于各底盘子系统的动力学控制功能，利用信息共享、结构共用、控制协同等方式，发掘各子系统间的互补潜力，从而最大程度上提升整车动力学的综合性能。

最早的底盘域协调控制出现在 20 世纪 80 年代，四轮转向、四轮驱动和主动悬架是其关键技术。1987 年丰田推出 FXV2 概念车，该车实现了对主动悬架、四轮驱动（Four Wheels Driving，4WD）、四轮转向（Four Wheels Steering，4WS）、ABS 和 TCS 等功能的集成控制，控制器按照驾驶人意图，根据一定的控制率控制执行器，以达到优化整车性能的目的。大陆在 ESP 的基础上增加了主动转向系统，开发了 ESP Ⅱ，其中集成了 ABS、TCS、直接横摆控制（Direct Yaw Control，DYC）和主动前轮转向（Active Front Steering，AFS）等控制系统。基础的控制功能，如制动防抱死、驱动防滑及转向功能仍分别由底层的 ABS、TCS 和 AFS 独立完成，汽车的转向稳定性功能则由 ESP Ⅱ 控制层统一管理。博世推出的车辆动力学管理系统（Vehicle Dynamic Management，VDM）将 ESP、主动转向系统等底盘子系统和动力系统等进行集成，使得驾驶稳定性、安全性和动力性进一步提高。

新一代底盘域协调控制始于 21 世纪初，以线控技术为基础，例如，线控制动、线控驱动和线控转向等，并采用智能驾驶协同控制技术。采埃孚推出的车辆运动控制（Vehicle Motion Control，VMC）cubiX，是现代底盘域协调控制的典型代表（图 1-11）。

cubiX 作为车辆底盘集成控制的协调器，在运动控制中起到承上启下的作用。最上层为广义的感知决策层，既可以是辅助驾驶、智能驾驶，也可以是有人驾驶。感知决策层通过对传感器信息的处理和执行控制算法产生决策规划，计算期望的车辆运动目标。最下层为运动执行层，主要是整车底盘执行器，如线控转向、线控制动、线控驱动和线控悬架等。VMC 作为在感知决策层和运动执行层中间抽象出的车辆运动控制层，将接收到的上层控制目标进行分解，通过车辆运动控制算法分解出各个底盘执行器的控制指令，如目标后轮转角、目标制动、驱动力等，进而利用各个执行器实现期望的车辆运动目标。

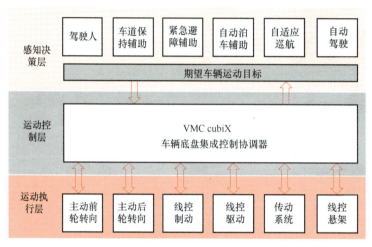

图 1-11　VMC 系统结构

底盘域协调控制为智能驾驶提供了新的功能特性：

（1）**自适应性**　具有处理各种操作和环境场景的能力。

（2）**容错性**　具有在发生故障时提供安全行为的能力。

（3）**动态可重构性**　具有车辆运行过程中软切换的特性。

（4）**模块化**　无需重新设计整个体系结构即可方便插入或删除子系统，以及对不同供应商具有开放性。

1.4　线控底盘的功能安全问题

随着车辆电气化、智能化的快速发展，功能安全逐渐引起汽车制造商的重视。线控底盘作为车辆智能驾驶系统的执行层，其功能失效、非预期的执行以及不正确的执行将对车辆乘员及其他道路使用者产生严重危害，功能安全是线控底盘系统设计需要重点考虑的问题。在道路车辆功能安全规范 ISO 26262 中，根据潜在后果引起的危险事件的严重度（Severity）、暴露度（Exposure）和可控性（Controllability）来确定整车功能安全的汽车安全完整性等级（Automotive Safety Integrity Level，ASIL）。严重度 S 描述危险事件发生时，相关人所受到的伤害程度。这里的相关人既包括车内的驾驶人、乘员，也包括其他交通参与者，如路上的行人；暴露度 E 描述风险出现时，人员暴露在系统失效

能够造成危害的场景中的概率；可控性 C 描述危险事件能被驾驶人控制，减小或避免伤害的可能性。三个指标的分级见表 1-2。

表 1-2　严重度、暴露度和可控性等级

严重度		暴露度		可控性	
S0	无伤害	E1	很低概率	C0	完全可控
S1	轻度、有限伤害	E2	低概率（<1%）	C1	简单可控（>99%驾驶人）
S2	严重伤害	E3	中度概率（1%~10%）	C2	正常可控（>90%驾驶人）
S3	致命伤害	E4	高概率（>10%）	C3	难控制或不可控（<90%驾驶人）

ASIL 分为 A、B、C 和 D 四个等级，QM 表示不需要考虑功能安全问题，只需要符合质量管理要求就能够保证系统的功能安全。C0 表示危害事件发生后可控，S0 表示无危害，E0 表示危害几乎不存在，因此在 ASIL 评级时忽略。ASIL 的等级定义见表 1-3。ASIL D 是目前道路车辆功能安全的最高等级，具有最严格的功能安全标准。线控底盘系统失效模式引起的潜在危害事件的 ASIL 等级均为 C 级及以上，其中转向和制动系统为 ASIL D 级，驱动和悬架系统为 ASIL C 级，在工程实践中常将线控系统的功能安全目标等级定为 ASIL D。

表 1-3　ASIL 分级表

严重度	暴露度	可控性		
		C1	C2	C3
S1	E1	QM	QM	QM
	E2	QM	QM	QM
	E3	QM	QM	A
	E4	QM	A	B
S2	E1	QM	QM	QM
	E2	QM	QM	A
	E3	QM	A	B
	E4	A	B	C
S3	E1	QM	QM	A
	E2	QM	A	B
	E3	A	B	C
	E4	B	C	D

需要从产品功能的可用性要求出发考虑产品的功能失效问题。功能安全定义了失效安全（Fail safe）、失效静默（Fail silent）、失效运行（Fail operational）等几种安全架构。失效安全是指系统失效后特定功能关闭能够使系统维持在安全状态。例如，为避免驱动电机意外输出转矩，可以关闭电机输出作为安全状态。失效静默类似于失效安全，可理解为系统失效后的一种状态属性，当系统失效后对外表现静默，不对其他功能产生干扰。失效运行是指安全状态不能通过功能关闭实现，而是要保证系统的可用性，需要

选择失效运行作为安全状态。例如，在 L4 级及以上的智能驾驶系统中，当主制动失效时，需要有一套冗余制动接管在设计运行域（Operational Design Domain，ODD）运行。类似失效运行的还有失效降级（Fail degraded），其对失效后有可用性要求，但又不需要完整的冗余接管。例如，转向功能失效后，为避免完全失去转向能力，利用差动制动实现降级的转向功能。L2 级及以下的智能驾驶系统需要驾驶人时刻监督系统的运行以保证驾驶安全，系统失效时关闭功能（Fail safe）即可满足功能安全需求。L3 级智能驾驶在必要时可请求驾驶人接管，系统失效后一定时间内（通常规定 10s 以上）仍需要正确地执行动态驾驶任务（Dynamic Driving Task，DDT）或降级的功能（Fail degraded），以过渡到完全人工接管状态。L4 级及以上智能驾驶允许驾驶人脱眼或脱手，系统需要满足失效运行要求。

电子电气系统的失效来源有系统性失效和随机硬件失效。对于某个器件的随机硬件失效或者某个功能的系统性失效，如果可以通过特定安全机制进行诊断或者控制达到安全状态，这类安全机制称为故障控制措施。对于某个算法或者安全控制逻辑设计，如果没有可采用的安全机制能够对它的合理性进行诊断及控制，那么就应根据功能实现所对应的安全等级对功能的系统性失效进行覆盖，也即故障避免措施。从安全分解的角度，对于故障控制措施的安全需求，通常无需考虑进一步分解，对该功能直接进行对应安全等级的设计即可；而对于故障避免措施的安全需求，如果有必要，需要进行进一步 ASIL 分解，进行冗余设计。

参 考 文 献

[1] 宗长富，李刚，郑宏宇，等. 线控汽车底盘控制技术研究进展及展望［J/OL］. 中国公路学报，2013，26（2）：160-176.

[2] ZHANG L，ZHANG Z，WANG Z，et al. Chassis coordinated control for full x-by-wire vehicles-a review［J/OL］. Chinese Journal of Mechanical Engineering（English Edition），2021，34（42）：1-25.

[3] 张荣林. 面向智能汽车的线控制动系统主动制动控制与应用［D］. 长春：吉林大学，2021.

[4] 赵轩，王姝，马建，等. 分布式驱动电动汽车底盘集成控制技术综述［J］. 中国公路学报，2023，36（4）：221-248.

[5] 马硕，李永明，伊曙东. 汽车主动悬架系统的控制方法综述［J］. 控制工程，2024，31（4）：695-702.

[6] KLOMP M，JONASSON M，LAINE L，et al. Trends in vehicle motion control for automated driving on public roads［J/OL］. Vehicle System Dynamics，2019，57（7）：1028-1061.

第2章 线控转向系统

线控转向是指转向盘与转向器间无直接机械连接、驾驶人（或智能驾驶系统）的转向指令经电信号传递至转向器、直接由电机驱动的转向系统。线控转向系统的出现，首先改善了有人驾驶车辆的转向特性（相对转向盘角度）和操纵稳定的主动控制能力。例如，在驾驶人转向操作不当时通过减小转向输入以使车辆保持稳定，低速时减小转向传动比使转向响应更加灵敏。相比助力转向，线控转向避免了人、机在转向盘界面上的冲突，从而降低了人机共享和协同控制时的人机冲突，使得智能驾驶辅助技术更容易被用户接受。同时，线控转向系统的主动转向能力为智能驾驶系统完全自主地控制车辆横向运动提供了手段。

2.1 线控转向系统结构及原理

根据转向电机数量、布置位置及控制方式的不同，线控转向系统分为五种典型的结构形式：双电机前轮转向、后轮主动转向、四轮独立转向、单电机前轮转向和双电机独立前轮转向，各类型的代表产品和特点见表 2-1，前三种在量产车型和概念车上较常见，本章重点介绍前三类。

表 2-1 线控转向代表产品和特点

结构形式	代表产品/装备车型	特点
双电机前轮转向	英菲尼迪 Q50、通用汽车 Sequel	冗余性好，单个电机功率要求较小
后轮主动转向	ZF AKC	控制自由度增加，转向能力增强
四轮独立转向	舍弗勒 e-Corner	控制自由度最大，机动能力更强
单电机前轮转向	采埃孚 ReAX	结构简单，易于布置
双电机独立前轮转向	斯坦福大学 X1	无转向器，控制自由度和空间利用高

2.1.1 双电机前轮转向

图 2-1 所示为通用汽车 Sequel 概念车的前轮线控转向器。该线控转向器采用主/副双小齿轮的齿轮齿条式转向器结构。两个 42V 的无刷电机共同驱动一根蜗杆轴，经蜗

轮蜗杆减速增矩后将动力传递到蜗轮轴上的副小齿轮，副小齿轮推动齿条直线运动。

另一种典型的力耦合方式是两个电机分别驱动两个小齿轮轴，再由小齿轮将驱动力传递到齿条，英菲尼迪Q50即采用此类结构。设计要求单个电机的输出转矩应足以克服全部的转向阻力（原地转向除外）。在主小齿轮轴上安装两个绝对角度传感器测量齿条的位置。

图2-2所示为驾驶人接口系统。相比于传统的助力转向管柱，驾驶人接口系统增加了一个路感反馈机构、磁流变制动器、转向盘位置传感器和电磁驱动的机械备份离合器。

1）路感反馈机构由一个42V无刷电机和带传动减速机构构成，向转向盘提供路感反馈力矩。

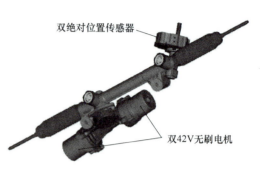

图2-1　Sequel概念车前轮线控转向器

2）转向盘与转向器间没有直接机械连接，转向限位功能通过模拟实现。当转向盘转到左右极限位置时，如图2-3所示，由电机和磁流变制动器共同在5°的末端行程内提供15~20N·m的转向阻力。路感反馈电机失效时，磁流变制动器提供最大10N·m的被动阻力，以提供冗余的路感反馈并防止转向盘自由旋转。

图2-2　驾驶人接口系统

3）转向盘位置传感器用于测量转向盘角度，采取部件冗余的方式提高位置测量的可靠性。

4）机械备份离合器由电磁铁驱动，通过衔铁推动花键套控制上下花键轴的结合。上花键轴连接转向盘，下花键轴连接转向器主小齿轮轴。电磁铁断电时，离合器处于结合状态，转向盘通过离合器连接转向器主小齿轮轴，驾驶人的转向操作直接作用在转向器上。电磁铁通

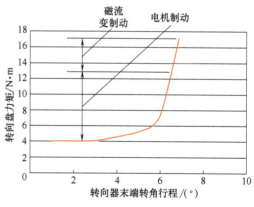

图2-3　转向限位力矩

电时，离合器处于分离状态，下花键轴随主小齿轮轴自由转动，驾驶人的转向操作不能直接作用到转向器上。通过两个传感器检测离合器的位置，一个检测离合器的结合位置，一个检测离合器的分离位置。作为位置检测冗余，电磁铁的电流也用于离合器的位置检测。基本方法为：电磁铁断电，离合器完全结合时，电磁铁磁路气隙最长，线圈电感最小；电磁铁通电，离合器完全分离时，磁路气隙最短，线圈电感量最大；采用方波驱动电磁铁，测量线圈电流的波动值，波动越小（如图 2-4 所示 ΔI_1），意味着线圈电感量越大，由此推断衔铁的位置。

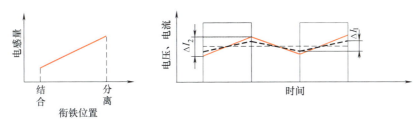

图 2-4　线圈电流与衔铁位置的关系

2.1.2　后轮主动转向

后轮主动转向配合前轮转向将显著改善车辆的机动性能（减小转弯半径、侧向平移机动）、平顺性、操纵稳定性以及分离路面的制动稳定性和缩短制动距离。与前轮转向不同，后轮主动转向系统仅由转向执行器构成，无路感反馈和冗余备份。当前量产车型上装备的后轮主动转向系统见表 2-2。

表 2-2　几种量产的后轮主动转向系统

名称	装备车型	特点
Rear Axle Steering	保时捷 911 等	由 ZF 公司 AKC 上改进而来，最大转向角 3°
DAWS 动态全轮转向系统	奥迪 A6，A8 等	低速时相对前轮反向转动 5°，减少转弯半径，高速时，前后轮同向转向约 2°
Integral Active Steering 整合式主动转向系统	BMW 7 系，X5 等	后轮最大转向角为 3°
Rear Wheel Steering	Benz S、C、GLC 等	低速下相对前轮反向转动 10°，高速最大同向转向 1.7°
RAS 主动式后转向	凯迪拉克 CT6，英菲尼迪 FX50	后轮最大转向角 3.5°

后轮主动转向主要有两种结构形式：整体转向和独立转向。

（1）整体转向　图 2-5 所示为采埃孚的单电机后轮整体主动转向，后桥转向器采用丝杠/螺母结构，电机经齿轮减速驱动螺母，推动丝杠直线运动，通过转向拉杆推动后轮转向。单电机结构的特点是：控制较简单，电机功率大，丝杠具有自锁特性。

（2）独立转向　图 2-6 所示为现代汽车设计的双电机独立后轮转向原型样机，包括两个独立驱动的转向执行器、转向拉杆等。转向执行器采用丝杠/螺母结构，电机与丝

杠同轴安装，电机转子为空心结构，内有螺母。电机转子转动时，推动丝杠直线运动，通过杠杆、拉杆等驱动后轮转向。为提高可靠性，每个转向执行器上安装两个电机，采用热备份冗余，即正常时两个电机共同驱动，当一个电机发生故障时，由另一个电机单独驱动转向执行器，以实现失效运行的安全状态。

图 2-5　ZF 单电机后轮主动转向

图 2-6　双电机独立后轮转向方案

　　Sequel 概念车的后轮主动转向系统也采用左右轮独立转向执行器，最大提供 ±5.7° 的转向角，如图 2-7 所示。传动路线为：42V 无刷电机连接蜗杆轴，驱动扇齿轮以推动输出转臂，由输出转臂驱动车轮转向。通过设计合适的传动比，使得传动不可逆，即动力仅可由蜗杆轴传递到输出转臂。当发生故障时，转向器保持在当前的位置，无故障的转向器将移动到相同的位置并保持。每个

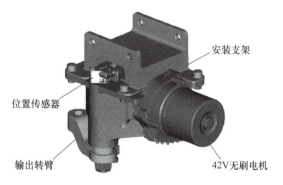

图 2-7　Sequel 概念车后轮独立转向器方案

转向执行器上安装有两个绝对位置传感器和一个电机旋转编码器，以提供位置传感冗余。

2.1.3　四轮独立转向

　　四轮独立转向取消了左右车轮转向的机械约束关系，执行器数量多于车辆平面运动自由度，具有多个控制自由度冗余，给整车运动学及动力学控制带来高度灵活性。四轮独立转向车辆具有多种转向模式，如斜行、两轮转向、四轮转向、差速转向、滑移模式、零半径转向、制动模式等，如图 2-8 所示。

　　四轮独立线控转向分为两种基本结构形式：转向节位于悬架摆臂上和转向节位于车架上。

　　（1）转向节位于悬架摆臂上　图 2-9 所示为吉林大学设计的四轮独立转向器。该转向器采用上、下双横摆臂悬架结构，在现有双横臂悬架的基础上，增加了减速电机驱动的转向节。转向电机经锥齿轮-蜗轮蜗杆两级减速后驱动转向节绕转向主

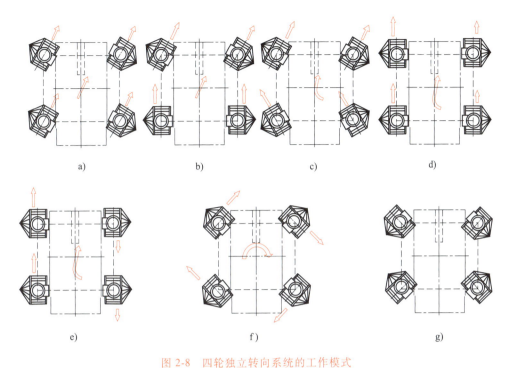

图 2-8 四轮独立转向系统的工作模式

a）斜行 b）两轮转向 c）四轮转向 d）差速转向
e）滑移模式 f）零半径转向 g）制动模式

销转动。蜗轮蜗杆的反向自锁特点使得只能由电机驱动车轮转向，来自路面的作用力不会使车轮发生意外转向，故保障了行驶安全。

（2）转向节位于车架上 同济大学设计的四轮独立转向器采用一体化转向模块方案（图 2-10），摒弃了现有转向桥结构，转向节直接安装在车架上，并将转向节设计成悬架支撑和导向机构。转向节为柱式结构，分为上滑柱和下滑柱，下滑柱可在上滑柱内沿轴向移动，上下滑柱间有弹簧和减振器，作为悬架的弹性和阻尼部件。上滑柱作为悬架上

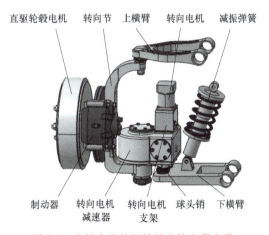

图 2-9 吉林大学的四轮独立转向器方案

摆臂的支撑部件，下滑柱作为下摆臂的支撑部件。滑柱轴线即为转向主销轴线，车轮通过车轮支架安装在下滑柱下部末端，可沿主销轴线移动和转动。转向电机经蜗轮蜗杆减速后驱动上滑柱转动，所有安装在滑柱上的悬架部件和车轮绕主销转向。

图 2-11 所示为现代汽车设计的独立转向系统，采用了与同济大学一体化转向模块类似的技术方案，即转向主销位于车架上，一块铸铝的悬架支撑板固定在转向节上，双横臂悬架的上下臂连接悬架支撑板和车轮支架，实现车轮跳动和运动约束。

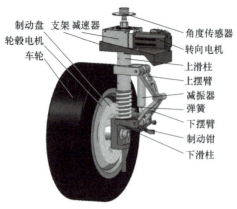

图 2-10　同济大学的一体化转向模块方案　　　　图 2-11　现代汽车的独立转向系统

2.2　线控转向控制

　　线控转向控制包括路感反馈控制和转向控制两个部分。路感反馈即根据驾驶人的驾驶意图、车辆动力学状态与路面附着状况，过滤来自路面的冲击和振动，实时输出反馈力矩作用在转向盘上，从而使驾驶人获得实时的路面作用力反馈。转向控制是根据当前路况和车辆状态，结合控制指令（驾驶人或智能驾驶系统发出的转角指令、目标轨迹等）、优化目标（操纵性、稳定性等）和约束边界等确定期望转向角，并由电机驱动转向机构跟踪期望转向指令。

2.2.1　转向控制

　　线控转向系统的基本输入为驾驶人或智能驾驶系统发出的转向指令。对于机械转向系统，转向器严格跟随输入的转角指令。线控转向克服了这种严格跟随导致的操纵性和稳定性问题，在控制结构上分为上、下两层，如图 2-12 所示。上层通过对输入转向指令的修正获得期望转向角，下层控制电机驱动转向器以跟踪期望转向角，从而实现低速灵活、高速稳定的转向性能及车辆动力学稳定控制。

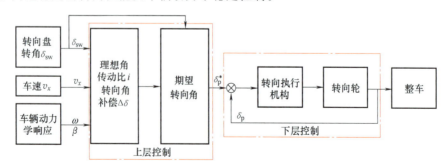

图 2-12　分层转向控制结构

　　确定期望转向角的基本思路有两种：①变传动比控制，采用理想传动比，满足低速灵活、高速稳定的转向性能目标要求；②车辆稳定性控制，以满足车辆侧向动力学不失

稳并具有参考模型的转向特性。期望转向角控制的基本思路和控制方法见表 2-3。期望转向角跟踪控制的方法有 PID、前馈控制、模糊 PID、自抗干扰等控制方法，可实现对期望转向角的快速、准确和稳定跟踪。

表 2-3　期望转向角控制的基本思路的控制方法

控制思路	控制策略和算法	特点
变传动比控制	1. 随车速变化 2. 横摆角速度增益不变 3. 侧向加速度增益和横摆角速度增益不变 4. 模糊控制	低速灵活，高速稳定
车辆稳定性控制	1. LQR 最优控制 2. 前馈、反馈、前馈-反馈控制 3. 鲁棒控制 4. 自适应控制 5. 模型预测控制 6. 神经网络控制 7. 四轮转向和集成控制	基于车辆动力学模型，以车辆动力学稳定为目标

1. 变传动比控制

汽车转向系统的传动比定义为转向盘到车轮转向角的速比。在线控转向系统中，机械转向减速比不变，可以调整的是转向盘转角 δ_{sw} 和小齿轮转角 δ_p（以齿轮齿条转向器为例）的比值，即转向盘与小齿轮的轴间传动比 $i = \delta_{sw}/\delta_p$。车辆的转向灵敏度（横摆角速度增益）可定义为稳态时的横摆角速度 ω 与转向盘转角 δ_{sw} 的比，用 G_{sw} 表示为

$$G_{sw} = \frac{\omega}{\delta_{sw}} \qquad (2-1)$$

也可定义为稳态横摆角速度 ω 与小齿轮转角 δ_p 的比，用 G_p 表示为

$$G_p = \frac{\omega}{\delta_p} \qquad (2-2)$$

G_{sw} 和 G_p 的关系可表示为

$$G_{sw} = \frac{G_p}{i} \qquad (2-3)$$

当 $i = 1$ 时，转向盘转角与小齿轮转角相同，线控转向系统无变传动比。G_p 是车辆机械转向系统的固有特性，如图 2-13 所示。

由图 2-13a 可知，G_p 在低速时随车速增加而增加，达到 $70km/h$ 时，转向灵敏度随着车速增加而降低，在整个车速范围内变化很大。驾驶人在操作车辆时，前向预瞄一个时距确定目标位置和行驶路径，并由行驶路径和车辆状态等确定转向盘转角，然后转动转向盘使车辆沿目标路径行驶。由于轮胎的非线性特性，车辆转向灵敏度随车速不断变化。因而需要驾驶人对车辆的转向特性进行预测和补偿，由此增加了驾驶负担。在一些研究工作中，将理想转向特性定义为：汽车在轮胎线性区内转向时的稳态横摆角速度增益不随车速和转向盘转角改变。在该理想转向特性下，当驾驶人的预瞄时距不变时，由

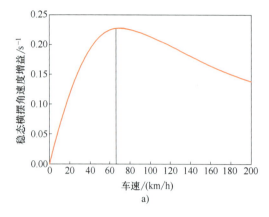
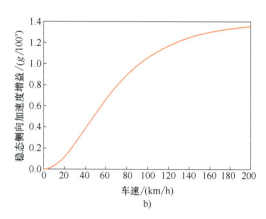

图 2-13　稳态横摆角速度增益 G_{p} 和侧向加速度增益特性

a）稳态横摆角速度增益　b）稳态侧向加速度增益特性

于车辆的横摆响应特性保持不变，驾驶人在不同车速下的操作难度降低。但该方法也存在一些问题：

1）由典型的稳态横摆角速度增益特性可知，低速时的总传动比极小，在转向盘小角度转向输入下，车轮转向也可能到达极限，与现有驾驶人的转向操作习惯不适配。

2）横摆角速度增益不变时，车辆侧向加速度与车速成正比。高速时过大的转向灵敏度会增加驾驶人的精神压力，影响驾驶安全。因此在高速时需要通过增加转向传动比以降低转向灵敏度。

研究表明，合理的变转向传动比应使车辆满足如下要求：

1）横摆角速度增益 G_{sw} 在低速时应迅速增加，然后随车速增加而降低，其值的合理范围为 $0.12 \sim 0.37 s^{-1}$。

2）车辆高速转向时，其转向灵敏度（侧向加速度增益）应 $<1.4g/100°$，以避免过大的侧向加速度加重驾驶人负担并危及安全。

3）车辆中等车速转向时，横摆角速度增益 G_{sw} 为定值。

4）车辆在中、低速转向时，尽可能避免双手换位。

由图 2-13b 可知，若 $i=1$ 时，高速段（$>80km/h$）的稳态侧向加速度增益接近转向灵敏度设计上限，以高速时稳态侧向加速度增益来确定轴间传动比，此时应取 $i>1$。

在中速段（$30 \sim 80km/h$），轴间传动比设计应使车辆达到驾驶人期望的横摆或侧向加速度时转向盘转角不超过 $90°$。研究表明，普通驾驶人在中等车速转向时，车辆侧向加速度不超过 $0.3g$。若以 $30km/h$ 时转向的侧向加速度达到 $0.3g$ 为目标，由图 2-13b 可知侧向加速度增益约为 $0.25g/100°$，小齿轮转角应达到 $108°$，转向盘转角不超过 $90°$，轴间传动比应不大于 0.83。

原地及低速转向时，横摆角速度增益很低，通过减小轴间传动比 i 可以增加低速时的转向增益，降低大角度转向时的双手换位次数。考虑到驾驶人已经习惯了低速时大角度转向操作，过小的传动比也易导致驾驶人轻易将转向盘转至极限位置造成冲击，同时也需要转向电机提供更大的额定转速和功率。综合考虑，原地转向时可以取 $i=0.7$，既

可降低转向时换手的次数，又与驾驶人现有的操作习惯相差不大，容易被接受。采用多次样条曲线对计算的各速度段轴间传动比进行拟合，得到光滑的轴间传动比特性曲线，如图 2-14 所示。

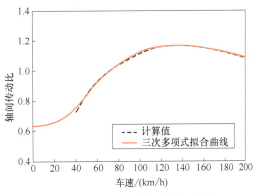

图 2-14　各速度段轴间传动比特性

2. 车辆稳定性控制

反映车辆侧向稳定状态的两个重要参数是横摆角速度和质心侧偏角。二自由度整车线性模型具有稳定的侧向动力学响应，因而被广泛用于车辆侧向动力学稳定控制的参考模型。通过控制转向角、减速度及横摆力矩等可使车辆的横摆角速度和质心侧偏角响应跟踪参考模型。在线控转向中，根据实际的横摆角速度和质心侧偏角响应与参考模型的偏差，确定转向角调整量，并与转向盘转向指令叠加，从而得到期望转向角。

二自由度整车线性动力学模型如图 2-15 所示，其基于如下简化。

1）忽略车辆绕 x 轴的侧倾、沿 z 轴的垂向位移及绕 y 轴的俯仰，仅研究沿 y 轴的侧向运动和绕 z 轴的横摆运动。

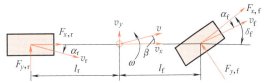

图 2-15　二自由度整车线性动力学模型

2）不考虑空气动力学、侧偏刚度饱和、地面及车轮载荷对轮胎特性的影响。

3）假设左、右两个转向轮转角相等。

得到车辆沿 Y 轴方向的合力及绕 Z 轴的合力矩：

$$\begin{cases} \sum F_y = F_{y,f}\cos\delta_f + F_{y,r} \\ \sum M_z = l_f F_{y,f}\cos\delta_f - l_r F_{y,r} \end{cases} \tag{2-4}$$

当 δ_f 较小时，$\cos\delta_f \approx 1$，式（2-4）可简化为

$$\begin{cases} \sum F_y = C_f\alpha_f + C_r\alpha_r \\ \sum M_z = l_f C_f\alpha_f - l_r C_r\alpha_r \end{cases} \tag{2-5}$$

式中，C_f 和 C_r 分别为前、后车轮等效侧偏刚度。前、后轮侧偏角与质心侧偏角 β 的关系分别为

$$\begin{cases} \alpha_f = \beta + \dfrac{l_f\omega}{v_x} - \delta_f \\ \\ \alpha_r = \beta - \dfrac{l_r\omega}{v_x} \end{cases} \tag{2-6}$$

进而可得到线性二自由度整车的稳态横摆角速度和质心侧偏角响应分别为

$$\omega = \frac{v_x\delta_f}{L(1+Kv_x^2)} \tag{2-7}$$

$$\beta = \frac{l_r - \dfrac{ml_f v_x^2}{C_r L}}{L(1 + Kv_x^2)}\delta_f \tag{2-8}$$

式中，$K = m/L^2(l_f/C_r - l_r/C_f)$，为稳定性因数；$L$ 为轴距；m 为车辆质量。

受路面附着的限制，轮胎附着极限下侧向加速度 $|a_y| \leqslant \mu g$，其中 μ 为路面附着系数。当侧偏角较小时，汽车的侧向加速度可近似表示为 $a_y = \omega v_x$，受路面限制最大的横摆角速度为

$$\omega_{max} = |\mu g/v_x| \tag{2-9}$$

以二自由度整车线性模型为参考，参考的横摆角速度定义为

$$\omega^* = \min\left\{\left|\frac{v_x \delta_f}{L(1 + Kv_x^2)}\right|, |\mu g/v_x|\right\} \tag{2-10}$$

附着极限下，质心侧偏角需满足如下条件：

$$\beta_{max} = \omega_{max} v_x\left(\frac{l_r}{v_x^2} - \frac{ml_f}{C_r L}\right) \leqslant \mu g\left(\frac{l_r}{v_x^2} - \frac{ml_f}{C_r L}\right) \tag{2-11}$$

参考的质心侧偏角为

$$\beta^* = \min\left\{\left|\frac{l_r - \dfrac{ml_f v_x^2}{C_r L}}{L(1 + Kv_x^2)}\delta_f\right|, \left|\mu g\left(\frac{l_r}{v_x^2} - \frac{ml_f}{C_r L}\right)\right|\right\} \tag{2-12}$$

然后根据实际车辆侧向动力学响应与参考值的偏差，设计误差反馈控制器，得到转向角修正量，并叠加到转向盘转向命令上，获得期望转向角。控制器对参考模型的 β^* 和 ω^* 两个目标量进行跟踪，可实现的方法有并联 PID、模型预测控制器、LQR 最优控制、自适应滑模控制、模糊控制器等。下面以模糊 PI 控制为例，介绍参考响应的跟踪控制方法。

模糊 PI 控制器的结构如图 2-16 所示。控制器的目标输入为二自由度参考模型在转向盘转角 δ_{sw} 输入下的参考响应 $r(t) = [\beta^*, \omega^*]$，车辆的实际动力学响应为 $y(t) = [\beta^a, \omega^a]$，由此得到动力学跟踪误差 $e(t) = [e^\beta, e^\omega]$。PI 控制器根据实际侧偏角与期望侧偏角的偏差 e^β 计算转向角修正量 $\Delta\delta$，使实际侧偏角跟踪期望侧偏角。由于车辆动力学的非线性，固定系数的 PI 控制器无法保证快速、稳定地消除误差，故设计模糊控制器，以横摆角速度偏差和侧偏角偏差为输入，对 PI 控制器的参数 K_P 和 K_I 动态地调整，达到快速减小横摆角速度和侧偏角跟踪误差的目的。PI 控制器控制参数调整方法为

$$\begin{cases} K_P = K_P' + \Delta K_P \\ K_I = K_I' + \Delta K_I \end{cases} \tag{2-13}$$

式中，K_P' 和 K_I' 为 PI 控制器的预置控制参数。

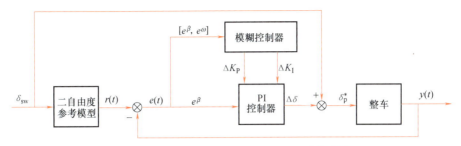

图 2-16 基于模糊 PI 的侧向动力学跟踪控制器

3. 转向角跟踪控制

变传动比控制或车辆稳定控制根据转向盘转角命令及车辆动力学状态来计算转向执行机构的期望转向角，即计算小齿轮的期望转向角 δ_p^*。下层控制器的目标是驱动执行器使转向器的位移跟踪期望值。转向执行机构存在间隙、摩擦和形变，以及来自路面的非线性负载阻力干扰，跟踪控制需满足快速、准确和稳定控制的要求，并具有高计算效率和低实施成本。

转向角跟踪控制器框图如图 2-17 所示。控制器采用双环控制结构，内环为电机转矩控制环（简称转矩环），外环为位置控制环（简称位置环）。采用内、外环结构的优势在于将电机控制与位置控制完全解耦。当改变电机类型或驱动控制算法时，对位置控制器无需做调整，电机的转矩控制器只需考虑电机的转矩响应特性而无需关注整个执行机构的动力学特性。转向角跟踪控制器的控制过程为：

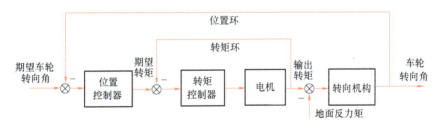

图 2-17 转向角跟踪控制器

1）在位置环，将期望转向角与转向机构的实际转向角响应的偏差作为位置闭环控制的输入，由位置闭环控制器产生期望的电机转矩，以减小位置偏差。

2）在转矩环，电机实际输出转矩通过检测的电枢电流估计得到，将期望转矩与电机输出转矩的偏差作为转矩控制器的输入，由转矩控制输出一定占空比的 PWM 信号控制电机驱动桥，调制作用在电机电枢上的电压，从而控制电机电枢电流，也即电机输出转矩，实现转矩闭环控制。

3）电机输出转矩作用在转向机构上，克服地面反力，推动转向机构跟踪期望转向角，实现位置闭环控制。

下面分别从转矩内环、转向执行机构模型、干扰力观测和位置跟随控制器设计四个方面介绍转向角跟踪控制器的设计。

（1）转矩内环 首先建立转矩环控制对象——电机的模型，以了解对象的响应特

性，并作为分析、设计转矩环控制器的基本输入。以直流有刷电机为例，电压方程和转矩方程如下：

$$
\begin{cases}
U_\mathrm{d} = I_\mathrm{d} R_\mathrm{m} + L_\mathrm{m} \dfrac{\mathrm{d}I_\mathrm{d}}{\mathrm{d}t} + E \\[2mm]
T_\mathrm{m} - T_\mathrm{l} = J_\mathrm{m} \dfrac{\mathrm{d}\omega_\mathrm{m}}{\mathrm{d}t} \\[2mm]
E = K_\mathrm{e} \omega_\mathrm{m} \\[2mm]
T_\mathrm{m} = K_\mathrm{T} I_\mathrm{d}
\end{cases}
\tag{2-14}
$$

式中，U_d 为直流电机电枢电压；I_d 为直流电机电枢电流；R_m 为直流电机电枢电阻；L_m 为直流电机电枢电感；T_m 为直流电机电磁转矩；T_l 为直流电机负载转矩，含转子摩擦力矩；J_m 为直流电机转子转动惯量；ω_m 为直流电机转速；K_e 为直流电机反电动势系数；K_T 为直流电机电磁转矩系数。

由微分方程得到直流电机模型如图 2-18 所示。

转矩环产生 PWM 控制信号，通过电机驱动桥对电枢电压进行调制，得到作用在电枢上的平均电压 U_d。忽略驱动桥的动态响应特性及导通压降等，直接以平均电压作为转矩控制器的输出。电机的输出转矩以测量得到的电枢电流计算，电流传感器的时间响应为微秒

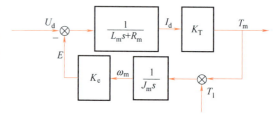

图 2-18　直流电机模型

级，远小于电机电枢绕组的时间常数，故检测通道的传递函数近似取 1。电机转矩环控制框图如图 2-19 所示。

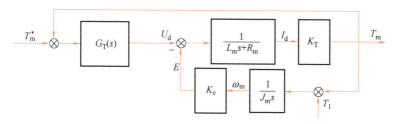

图 2-19　电机转矩环控制框图

由于电流（转矩）测量中含有大量噪声，经微分放大后使得转矩误差一阶微分的信噪比低，在转矩控制器中引入转矩误差一阶微分并不能改善闭环系统的阻尼特性，反而会因噪声的引入使闭环系统振荡，故工程上常采用 PI 控制器设计转矩闭环控制器 $G_\mathrm{T}(s)$。转矩闭环控制器设计的目标是使实际输出转矩 T_m 跟随期望输出转矩 T_m^*。理想的情况是 T_m^* 到 T_m 的闭环传递函数为 1，即电机毫无延迟、准确地输出期望转矩。在现实物理世界中，理想的零阶响应较难实现。高阶线性系统可表达成一阶、二阶系统的串、并联形式。一阶系统具有响应滞后、系统无超调和无限趋近稳态的特点，与二阶系统相比，不会因阻尼比过小而发生超调振荡，可有效避免机械系统的抖动、噪声等问

题。因此，将转矩闭环设计成一阶系统可避免电机输出转矩振荡对转向系统的不利影响。

基于 PI 控制算法的转矩控制器可表示为

$$G_{\text{T}}(s) = K_{\text{TP}} + K_{\text{TI}}\frac{1}{s} \tag{2-15}$$

式中，K_{TP} 和 K_{TI} 分别为转矩 PI 控制器的比例和积分系数。

则转矩环前向通道传递函数为

$$G(s) = \left(K_{\text{TP}} + K_{\text{TI}}\frac{1}{s}\right)\frac{K_{\text{T}}}{L_{\text{m}}s + R_{\text{m}}} \tag{2-16}$$

要使闭环传递函数 $G(s)/[1+G(s)]$ 具有一阶系统的一般表达形式 $1/(1+\tau s)$，前向通道传递函数 $G(s)$ 应简化为积分环节。取 $K_{\text{TI}} = R_{\text{m}}/L_{\text{m}}K_{\text{TP}}$ 时，得到前向通道传递函数：

$$G(s) = \frac{K_{\text{T}}K_{\text{TP}}}{L_{\text{m}}s} \tag{2-17}$$

得到转矩闭环传递函数：

$$\frac{T_{\text{m}}}{T_{\text{m}}^{*}} = \frac{G(s)}{G(s)+1} = \frac{1}{1+\tau_{\text{T}}s} \tag{2-18}$$

其中一阶系统时间常数 $\tau_{\text{T}} = L_{\text{m}}/(K_{\text{T}}K_{\text{TP}})$。

（2）转向执行机构模型　转向执行机构由电机、减速器、转向器、转向拉杆、转向节和转向轮等构成。图 2-20 所示为车辆广泛采用的齿轮齿条转向器，应用了阿克曼转向机构，内、外侧车轮转向角不同，内侧转角略大于外侧转角。为简化模型、降低模型阶次以及消除部分对模型精度影响较小的非线性环节，转向执行机构的建模基于如下简化：

1）忽略内、外侧车轮转角的差异。

2）车轮转角与齿条位移成正比。

3）忽略传动机构中的间隙及传动机构的弹性变形。

4）转向机构中的摩擦力用黏滞摩擦和库仑摩擦近似描述。得到如下动力学微分方程：

$$\begin{cases} J_{\text{m}}\ddot{\theta}_{\text{m}} = T_{\text{m}} - T_{\text{l}} - B_{\text{m}}\dot{\theta} - T_{\text{cm}} \\ J_{\text{w}}\ddot{\delta} = k_{\text{m\_w}}T_{\text{l}} - B_{\text{w}}\dot{\delta} - T_{\text{cw}} - T_{\text{r}} \\ \theta_{\text{m}} = k_{\text{m\_w}}\delta \end{cases} \tag{2-19}$$

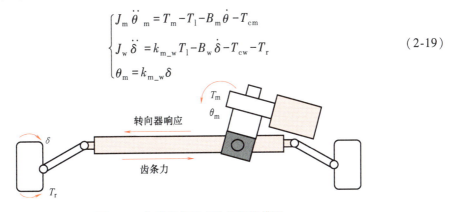

图 2-20　齿轮齿条转向执行机构模型

式中，θ_m 为电机转子转角；B_m 为电机转子黏滞摩擦系数；T_cm 为电机转子库仑摩擦力矩；J_w 为等效到转向节的转动惯量；δ 为车轮转向角；$k_\mathrm{m\_w}$ 为电机轴到转向节传动比；B_w 为等效到转向节黏滞摩擦系数；T_cw 为转向机构库仑摩擦力矩；T_r 为地面对轮胎的作用力矩。

以电机输出转矩 T_m 作为模型输入、车轮转向角 δ 作为模型输出、地面对轮胎的作用力矩 T_r 和摩擦力矩 T_cw 等作为干扰输入，取状态变量 $\boldsymbol{X}=\begin{bmatrix}\delta & \dot{\delta}\end{bmatrix}^\mathrm{T}$，则系统的状态空间方程为

$$\begin{cases}\dot{\boldsymbol{X}}=\begin{pmatrix}0 & 1 \\ 0 & -\dfrac{B_\mathrm{eq}}{J_\mathrm{eq}}\end{pmatrix}\boldsymbol{X}+\begin{pmatrix}0 \\ \dfrac{k_\mathrm{m\_w}}{J_\mathrm{eq}}\end{pmatrix}T_\mathrm{m}+\begin{pmatrix}0 \\ -\dfrac{1}{J_\mathrm{eq}}\end{pmatrix}T_\mathrm{d} \\ y=\begin{pmatrix}1 & 0\end{pmatrix}\boldsymbol{X}\end{cases} \tag{2-20}$$

式中，

$$\begin{cases}J_\mathrm{eq}=k_\mathrm{m\_w}^2 J_\mathrm{m}+J_\mathrm{w} \\ B_\mathrm{eq}=k_\mathrm{m\_w}^2 B_\mathrm{m}+B_\mathrm{w} \\ T_\mathrm{d}=T_\mathrm{r}+T_\mathrm{cw}+k_\mathrm{m\_w}T_\mathrm{cm}\end{cases} \tag{2-21}$$

从位置闭环控制器设计的角度来看，控制器的输出变量为电机的期望转矩，因此以电机期望转矩 T_m^* 作为上述状态方程的输入，电机输出转矩作为状态量，得到被控对象——转向执行机构的状态空间描述：

$$\begin{cases}\dot{\boldsymbol{X}}_\mathrm{p}=\boldsymbol{A}_\mathrm{p}\boldsymbol{X}_\mathrm{p}+\boldsymbol{B}_\mathrm{1p}T_\mathrm{m}^*+\boldsymbol{B}_\mathrm{2p}T_\mathrm{d} \\ y=\boldsymbol{C}_\mathrm{p}\boldsymbol{X}_\mathrm{p}\end{cases} \tag{2-22}$$

式中，

$$\begin{cases}\boldsymbol{X}_\mathrm{p}=\begin{pmatrix}T_\mathrm{m} & \delta & \dot{\delta}\end{pmatrix} \\ y=\delta \\ \boldsymbol{A}_\mathrm{p}=\begin{pmatrix}-\dfrac{1}{\tau_\mathrm{T}} & 0 & 0 \\ 0 & 0 & 1 \\ \dfrac{k_\mathrm{m\_w}}{J_\mathrm{eq}} & 0 & -\dfrac{B_\mathrm{eq}}{J_\mathrm{eq}}\end{pmatrix} \\ \boldsymbol{B}_\mathrm{1p}=\begin{pmatrix}\dfrac{1}{\tau_\mathrm{T}} & 0 & 0\end{pmatrix}^\mathrm{T} \\ \boldsymbol{B}_\mathrm{2p}=\begin{pmatrix}0 & 0 & -\dfrac{1}{J_\mathrm{eq}}\end{pmatrix}^\mathrm{T} \\ \boldsymbol{C}_\mathrm{p}=\begin{pmatrix}0 & 1 & 0\end{pmatrix}^\mathrm{T}\end{cases} \tag{2-23}$$

在前面将转矩闭环设计为一阶环节，故电机输出转矩 T_m 的一阶导数可表达为

$$\dot{T}_{m} = \frac{(T_{m}^{*} - T_{m})}{\tau_{T}} \tag{2-24}$$

（3）干扰力及干扰力观测 式（2-21）中 T_{d} 为干扰力矩，包括电机转子的库仑摩擦力矩 T_{cm}、转向机构的库仑摩擦力矩 T_{cw} 和地面对轮胎的作用力矩 T_{r}。库仑摩擦力矩与机构的运动方向相关，当运动方向改变时，力矩方向和大小发生突变。T_{r} 由三个部分组成：轮胎与地面的摩擦力矩、车轮回正力矩以及路面的随机扰动等。

原地转向时轮胎与地面的摩擦力矩如图 2-21 所示，呈现出典型的非线性和滞回性。

回正力矩也同样呈现非线性和滞回特性，如图 2-22 所示。因此，状态方程式（2-22）中干扰力矩 T_{d} 的存在使得位置闭环控制对象模型具有非线性特性，并且由于滞回特性及摩擦力受诸多因素的影响，也难以建立准确的干扰力矩的数学描述。常用的方法是设计干扰观测器来估计干扰力矩，下面介绍两种典型的干扰观测器——线性干扰观测器（Linear Disturbance Observer，LDO）和基于自抗干扰控制的扩展干扰观测器（Extended Disturbance Observer，EDO）。

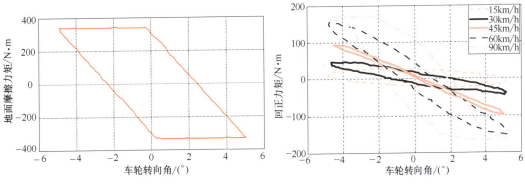

图 2-21 原地转向摩擦力矩与车轮转向角的关系　　图 2-22 回正力矩与车轮转向角的关系

1）基于 LDO 的干扰力矩观测器。数字控制系统的离散步长通常是毫秒级的，而干扰力矩的主要构成——回正力矩和摩擦力矩具有与车轮转向角相同的动态，周期达秒级。因此对于控制系统而言，干扰力矩的变化是缓慢的，可近似认为其变化率均值为零，干扰力矩用随机游走模型描述，即

$$\dot{T}_{d} = 0 \tag{2-25}$$

对状态方程式（2-20）进行扩展，将干扰力矩作为系统状态量之一，得到干扰力矩的观测模型如下：

$$\begin{cases} \begin{pmatrix} \dot{T}_{d} \\ \ddot{\delta} \\ \dot{\delta} \end{pmatrix} = \begin{pmatrix} 0 & 0 & 0 \\ -\dfrac{1}{J_{eq}} & -\dfrac{B_{eq}}{J_{eq}} & 0 \\ 0 & 1 & 0 \end{pmatrix} \begin{pmatrix} T_{d} \\ \dot{\delta} \\ \delta \end{pmatrix} + \begin{pmatrix} 0 \\ \dfrac{k_{m\_w}}{J_{eq}} \\ 0 \end{pmatrix} T_{m} \\[20pt] y = \begin{bmatrix} 0 & 0 & 1 \end{bmatrix} \begin{pmatrix} T_{d} \\ \dot{\delta} \\ \delta \end{pmatrix} \end{cases} \tag{2-26}$$

　　根据系统可测性定义，状态方程（2-26）是可观测的，故可设计线性观测器对干扰力矩 T_d 进行观测。同时，状态量中转向角可通过角度位置传感器测量，输入变量 T_m 可通过电机电流计算，因而可构建降维观测器，对另外两个变量 T_d 和 $\dot{\delta}$ 进行观测，取 $\boldsymbol{w} = \begin{bmatrix} T_d & \dot{\delta} \end{bmatrix}^T$，得到观测器方程：

$$\begin{cases} \dot{\boldsymbol{w}} = \boldsymbol{A}_0 \boldsymbol{w} + \boldsymbol{B}_{0u} T_m + \boldsymbol{B}_{0y} \delta \\ \hat{T}_d = \boldsymbol{C}_0 \boldsymbol{w} + \boldsymbol{D}_{0y} \delta \\ \boldsymbol{A}_0 = \boldsymbol{A}_{11} - \boldsymbol{E} \boldsymbol{A}_{21} \\ \boldsymbol{B}_{0u} = \boldsymbol{B}_1 - \boldsymbol{E} \boldsymbol{B}_2 \\ \boldsymbol{B}_{0y} = \boldsymbol{A}_{12} - \boldsymbol{E} \boldsymbol{A}_{22} + (\boldsymbol{A}_{11} - \boldsymbol{E} \boldsymbol{A}_{21}) \boldsymbol{E} \\ \boldsymbol{C}_0 = \begin{bmatrix} 1 & 0 \end{bmatrix} \\ \boldsymbol{D}_{0y} = \begin{bmatrix} 1 & 0 \end{bmatrix} \boldsymbol{E} \end{cases} \tag{2-27}$$

式中，$\hat{T}_d$ 为干扰力矩观测值；

$$\begin{cases} \boldsymbol{A}_{11} = \begin{pmatrix} 0 & 0 \\ -\dfrac{1}{J_{eq}} & -\dfrac{B_{eq}}{J_{eq}} \end{pmatrix} \\ \boldsymbol{A}_{12} = \begin{pmatrix} 0 \\ 0 \end{pmatrix} \\ \boldsymbol{A}_{21} = \begin{bmatrix} 0 & 1 \end{bmatrix} \\ \boldsymbol{A}_{22} = \begin{bmatrix} 0 \end{bmatrix} \\ \boldsymbol{B}_1 = \begin{pmatrix} 0 \\ \dfrac{k_{m\_w}}{J_{eq}} \end{pmatrix} \\ \boldsymbol{B}_2 = \begin{bmatrix} 0 \end{bmatrix} \end{cases} \tag{2-28}$$

　　观测器稳定及收敛速度可通过设计常值矩阵 $\boldsymbol{E}$ 来配置观测器矩阵 $\boldsymbol{A}_0$ 的极点实现。例如，取 $\boldsymbol{A}_0$ 的极点为 $k_0 \begin{bmatrix} -2-i, & -2+i \end{bmatrix}$，通过 k_0 调整观测器的收敛速度。观测器收敛速度决定了观测器的带宽，带宽过高时，观测器对高频转角测量噪声敏感，不利于系统稳定性；带宽过低时不能够对干扰力矩有效观测。转角测量噪声主要来源于车轮摆动及转向机构的振动，通常车轮摆动频率范围 $20\sim30\text{Hz}$，线控转向系统的固有频率$>30\text{Hz}$，因此观测器带宽显著低于该频率时即可有效抑制角度测量噪声。同时观测器带宽过多地超过电机的转矩闭环带宽也无必要，因为观测到的干扰力矩也不能被有效补偿。T_d 到 $\hat{T}_d$ 的传递函数为

$$\frac{\hat{T}_d}{T_d} = \frac{\hat{T}_d}{\delta} \frac{\delta}{T_d} = -\begin{bmatrix} \boldsymbol{C}_0 (s\boldsymbol{I} - \boldsymbol{A}_0)^{-1} \boldsymbol{B}_{0y} + \boldsymbol{D}_{0y} \end{bmatrix} \frac{1}{s(J_{eq}s + B_{eq})} \tag{2-29}$$

式中，$\boldsymbol{I}$ 为单位矩阵。

该传递函数决定了观测器带宽，由选定的观测器带宽确定 $\boldsymbol{A}_0$ 的极点，从而可得到干扰

力矩观测器常值矩阵 $\boldsymbol{E}$。

2）基于 EDO 的干扰力矩观测器。从 LDO 的设计过程可以看到，虽然 LDO 具有较高的计算效率，但其高度依赖模型的准确性。在实际工程应用中，一方面准确获得控制对象模型比较困难，另一方面，机电系统在使用过程中其特性可能发生变化，如磨损产生间隙。因此，下面介绍一种基于自抗干扰控制的方法来设计扩展干扰观测器。

假设 T_d 是缓慢变化的量，其变化速率有界，可建立观测器：

$$
\begin{cases}
\dot{\hat{x}}_1 = \hat{x}_2 + \beta_1(x_1 - \hat{x}_1) \\[2mm]
\dot{\hat{x}}_2 = -\dfrac{B_{eq}}{J_{eq}}\hat{x}_2 + \dfrac{k_{m\_w}}{J_{eq}}T_m - \dfrac{1}{J_{eq}}\hat{T}_d + \beta_2(x_1 - \hat{x}_1) \\[2mm]
\dot{\hat{T}}_d = \beta_3(x_1 - \hat{x}_1)
\end{cases}
\tag{2-30}
$$

式中，$x_1 = \delta$，$x_2 = \dot{\delta}$；β_1，β_2，β_3 是需设计的非线性反馈函数。

为使观测器稳定，选择反馈函数的形式为

$$
\beta_1 = \frac{\kappa_1}{\varepsilon}，\ \beta_2 = \frac{\kappa_2}{\varepsilon^2}，\ \beta_3 = \frac{\kappa_3}{\varepsilon^3}
\tag{2-31}
$$

式中，κ_1，κ_2，κ_3 和 ε 是正的反馈增益。

选择较小的 ε 时，观测器具有较高的误差反馈增益，观测系统的动态响应比物理系统快，确保快速估计收敛速率。相比 LDO 方法，EDO 方法的难点在于整定上述四个参数。

（4）位置跟随控制器设计 观测的干扰力矩与转向角位置控制器产生的控制量叠加构成新的期望力矩命令 T_m^*，由电机转矩内环跟踪期望力矩，从而达到抵消干扰力矩的目的。干扰力矩补偿的位置闭环控制器结构如图 2-23 所示。

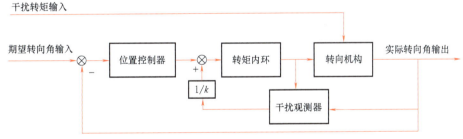

图 2-23　干扰力矩补偿的位置闭环控制器

若忽略转矩内环的响应延迟以及干扰力矩观测的延迟，可近似认为干扰力矩被完全抵消，式（2-22）可简化为

$$
\begin{cases}
\dot{\boldsymbol{X}}_p = \boldsymbol{A}_p \boldsymbol{X}_p + \boldsymbol{B}_{1p}\overline{T}_m^* \\[1mm]
y = \boldsymbol{C}_p \boldsymbol{X}_p \\[1mm]
\boldsymbol{X}_p = \begin{bmatrix} T_m & \delta & \dot{\delta} \end{bmatrix} \\[1mm]
y = \delta
\end{cases}
\tag{2-32}
$$

式中，$\overline{T}_m^*$ 是位置闭环控制器输出量，$\overline{T}_m^*$ 的控制率是位置控制器设计的内容。

式（2-32）是线性定常系统，可设计线性二次调节器（Linear quadratic regulator，LQR）实现对转向角跟踪问题的最优控制。设 $\delta^*(t)$ 是已知的期望转向角，令 $e(t)=y(t)-\delta^*(t)$ 为偏差量，设指标泛函数为

$$J = \frac{1}{2}e^T(T)\boldsymbol{S}e(T) + \frac{1}{2}\int_{t_0}^{T}\left[e^T(t)\boldsymbol{Q}e(t) + \mu^T(t)\boldsymbol{R}\mu(t)\right]\mathrm{d}t \qquad (2\text{-}33)$$

寻求控制率使式（2-33）具有极小值。其物理意义为：在控制过程中，使系统的输出尽量趋近理想输出，同时也使控制能量消耗尽可能小。式中，$\boldsymbol{S}$ 为半正定对称矩阵；$\boldsymbol{Q}$ 为半正定对称权重矩阵；$\boldsymbol{R}$ 为正定对称权重矩阵；$\mu(t)$ 是控制输入量，这里指 $\overline{T}_m^*$。求解 LQR 得到 $\overline{T}_m^*$ 的控制率有

$$\overline{T}_m^* = -\boldsymbol{R}^{-1}\boldsymbol{B}_{1p}^T\boldsymbol{P}X_p + \boldsymbol{R}^{-1}\boldsymbol{B}_{1p}^T\xi \qquad (2\text{-}34)$$

其中 $\boldsymbol{P}$ 为代数黎卡蒂方程的解。

$$-\boldsymbol{P}\boldsymbol{A}_p - \boldsymbol{A}_p^T\boldsymbol{P} + \boldsymbol{P}\boldsymbol{B}_{1p}\boldsymbol{R}^{-1}\boldsymbol{B}_{1p}^T\boldsymbol{P} - \boldsymbol{C}_p^T\boldsymbol{Q}\boldsymbol{C}_p = 0 \qquad (2\text{-}35)$$

其中 ξ 为方程

$$\boldsymbol{A}_p^T - \boldsymbol{P}\boldsymbol{B}_{1p}\boldsymbol{R}^{-1}\boldsymbol{B}_{1p}^T\xi + \boldsymbol{C}_p^T\boldsymbol{Q}\delta^* = 0 \qquad (2\text{-}36)$$

的解。对于此类问题，MATLAB 控制系统工具箱提供了一个函数：$\begin{bmatrix}\boldsymbol{K} & \boldsymbol{P}\end{bmatrix} = \mathrm{lqr}(\boldsymbol{A}, \boldsymbol{B}, \boldsymbol{Q}, \boldsymbol{R})$，可用于设计线性二次最优调节器。将 $\boldsymbol{P}$ 带入式（2-36）可求得 ξ。

2.2.2 路感反馈控制

路感反馈的目的是在转向盘上施加反馈力矩以模拟转向过程中的回正力矩和地面摩擦力矩，使驾驶人对转向过程中的路面作用力和车辆状态具有灵敏的感知能力。对路感反馈的要求是：车辆低速行驶时反馈的力矩不应使驾驶人转向费力，即低速轻便；高速时反馈的力矩要足够反映车辆的侧向加速度的变化，即高速路感应清晰。路感反馈控制由两部分构成：

1）确定反馈力矩的大小，即路感设计。

2）控制路感电机准确地输出反馈力。

1. 路感设计

转向盘的受力分析如图 2-24 所示。驾驶人在转向盘上施加转向力矩 T_{sw}，所施加的手力克服转向盘系统的摩擦力矩 T_{f_sw}，路感电机输出的反馈力矩 T_{m_sw}，以及惯性力、阻尼力等，使转向盘转动 δ_{sw}。转向盘的动力学微分方程描述为

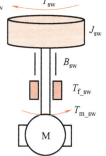

$$J_{sw}\ddot{\delta}_{sw} + B_{sw}\dot{\delta}_{sw} = T_{sw} - T_{m\_sw} - T_{f\_sw} \cdot \mathrm{sgn}(\dot{\delta}_{sw}) \qquad (2\text{-}37)$$

路感设计的目标是确定路感电机的反馈力矩，使驾驶人在操纵车辆时，转向盘系统具有与助力转向系统相近的手力特性和良好的回正性。

路感设计主要有三种方法：

1）将反馈力矩设计为车速、转向盘的角度和速度、侧向加速度等参数的函数表达式或 MAP 图（图 2-25），通过调节拟合

图 2-24　转向盘受力分析

系数满足不同驾驶人的路感喜好。参数拟合基于大量的道路试验数据，但表达式未考虑实际的路面附着系数，因而路感与装备有助力转向系统的车辆不完全相同。

2）基于车辆动力学模型，估计转向过程中的总回正力矩和摩擦力矩，将其作为路感反馈力矩。该方法依赖于准确的轮胎模型、转向主销的定位参数等，所获得的路感与现有车辆基本一致，难点在于轮胎模型和转向系统结构参数的准确获取。

3）通过观测转向器齿条推力等获得转向过程中的回正力、摩擦力等，并结合车速、转向手力、转向盘角度和角速度等进行补偿，以获得与助力转向系统一致的路感和回正特性。

后两种方法能够更准确地反映路面的附着情况，在实际中应用较多。

（1）基于动力学模型的转向阻力矩估计 转向阻力矩由回正力矩和摩擦力矩构成。回正力矩由轮胎的侧向力引起，摩擦力矩则由轮胎与地面间的摩擦力及转向传动机构的摩擦力、阻尼力等引起。车辆行驶过程中的转向阻力矩主要是回正力矩，而低速（<5km/h）及原地转向时的转向阻力主要为摩擦力矩。因此车辆行驶时，路感反馈力矩仅考虑回正力矩，忽略摩擦力矩；低速及原地转向时，路感反馈力矩仅考虑摩擦力矩，忽略回正力矩。

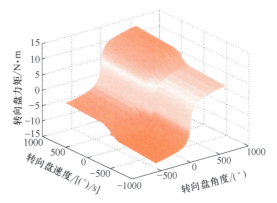

图 2-25 转向盘角度、转向盘速度与转向盘力矩间的 MAP（见彩图）

根据二自由度整车线性动力学模型（图 2-15），前轮受到的侧向力 $F_{y,f}$ 可表示为

$$F_{y,f} = C_f \alpha_f = C_f \left(\frac{l_f}{v_x} \omega + \beta - \delta_f \right) \tag{2-38}$$

式中，ω 为车辆的横摆角速度；β 为质心侧偏角。式（2-38）未考虑侧向力饱和问题。

当侧偏角较小时，轮胎拖距可近似为常值，由侧偏力引起的回正力矩由下式给出：

$$M_s = F_{y,f} n_R \tag{2-39}$$

式中，n_R 为轮胎拖距。

轮胎与地面的摩擦力分为静摩擦和动摩擦。车辆行驶过程中的动摩擦较小，在路感反馈中可以忽略动摩擦。车辆原地转向时，轮胎接地印迹面上的作用点在路面滑移，静摩擦力矩由经验公式描述为

$$M_f \propto \mu \frac{F_z^{1.5}}{\sqrt{p}} \tag{2-40}$$

式中，μ 为轮胎与路面的摩擦系数；F_z 为轮胎垂向载荷；p 为轮胎胎压。

在给定路面摩擦系数、一定载荷和胎压下，摩擦力矩近似为常值，表示为

$$M_f = M_f' \mathrm{sgn}(\dot{\delta}_f) \tag{2-41}$$

式中，M_f' 为与静摩擦力矩、转向传动机构阻尼力等有关的常值，可通过低速、大幅度

左右转向等方式测量得到，如图 2-21 所示。

全速度范围内传递到转向盘上的转向阻力矩由下式计算：

$$T_z = \begin{cases} C_f n_R \left(\dfrac{l_f}{v_x} \omega + \beta - \delta_f \right) / k_{sw\_w} & v_x > 5\text{km/h} \\[3mm] M_f' \text{sgn}(\dot{\delta}_f) / k_{sw\_w} & v_x \leqslant 5\text{km/h} \end{cases} \tag{2-42}$$

式中，k_{sw_w} 为转向盘到转向轮的传动比。根据转向阻力矩的定义可以发现，式中转向阻力矩忽略了路面附着系数的影响以及附着力饱和的问题，因此式（2-42）得到的转向阻力矩与实际情况有一定偏差，尤其是当路面附着发生大幅变化的情况。为克服该问题，可使用在线路面附着观测器，利用估计的路面附着力对模型进行修正。另外，计算转向阻力矩使用了横摆角速度和质心侧偏角，需要额外增加传感器测量和观测上述信号。

（2）基于转向驱动电流的齿条推力观测　如前所述，由车辆动力学模型估算转向阻力矩需要考虑的因素众多。另一种直接的方法是用转向器齿条的推力来代替转向阻力。可通过力/力矩传感器测量齿条推力，也可通过转向电机的出力间接估计齿条推力。对于线控转向系统，转向电机输出转矩可方便地通过电机电枢电流测量近似获得，不需要增加额外的成本。

$$T_z = T_m / k_m = K_T I_d / k_m \tag{2-43}$$

式中，k_m 为转向电机减速器的传动比，即电机到小齿轮的传动比。

（3）路感补偿　显然，将观测的转向阻力直接施加到转向盘上是不合适的。一方面，转向阻力过大，增加了转向盘操作的负担；另一方面，相比助力转向系统，转向盘系统具有较小的惯性和极小的阻尼，在回正过程中容易产生振荡。因此需要对转向阻力矩适当补偿，使得：①驾驶人操作转向盘时具有与助力转向相近的负载特性；②转向盘系统具有足够的阻尼，避免撒手时转向盘振荡。路感补偿的基本框架如图 2-26 所示。

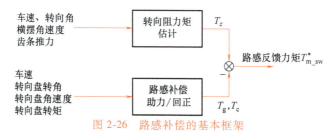

图 2-26　路感补偿的基本框架

路感补偿分为两部分：助力补偿力矩 T_g 和回正阻尼力矩 T_c。

助力系统的助力特性有直线型、折线型和曲线型三种。以直线型（图 2-27）为例，横坐标为转向盘转向手力、纵坐标为电机助力。T_{h0} 为助力死区，当转向手力 $< T_{h0}$ 时，电机不助力；当转向手力 $> T_{h0}$ 时，电机助力大小与手力大小成正比；当转向手力 $> T_{hmax}$ 时，

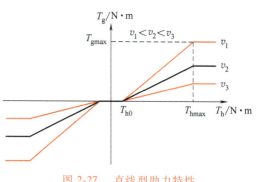

图 2-27　直线型助力特性

电机助力不再增加。助力增益随速度变化，速度越大，助力增益越小，以满足低速转向轻便、高速转向路感灵敏的要求。助力特性的数学描述如下：

$$T_g = \begin{cases} 0 & T_h \leqslant T_{h0} \\ G(v)(T_h - T_{h0}) & T_{h0} < T_h < T_{hmax} \\ T_{gmax}(v) & T_{hmax} < T_h \end{cases} \tag{2-44}$$

式中，$G(v)$ 为随速助力增益函数。

高速时回正力矩大，低速时回正力矩小。为使高速时转向盘回正更加稳定，低速时转向盘能较快速地回到中位，可采用变阻尼方法：

$$T_c = C(v)\dot{\delta}_{sw} \tag{2-45}$$

式中，

$$C(v) = \begin{cases} c_0 & v \leqslant 20km/h \\ c_0 + c_1(v-20) & 20km/h \leqslant v < 60km/h \\ c_0 + 40c_1 + c_2(v-60) & 60km/h \leqslant v \end{cases} \tag{2-46}$$

其中，c_0、c_1、c_2 为变阻尼控制参数。

路感电机的目标反馈力矩 $T_{m\_sw}^*$ 由下式计算：

$$T_{m\_sw}^* = T_z - T_c - T_g \tag{2-47}$$

2. 路感反馈控制

路感反馈控制包括路感反馈力矩跟踪控制和转向盘回正控制。前者是解决在转向盘上准确施加所设计的路感反力的问题，后者是解决回正力矩不足时的转向盘自动回正的问题。

（1）路感反馈力矩跟踪控制　路感反馈控制是在路感设计的基础上，控制电机输出转矩，使其跟踪目标反馈力矩 $T_{m\_sw}^*$。对电机输出转矩的跟踪控制，实质是对路感电机电枢电流的闭环控制。可参考 2.2.1 节中"3. 转向角跟踪控制"中转矩内环的设计思路（图 2-19），设计 PI 控制器，使转矩环响应具有一阶系统特性。PI 控制器的缺点是无法有效应对被控对象中的非线性环节以及模型参数变化，如控制死区、电机参数（内阻和感抗）随温度、电流等漂移。当电机参数发生显著变化时，PI 控制器的性能将恶化甚至产生稳定性问题。下面介绍一种经典的鲁棒控制方法——滑模变结构控制（Sliding Mode Control，SMC）。滑模变结构控制适用于非线性时变系统，通过不连续的开关控制，使系统响应在有限时间内收敛。基于滑模控制器的路感电机反馈力矩控制框图如图 2-28 所示。

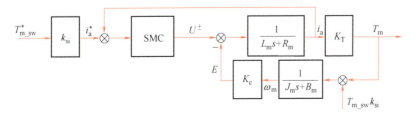

图 2-28　基于滑模控制器的路感电机反馈力矩控制

图中 k_{si} 为路感电机减速器的减速比。滑模控制器对路感电机的电流进行闭环控制，控制变量为电机电枢电压 U。滑模面选择实际电流与目标电流的偏差：

$$S = e = i_a - i_a^* \tag{2-48}$$

对式（2-48）求导，并将电机的电枢电压方程带入得

$$\dot{S} = \dot{i}_a - \dot{i}_a^* = [U - R_m i_a - K_e \omega_m - L_m \dot{i}_a^* + L_m \epsilon(t)]/L_m \tag{2-49}$$

式中，$\epsilon(t)$ 表示控制系统存在的外加扰动，只要该扰动是有界的，总能找到常数 $\varepsilon(\varepsilon > 0)$，使得 $\epsilon(t) < \varepsilon$，设计控制变量 U 的控制率为

$$U = R_m i_a + K_e \omega_m + L_m \dot{i}_a^* - L_m k S - L_m \varepsilon \text{sgn}(S) \tag{2-50}$$

$\dot{S}$ 重新表达为

$$\dot{S} = -kS - [\varepsilon - \epsilon(t)]\text{sgn}(S) \tag{2-51}$$

由式（2-51）可知，只要 $k > 0$，则 $S\dot{S} < 0$。例如，当 $S > 0$ 时，控制率使 $\dot{S} < 0$，系统将在有限时间内收敛至滑模面。控制率中 $L_m \varepsilon \text{sgn}(S)$ 是开关函数，因此控制变量 U 的变化不连续，作用到控制对象后将引起系统输出的抖动，这是滑模变结构控制器的固有特性。为降低抖动，常采用饱和函数代替符号函数：

$$\text{sat}(S) = \begin{cases} \text{sgn}(S) & |S| > \Delta \\ kS & |S| \leqslant \Delta \end{cases} \tag{2-52}$$

（2）转向盘回正控制　设计的路感反馈力在转向盘中点位置附近过小，以及由于电机、传动机构摩擦阻力，当松开转向盘时，转向盘不能快速地回到中间位置。为解决转向盘准确回正的问题，当检测到转向盘操作手力小于设定门限时（如驾驶员松开转向盘），即进入转向盘回正控制模式。

参考图 2-24，忽略传动机构和电机转子摩擦力，得到回正时转向盘运动微分方程：

$$J_{sw} \ddot{\delta}_{sw} + B_{sw} \dot{\delta}_{sw} = T_{sw} - u \tag{2-53}$$

式中，$u = T_{m\_sw}^*$，即所需要控制的变量——回正力矩。

设计滑模变结构控制器，对回正力矩进行控制。回正控制时目标转向盘转角为 0，取跟踪误差 $e(t) = 0 - \delta_{sw}(t)$。设计滑模面：

$$S = ce(t) + \dot{e}(t) = -c\delta_{sw}(t) - \dot{\delta}_{sw}(t) \tag{2-54}$$

为满足 Hurwitz 条件，式中 $c > 0$。滑模面 S 的一阶导数为

$$\dot{S} = -c\dot{\delta}_{sw}(t) - \ddot{\delta}_{sw}(t) \tag{2-55}$$

将转向盘运动微分方程式（2-53）带入上式，得

$$\dot{S} = -c\dot{\delta}_{sw}(t) - (T_{sw} - u - B_{sw}\dot{\delta}_{sw})/J_{sw} \tag{2-56}$$

为使 $S\dot{S} < 0$，取 $\dot{S}$ 具有如下表达形式：

$$\dot{S} = a[-\varepsilon\text{sgn}(S) - kS] \tag{2-57}$$

式中，a 为常数且 > 0。联立式（2-56）和式（2-57），得到控制变量 u 的控制率为

$$u = T_{sw} - B_{sw}\dot{\delta}_{sw} - J_{sw}[-c\dot{\delta}_{sw}(t) + \varepsilon a\text{sgn}(S) + kaS] \tag{2-58}$$

转向盘在回正力矩的驱动下可以迅速回正，但在转向盘角度零值附近时，系统在滑模面上由于 sgn(S) 分量产生高频切换，使回正控制力矩有微小抖振。抖振影响了回正控制精度，同时也造成不适的手感，可采用前文所述的饱和函数代替符号函数削弱抖振问题，得到更加平稳的控制质量。

2.3 线控转向电控系统

2.3.1 线控转向电控系统结构

1. 线控转向电控系统组成及功能

线控转向电控系统由转向盘单元和电动转向执行器单元两部分构成。

转向盘单元位于驾驶室，是驾驶人对车辆进行转向操作的人机接口。转向盘的基本功能包括：

1）通过路感电机在转向盘上施加路感反馈力，使驾驶人获得足够的路面信息和车辆动力学状态，控制转向盘回正。

2）基于变传动比控制或车辆稳定控制方法，产生目标转向角指令。

3）系统发生故障时，降级为助力转向模式，控制电磁离合器接通。

转向执行器单元通常安装在副车架上，通过转向拉杆或直接驱动转向节使车轮转向。转向执行器的基本功能包括：

1）电机驱动转向器使其跟随目标转向指令。

2）助力模式下，电机输出助力力矩，与人力共同推动转向器。

2. 线控转向电控系统的分类及特点

线控转向电控系统按结构形式可分为集中式线控转向电控系统和分布式线控转向电控系统两种。集中式线控转向电控系统的特点是：①由一个控制器完成全部传感器的数据采集、控制逻辑和电机驱动；②具有相应等级的硬件和软件冗余；③ECU需要有足够的计算和控制资源，软硬件系统较复杂。分布式线控转向电控系统中，多个ECU通过总线交互信息、协同工作，其特点是：①ECU通常与控制执行部件、传感器部件集成，构成智能执行/感知模块，实现节约空间、简化布线和模块化设计的目标；②ECU的功能较单一，ECU的软硬件规模和复杂度小于集成式系统。

3. 分布式线控转向电控系统的结构

分布式线控转向电控系统由若干个智能转向模块和一个智能转向盘模块构成。这种构成方式一方面提供了控制器冗余，同时为底盘域集成控制的实现提供便利。因此，当前主流的线控转向电控系统多采用分布式方案。

图 2-29 所示为分布式线控转向电控系统的基本结构。线控转向电控系统由转向驱动 ECU（1、2）、转向盘 ECU、转向盘力矩/角度传感器、转向器力矩/角度传感器、路感电机、转向电机、电磁离合器等构成。转向盘 ECU 采集本地的转向盘角度、操作手力传感器信息，结合从总线获取的车辆和转向电机 ECU 的状态信息，驱动路感电机在

转向盘上产生合适的路感反馈力。转向盘 ECU 从动力总线上获取车速、横摆角速度、侧向加速度等信息，根据理想传动比或车辆动力学稳定控制的要求，确定目标转向角度，通过线控总线向转向驱动 ECU 发送转向命令。转向驱动 ECU 从总线接收目标转向角命令，采集转向器的角度信号，驱动转向电机实现位置闭环控制。当线控转向系统降级到助力转向模式时，转向驱动 ECU 从转向器力矩传感器获取转向盘的操作手力，驱动转向电机实现助力控制。

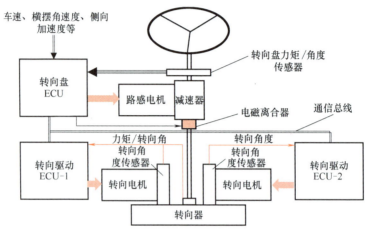

图 2-29　分布式线控转向电控系统

2.3.2　电机驱动控制

线控转向电控系统 ECU 的控制对象为电机，实现转矩闭环和位置闭环控制。车用低压电机的主要类型是直流电机，包括有刷直流电机和无刷直流电机。

有刷直流电机由定子、转子、电刷和换向器等构成。定子上安装永磁体，提供恒定的主磁场。转子上装有换向器和绕组，直流电源通过电刷和换向器进入转子绕组，产生电枢电流，通电绕组在主磁场中受力而运动。有刷直流电机具有结构和驱动控制简单、低成本的优势。机械换向器是影响电机可靠工作和使用寿命的重要因素，也限制了电机功率和转速的进一步提升。半导体功率器件的发展使得可通过半导体开关对绕组换向。

无刷直流电机分为两种：方波驱动无刷直流电机（Brushless DC Motor，BLDCM）和正弦波驱动永磁同步电机（Permanet Magnet Synchronous Motor，PMSM）。BLDCM 与 PMSM 的基本结构和原理相同：转子上安装永磁体，定子安装多相绕组；通过传感器（霍尔传感器或旋转变压器）测量转子位置；永磁转子和定子电流相互作用产生电磁转矩；定子绕组的驱动电流与转子位置同步。两种电机的主要区别在于：

（1）电机结构　PMSM 转子具有正弦气隙磁通密度分布，永磁体置于转子内部；BLDCM 采用等气隙磁通密度设计，永磁体表贴于转子外周。

（2）转矩波动　PMSM 采用正弦波电流驱动，BLDCM 采用矩形波电流驱动。矩形波的实现比正弦困难，实际电流波形近似梯形，因此 BLDCM 在换向时有转矩脉动，PMSM 无换向转矩脉动。

（3）位置检测　PMSM 需要连续检测转子位置，采用高分辨率的旋转变压器、编

码器等；BLDCM 仅需检测换相位置，采用低成本的霍尔传感器。

（4）**调速范围**　PMSM 可通过弱磁增大调速范围，BLDCM 弱磁调速困难。

（5）**功率密度**　相同尺寸下，BLDCM 比 PMSM 具有更高的功率密度。

PMSM 因其转矩平稳、控制精度高、调速范围宽等优势在大功率驱动场合应用较多。BLDCM 在功率密度和成本方面具有优势，多用于低压、中小功率场合。线控转向系统多采用 BLDCM，下面重点介绍 BLDCM 的驱动控制技术。

图 2-30 所示为 BLDCM 的结构简图。电机定子上安装有 U/V/W 三相绕组，每个时刻有两相绕组导通，共有 UV、UW、VU、VW、WU、WV 六种组合，对应六个感应磁场方向。驱动器通过位置传感器检测转子位置，产生正确的感应磁场方向，驱动转子旋转。

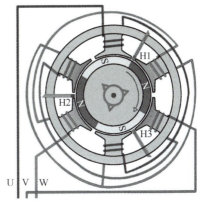

图 2-30　BLDCM 结构简图（见彩图）

BLDCM 的驱动控制方法有双闭环控制、磁场定向控制和直接转矩控制等。双闭环控制以转速/位置为外环，根据转速/位置反馈误差，计算目标电流，在电流内环的控制下跟踪目标电流。磁场定向控制是将定子电流矢量分解为励磁电流和转矩电流分量，分别产生磁场和转矩，实现两者的解耦控制。直接转矩控制（Direct Toque Control，DTC）以转矩为被控参数，通过改变定子、转子磁链间的夹角实现转矩大小调节。

BLDCM 采用全桥逆变器驱动，如图 2-31 所示。采用两两导通方式，即在任意时刻只有两相绕组导通，另一相绕组悬空。绕组导通的顺序由转子位置决定。

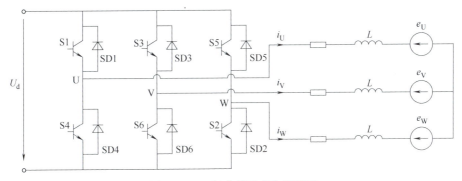

图 2-31　三相全桥逆变电路原理

理想的定子驱动电流为方波，反电动势为梯形波，顶部宽度为 120°电角度。定子电流与反电动势同相位，电流方波与反电动势平顶部分对齐，波形如图 2-32 所示。

在两相导通下，BLDCM 有六种导通状态对应六个电压空间矢量。各电压矢量幅值相等，相位依次相差 60°电角度。六个电压矢量将 360°电角度空间分为 6 个扇区，电压空间矢量及扇区分布如图 2-33 所示。V_x 后面的 6 个数字表示对应相上下桥臂的开关状态，分别对应 S1、S4、S3、S6、S5、S2 六个桥臂开关。电压矢量 V1（100001）表示 U相上桥臂 S1 导通，W 相下桥臂 S2 导通，电流从 U 相进入，从 W 相流出。

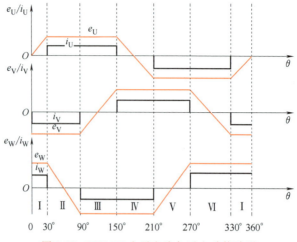

图 2-32　BLDCM 定子电流与反电动势波形

采用 DTC 控制 BLDCM 时，电磁转矩的幅值确定后，定子磁链幅值也对应确定。因此 DTC 控制器只对电磁转矩进行控制，根据转矩误差选择最优电压空间矢量。对电磁转矩控制通常采用 bang-bang 控制方法，将转矩的差值输入到转矩滞环控制器，得到输出 τ：

$$\tau = \begin{cases} 1 & T_e^* - T_e \geq \Delta T_e \\ 0 & \text{其他} \qquad\qquad (2\text{-}59) \\ -1 & T_e^* - T_e \leq -\Delta T_e \end{cases}$$

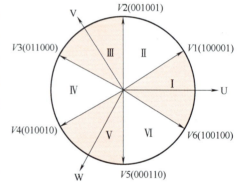

图 2-33　BLDCM 的基本电压空间矢量

式中，T_e^* 为目标电磁转矩；T_e 为观测的电磁转矩；ΔT_e 为设定的滞回区间常数。

当 $\tau = 1$ 时，输出转矩过小，需要选择增加电磁转矩幅值的电压空间矢量；$\tau = -1$ 时，需要选择减小电磁转矩幅值的电压空间矢量；$\tau = 0$ 时，表明观测的电磁转矩在目标转矩附近，需选择保持电磁转矩或转矩缓慢变化的电压空间矢量。在基本电压空间矢量的基础上，增加零状态矢量，通过零状态矢量实现电磁转矩的缓慢变化，如图 2-34 所示。

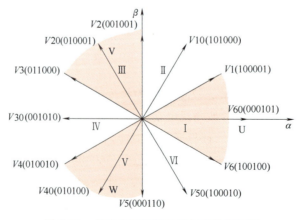

图 2-34　基本电压空间矢量与零状态矢量

以Ⅵ扇区为例，施加矢量 $V1$（100001）时，定子磁链逆时针旋转，使电磁转矩增加，如图 2-35 所示。

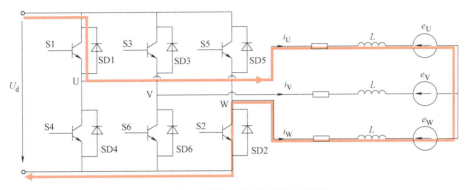

图 2-35 电压矢量 $V1$ 作用下的电流流向

当施加电压矢量 $V50$（100010）时，使 U 相和 W 相的上桥臂S1、S5 同时打开，U、W 相短路，电流的下降速率 $\mathrm{d}i_\mathrm{W}/\mathrm{d}t = e_\mathrm{W}/L$，相电流缓慢下降，维持转矩缓慢变化，如图 2-36 所示。

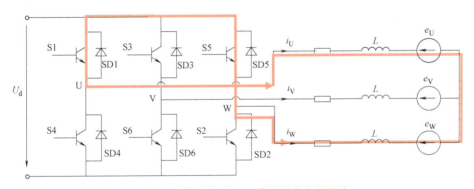

图 2-36 零电压矢量 $V50$ 作用下的电流流向

当施加电压矢量 $V4$（010010），显而易见，$V4$ 与 $V1$ 的方向相反，将快速降低电磁转矩。由此得到直接转矩控制电压矢量选择表（表 2-4），该表根据转子位置和转矩误差状态，选择对应的电压空间矢量，通过合理设计转矩滞回区间 ΔT_e，实现较小的转矩脉动，同时避免桥臂开关过高的开关频率。

表 2-4 直接转矩控制电压矢量选择表

扇区	霍尔信号	τ		
		1	0	−1
Ⅰ	110	$V2$	$V60$	$V5$
Ⅱ	010	$V3$	$V10$	$V6$
Ⅲ	011	$V4$	$V20$	$V1$
Ⅳ	001	$V5$	$V30$	$V2$
Ⅴ	101	$V6$	$V40$	$V3$
Ⅵ	100	$V1$	$V50$	$V4$

2.3.3　角度测量

角度测量多采用非接触式传感器。磁阻传感器具有无磨损、长期稳定性和直接测量绝对角度的优点，被广泛用于角度位置测量。

图 2-37 所示为磁阻传感器的结构，图 2-37a 所示为磁阻传感器的微观机械结构。磁阻传感器包括八个磁阻线圈，四个相隔 90° 的线圈连接在一起构成一个惠斯通电桥，因此一个传感器上有两个惠斯通电桥，如图 2-37b 所示。两个惠斯通电桥的线圈在空间上相差 45°。

磁阻传感器角度测量方案如图 2-38 所示，在磁阻传感器上方安装永磁体，永磁体产生的磁场矢量分解到惠斯通电桥的四个桥臂上，桥臂线圈电阻变化量与作用在其上的磁场强度成正比。永磁体相对传感器角度 α 决定了桥臂线圈上的磁场强度，从而影响桥臂电阻。因此可以通过测量惠斯通电桥输出电压来计算永磁体角度。

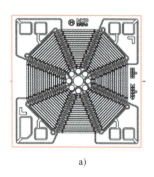

a)

图 2-37　磁阻传感器结构

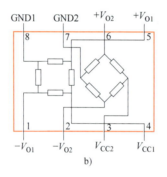

b)

图 2-38　磁阻传感器角度测量方案

传感器内两个惠斯通电桥的输出如图 2-39 所示。两个电桥在空间上相差 45°，信号相位差同样是 45°。两组电桥输出的信号可表示为

$$\begin{cases} V_{O2}(\alpha, T) = V_{peak2}(T)\sin 2\alpha \\ V_{O1}(\alpha, T) = V_{peak1}(T)\cos 2\alpha \end{cases} \quad (2\text{-}60)$$

式中，T 为磁场强度。

由于电桥电路相同，假设 $V_{peak2}(T) = V_{peak1}(T)$，得到永磁体转动角度：

$$\alpha = 0.5\arctan(V_{O2}/V_{O1}) \quad (2\text{-}61)$$

永磁体转动 180°，磁阻线圈上的磁感应强度变化一周，输出电压变化一周（360° 电角度），可见磁阻传感器可直接用于绝对角位移<180° 的角度测量。转向盘角度范围通常在 ±(540°～720°)，因此需要采用间接方法进行测量。图 2-40 所示为多圈的转向盘角度传感器结构方案。

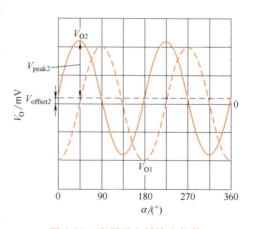

图 2-39　惠斯通电桥输出信号

V_{O1}、V_{O2}—惠斯通电桥的输出

V_{peak2}—V_{O2} 的峰值

$V_{offset2}$—V_{O2} 相对 V_{O1} 的零点漂移

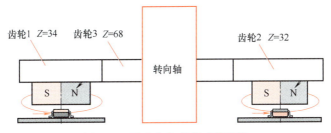

图 2-40　转向盘角度传感器结构

　　齿轮 3 安装在转向轴上，随转向轴一起旋转。小齿轮 1、2 与齿轮 3 啮合，转向轴旋转时带动小齿轮 1、2 旋转，小齿轮 1、2 上安装永磁体，两个磁阻传感器分别置于两个小齿轮下面。根据传动比可知，转向轴旋转 90°，小齿轮转动角度约为 180°，对应传感器的电气角度约为 360°，因而可提高角度分辨率。两个小齿轮的齿数相差 2，因此齿数少的齿轮转得比齿数多的齿轮快，转向轴每转 90°，齿轮 1 转动 180°，齿轮 2 转动 191.25°，超前齿轮 1 的角度为 11.25°。

　　图 2-41 所示为转向轴由左极限（0°）转到右极限（1440°）时，两个磁阻传感器输出的永磁体角度。横坐标为转向轴的转角，纵坐标为磁阻传感器的输出。通过计算齿轮 2 角度与齿轮 1 角度的相位差，可以得到转向轴的绝对位置，即

$$\theta = (\theta_1 + k \times 180)/2 \tag{2-62}$$

$$k = \mathrm{floor}\left(\frac{(\theta_2 - \theta_1 + 180)\,\mathrm{mod}\,180}{11.25}\right) \tag{2-63}$$

式中，θ_1、θ_2 分别为测量得到的齿轮 1 和齿轮 2 的转角；θ 为转向盘角度。

　　通过计算两个齿轮转角相位差的区间 k，从而得到转向盘的绝对转角。

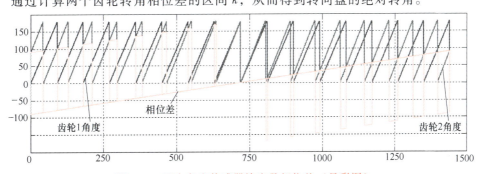

图 2-41　两个角度传感器输出及相位差（见彩图）

2.4　线控转向系统的失效与容错控制

2.4.1　故障危害分析与风险评估

　　危险分析与风险评估（Hazard Analysis and Risk Assessment，HARA）的目的是将线控转向系统中可能存在的危险识别出来，并根据危险程度对危害事件进行分类，对不同的风险设置不同的功能安全目标。

1. 场景分析

对车辆进行 HARA 时，需结合车辆的运行场景，运行场景包括行驶环境和驾驶场景。行驶环境由各种道路类型、路面条件、天气条件、交通条件等构成，驾驶场景包括驾驶操作、车辆运行状态等。车辆运行场景分类见表 2-5。

表 2-5　车辆运行场景分类

行驶环境	道路类型	高速公路、城市公路、乡村公路、路口、非铺装路面、停车场
	路面条件	水泥/沥青/沙石路面、干燥/湿滑路面、斜坡、路宽
	其他	侧风、车流、行人、事故场景等
驾驶场景	驾驶操作	倒车、直行、转弯、变道
	车辆运行状态	巡航、车速、加/减速、驻车等
	其他车辆特性	点火开关状态、重载、维护等

线控转向系统典型运行场景见表 2-6。

表 2-6　线控转向系统典型运行场景

序号	车速/(km/h)	道路条件	障碍物类型
1	90~120	高速公路	车辆、隔离带
2	60~100	快速路	车辆、少量行人、隔离带
3	40~60	城市主干道	车辆、行人
4	30~40	城市次干道/乡村公路	车辆、行人、动物
5	0~30	停车场/乡村公路	车辆、行人、动物

2. 失效模式与影响分析

将线控转向系统分为传感、控制、执行、通信和电源五个功能模块，对五个模块进行失效模式与失效后果分析（Fault Mode and Effect Analysis，FMEA），并分析各模块潜在失效后果导致的危害，得出以下几种有害的潜在失效后果。

（1）**失去转向能力**　驾驶人（或智能驾驶系统）无法控制车轮转向。

（2）**非驾驶人预期转向**　转向角与驾驶人（或智能驾驶系统）的意图不一致，如转向角相反、突然转向等。

（3）**转向角过大、过小或滞后**　虽然能够按照驾驶人意图转向，但转向幅值不一致，响应明显滞后。

（4）**手感异常**　转向盘抖动，转向盘手力过大或过小。

线控转向系统各模块潜在失效模式、失效后果及失效原因见表 2-7。

表 2-7　线控转向系统失效模式与后果

模块	失效模式	失效后果	失效原因
传感	转向盘转角信号失效	失去转向、非预期转向、转向角过大/小、滞后等	开路、短路、卡死、漂移、电磁干扰等
	转向器转角信号失效	失去转向、非预期转向、转向角过大/小、滞后等	

（续）

模块	失效模式	失效后果	失效原因
控制	控制器输出错误信号或无输出	失去转向、非预期转向、手感异常	硬件故障、软件故障、电磁干扰等
执行	转向电机失效	失去转向	电机绕组故障（开路/短路）、机械故障等
	路感电机失效	手感异常	
通信	节点故障	失去转向、非预期转向、转向角滞后、手感异常	总线驱动器故障等
	链路故障	同上	线路开路、短路，总线被侵入、电磁干扰
电源	电源失效	失去转向、转向角过小、滞后、手感异常	电源断路、短路、电源电压异常引起供电保护

3. ASIL 等级

结合运行场景，对失效后果导致的危害事件的严重度、暴露度和可控性进行评估，可以根据表 1-3 确定各失效模式引起危害事件在特定运行场景下的 ASIL 等级。

转向盘角度信号失效在各典型运行场景下引起潜在危害的 ASIL 等级见表 2-8。转向盘角度传感器的 ASIL 等级取三个运行场景中的最高级——D 级，对应的功能安全目标为避免失去转向能力和非预期转向。

表 2-8　转向盘角度信号失效的 ASIL 等级

运行场景	失效后果	危害事件	严重度	暴露度	可控性	ASIL 等级
高速公路 60~120km/h	失去转向或非预期转向	高速撞向对面车辆或隔离带	S3	E4	C3	D
双向车道 40~60km/h	失去转向或非预期转向	较高速转向对面车辆或隔离带	S3	E3	C3	C
城市公路低速行驶	失去转向或非预期转向	撞上其他车辆	S2	E4	C2	B

其他失效模式引起潜在危害的 ASIL 等级见表 2-9。除路感电机失效以外，其他失效模式引起潜在危害均为 ASIL D 级。

表 2-9　线控转向控制系统各失效模式引起危害事件的 ASIL 等级

失效模式	ASIL 等级	安全目标
转角信号失效	D	避免失去转向能力和非预期转向
控制器输出错误信号或无输出	D	同上
转向电机失效	D	避免失去转向能力
路感电机失效	C	路感应在避免驾驶人误操作的容限内
节点故障	D	避免失去转向能力和非预期转向
链路故障	D	同上
电源失效	D	避免失去转向能力

2.4.2 冗余设计

对于 L3 级以下智能驾驶，线控转向系统应提供失效安全和失效静默的安全状态，对于 L3 及以上的智能驾驶，线控转向系统应能够提供完整或降级功能的安全状态，即失效运行或失效降级的安全状态。冗余设计是实现失效安全和失效运行的有效技术手段。

1. 机械备份冗余

线控转向系统的机械备份冗余如图 2-42 所示，通过保留转向盘与转向器间的机械连接以提供低成本的失效安全（fail-safe）。线控转向模式时，离合器通电使上部的转向盘与下部的转向器间的机械连接断开。当线控转向器发生故障时，如角度传感器失效、电机失效、转向驱动器失效、转向盘 ECU 失效等，离合器断电使转向盘与转向器的小齿轮直接连接，系统进入人力或助力转向的安全状态。当动力转向功能仍部分可用时，系统工作在电动助力模式，由驾驶人与转向电机共同克服转向阻力实现转向，此时驱动电机的输出助力受驾驶人转向盘手力控制，增益幅值取决于车速、转向角度、车轮回正速度等。当动力转向功能完全丧失时，转向系统由驾驶人员人力驱动，

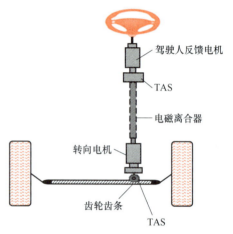

图 2-42　线控转向系统的机械备份冗余

全部转向阻力施加到转向盘。此时转向操作负荷增加，尽管人力仍可驱动转向系统，但转向响应速度、转向幅度等显著受限。

机械备份式转向系统的结构、布局与助力转向系统基本一致——保留了转向盘到转向器间的转向管柱和传动轴，无法实现座舱人机接口的操纵机构与底盘执行机构的完全解耦，因而不具有布局设计灵活的优点。但其优势在于：机械备份线控转向是由电动助力转向发展而来，发动机舱、驾驶舱的布置无需大的调整，原有的零部件仍可部分沿用，从而降低了研发周期和研发成本。

2. 供电冗余

供电对线控转向系统的安全性至关重要。图 2-43 所示为多电源（14V/42V）冗余供电的 4WS 线控转向系统的供电拓扑方案。线控转向电控系统由两个 42V 供电的 ECU 和一个 14V 供电的 ECU 构成：ECU-1 驱动前转向器电机-1、后转向器的两个电机、路感电机以及备份离合器等；ECU-2 驱动前转向器的电机-2 和备份离合器；ECU-3 实现线控转向的控制逻辑和算法；三个 ECU 通过 CAN 总线实现信息传输。采用两个 42V 电源模块分别向 ECU-1 和 ECU-2 供电，以确保当一个电源失效时，线控转向系统仍能够降级工作。42V 电源模块-1 由燃料电池高压母线供电，42V 电源模块-2 由高压电池组供电。当两个 42V 电源模块都失效时，一个 36V 蓄电池通过二极管电池切换组件（Diode Bat-

tery Switch Assembly，DBSA）向 42V 电源模块-2 供电母线提供最长 2 分钟的持续供电，操作者可在 2 分钟内操作车辆进入安全区域。ECU-3 采用 14V 供电，由燃料电池 14V 电源和 14V 蓄电池共同供电。当 14V 电源失效时，开启 DBSA 内部 42V 转 14V 的 DC/DC 模块，为 ECU-3 供电。

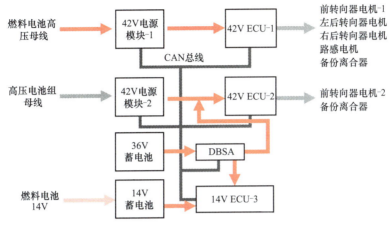

图 2-43　4WS 线控转向系统的冗余供电拓扑

3. 控制器冗余

IEC61508 给出了几种冗余控制器架构 MooN（D）。其中，M 表示输出，oo 表示 out of，N 表示通道个数，D 表示诊断。典型的控制器冗余架构有 1oo2、1oo2D、2oo2、2oo3 等。尽管 2oo3 架构提供失效运行的安全状态，但其成本高，主要应用在航空航天、化工领域。1oo2D（图 2-44）是一种低成本提供失效运行的安全架构，广泛应用于汽车高安全等级的控制系统设计。1oo2D 由两条独立的功能链路组成，每条通道上都具备独立的通信和控制功能，以及诊断监视功能，可监视自身和对方通道的状态。每条通道都提供失效安全的安全状态，在诊断出自身失效或被对方通道检测确认失效后，系统可关闭故障通道，暂时仅启用另一个通道继续运行。1oo2D 系统可以在短时间内以单通道模式继续运行。

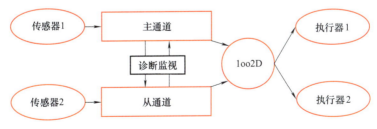

图 2-44　1oo2D 安全架构

图 2-45 所示为线控转向控制器的硬件冗余结构示例。在一个 ECU 中集成两个独立、完整的控制通道 A 和通道 B，每个通道包括单独的 MCU、系统基础芯片 SBC（电源、通信、监控和 IO）、通信电路、信号调理电路、电机驱动桥等，两个通道采用独立的供电回路。线控转向控制器采用主备冗余工作方式，上电后主控制通道 A 接收信号

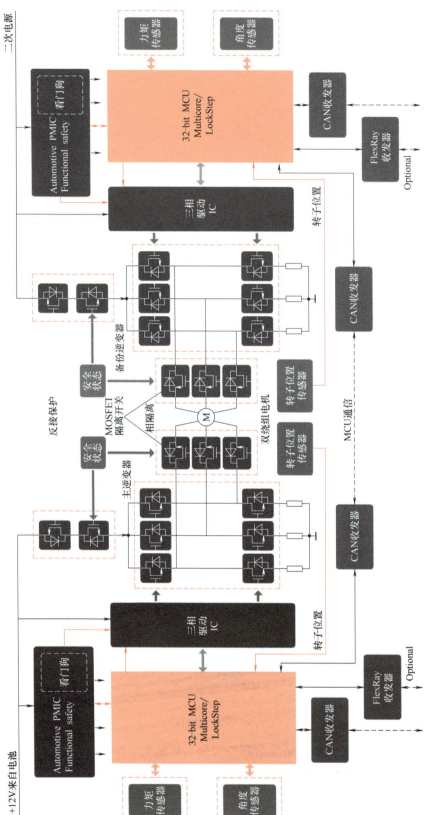

图 2-45　线控转向控制器硬件冗余结构

并进行控制，从控制器处于待机状态。驱动电机采用双绕组六相电机，控制通道 A、B 各驱动其中三相。当一个通道待机或故障时，MOSFET 构成的隔离开关将对应的电机绕组与驱动桥隔离断开。通道 A、B 的 MCU 经双通道 SPI 总线通信，通过心跳协议相互监控，并交换状态信息。当主通道出现故障时，主通道关闭，从通道由待机切换到工作状态。

为实现线控转向控制器的 ASIL D 级的功能安全目标，对 ASIL 进行分解，将安全目标分配到具体的软硬件要素。根据分解原则，各模块电路的安全目标见表 2-10。ASIL B（D）表示模块按 ASIL B 设计，通过多个冗余的按 ASIL B 设计的模块实现系统的 ASIL D 功能安全目标。

表 2-10　线控转向控制器主要硬件模块的功能安全目标

模块名称	ASIL 等级	模块名称	ASIL 等级
MCU	ASIL B（D）	驱动桥	ASIL B（D）
FlexRay 收发器	ASIL B（D）	SBC	ASIL B（D）
CAN 收发器	ASIL B（D）	SPI	ASIL B（D）

4. 电机冗余

电机冗余的方案有两种。

1）两个电机并联共同驱动转向器，当一个电机失效后，另一个电机仍能在性能降级的情况下实现基本转向能力。英菲尼迪 Q50 装备的线控转向器（图 1-5）和 Sequel 概念车前轮线控转向器（图 2-1）采用了该种电机并联冗余方案。

2）电机绕组冗余，如双绕组冗余。当出现若干个绕组失效时，电机仍能在剩余绕组驱动下输出动力。

双绕组电机也称六相电机，六相电机有对称和不对称两种定子绕组形式（图 2-46），对称绕组与三相电机基本相同，而不对称六相电机可以消除内部的 5、7 次谐波磁势，从而消除了相应的转矩脉动，具有更低的噪声。

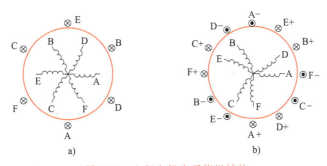

图 2-46　六相电机定子绕组结构
a）对称绕组　b）不对称绕组

相比于永磁无刷电机，双绕组电机具有如下特点。

1）低压、大功率传动，避免三相电机系统中功率开关器件串/并联引起的动静态均压、均流和谐波电流减小等问题。

2）冗余式驱动结构，电机或驱动器的一相或多相发生故障时，可将故障相断开，其他相重新分配，电机仍可运行。

3）多相电机的调速有更多的控制自由度。

电机的故障类型分为开路故障和短路故障。开路故障包括绕组开路、驱动桥臂功率开关损坏导致的开路；短路故障包括绕组匝间短路、相短路、相对地或电源短路。当电机发生开路或短路故障时，可通过图2-45中所示的MOSFET隔离开关将故障相隔离，从而将开路和短路故障统一转变为缺相故障。

2.4.3 故障诊断与容错控制

故障检测的基本方法分为基于信号的方法、基于模型的方法和基于数据驱动的方法三种。基于信号的方法主要对信号的幅值、变化速率、频率和统计特征等进行分析比较，通过信号异常检测故障。基于模型的方法则是建立对象的动力学方程或拟合模型来预测输出，分析模型预测输出与实际测量之间的残差，根据残差判断是否失效。基于数据驱动的方法则应用神经网络、深度学习等机器智能、人工智能算法构建预测模型，采用实测数据对模型进行训练，使模型能够准确表达系统的非线性特性，直接进行失效分类或预测输出。本节结合工程应用和近期的研究成果，介绍三种方法在线控底盘系统故障检测中的应用。

1. 电机驱动系统故障检测与容错

电机驱动系统的故障包括驱动桥故障、电机绕组故障和转子位置传感器故障等。

（1）**驱动桥故障诊断与容错** 驱动桥的故障模式主要有桥臂开路故障、短路故障和基极驱动电源故障。驱动桥短路故障会造成绕组短路而制动停机，开路故障产生过压可能引发驱动桥的二次故障。一些研究认为，当桥臂发生短路故障时，将产生超过允许的电流和瞬间（微秒级）热量累积，最终导致器件烧毁而断路，因此对驱动桥故障诊断的研究多集中在开路检测。

集成的智能预驱动技术具有完善的短路、开路、过流等故障实时检测能力与保护机制。以采用MOSFET作为功率开关的驱动桥为例，桥臂对地/电源短路检测原理如图2-47所示。图中给出一相驱动桥臂，由上下两个桥臂构成。用虚线表示当上、下桥臂短路时的电路回路。当桥输出电压大于0.5倍V_{sup}（供电电压）时，相的状态为1，反之为0。正常情况下，上桥臂开启、下桥臂关断时，桥输出电压近似为供电电压V_{sup}，相状态为1；当下桥臂开启、上桥臂关断时，桥输出电压近似为0V，相状态为0。当预驱动器的自举升压电路故障，V_{GS}电压不足以使MOSFET饱和导通，$V_{\text{DS}}>1.4\text{V}$时检出上桥臂不饱和导通故障。

当下桥臂发生短路故障时，在桥臂的工作状态由下桥臂开启切换到上桥臂开启时可检出，图2-48所示为故障检测过程。初始状态为下桥臂导通，桥输出电压为0V，相状态为0；下桥臂关闭后，上桥臂延时一个死区时间开启，以避免上下桥臂同时导通，上桥臂开启前相状态为0；上桥臂开启后，由于下桥臂短路，上桥臂开启t_{BLANK}（约4~10us）后，桥的输出电压仍小于0.5倍V_{sup}，此时检出下桥臂短路故障。由于上下桥臂直通状态时的上桥臂压降$>1.4\text{V}$，同时检出上桥臂不饱和导通故障。故障检出后，所有

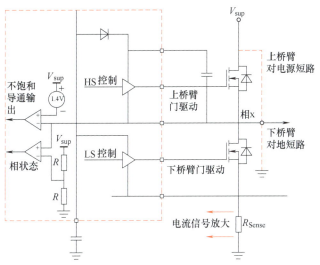

图 2-47 桥臂短路检测原理

桥臂的控制电压 V_{GS} 置零，桥臂被关断，以避免发生更大范围的损坏。

当上桥臂发生对电源短路故障时，在桥臂的工作状态由上桥臂开启切换到下桥臂开启时可检出，图 2-49 所示为故障检测过程。初始状态为上桥臂导通，桥输出电压为 V_{sup}，相状态为 1；上桥臂关闭后，下桥臂延时一个死区时间开启；下桥臂开启后，由于上桥臂对电源短路，在下桥臂开启 t_{BLANK} 后，桥的输出电压仍大于 0.5 倍 V_{sup}，此时检出上桥臂对电源短路故障。故障检出后，所有桥臂被关断。

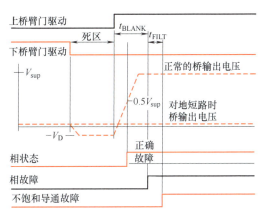

图 2-48 下桥臂对地短路故障检出过程

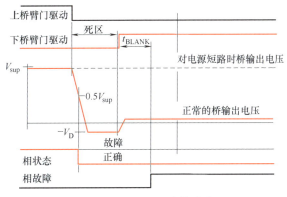

图 2-49 上桥臂对电源短路故障检出过程

下桥臂开路故障和上桥臂对电源短路故障时的桥输出电压相同，均会检出相错误。可通过过流故障来区分短路和断路故障。当出现短路故障时，上下桥臂同时导通，电流

超过限值而检出过流故障。出现断路故障时，则不会检出过流故障。

上述的故障检出时间均为微秒级，因此可在极短时间内检出驱动桥故障并将其隔离（关闭对应的驱动桥臂输出），进入容错运行模式。

（2）电机绕组故障诊断与容错　电机绕组故障主要分为绕组短路故障和绕组开路故障。当绕组开路故障时，对应相的电流为零，母线电流也为零，因此可通过检测母线电流判断绕组是否发生开路故障。短路故障主要分为匝间短路和相间短路。绕组绝缘材料击穿造成的匝间短路是发生概率较高的故障之一。发生匝间短路时，形成低阻环路，定子电流将显著增加，电流值将发生明显突变，通过检测电流的幅值及其变化可判断短路。电机绕组发生相间短路时，短路相的电流会急速上升。短路检测方法如下。

采样相邻两个 PWM 的相电流，如图 2-50 所示，以 U 相为例，两次采样值的差为

$$\Delta I_U = |I_{U2} - I_{U1}| \qquad (2\text{-}64)$$

定义故障阈值 δ_I 为

$$\delta_I = kI_m \qquad (2\text{-}65)$$

式中，I_m 为电机无故障时平稳运行相电流幅值，可以实时采样更新；k 为系数，取值通过实验标定。

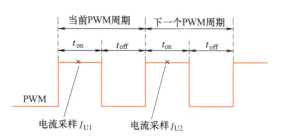

图 2-50　相电流采样

当 $\Delta I_U > \delta_I$ 时，判定发生短路故障。通常 PWM 的频率在 15kHz 以上，因此可在数十微秒内检出短路故障，满足故障快速检出的要求。当电机绕组检出故障时，关断对应的驱动桥臂，并通过隔离开关将失效绕组与其他绕组隔离以实现容错。

（3）转子位置传感器故障诊断与容错　无刷直流电机多采用低精度的霍尔位置传感器检测转子位置。霍尔传感器的主要故障有电路失效、脱落等，较为多发的故障有单霍尔故障和双霍尔故障。当霍尔传感器发生故障时，电机控制器不能准确获得转子位置并正确换相，将引起较大的相电流冲击和转矩脉动。霍尔传感器信号的故障模式见表 2-11。

表 2-11　霍尔传感器信号的故障模式

故障名称	霍尔信号波形	故障名称	霍尔信号波形
无故障		下降沿推迟	
持续高电平		多一组波峰	
持续低电平		多一组波谷	
上升沿提前		少一组波峰	
下降沿提前		少一组波谷	
上升沿推迟			

单个霍尔传感器发生持续低/高电平故障时（图2-51），霍尔信号出现异常的000或111组合状态，通过异常状态可判断传感器故障。对于边沿提前/推迟，波峰、波谷缺失或增加的故障，以电机进入稳态运行为前提，结合角加速度预测边沿发生的时刻，当实际边沿不在预测的时间附近时，可判定发生故障。但该方法不适合于高动态场合的快速故障检测。

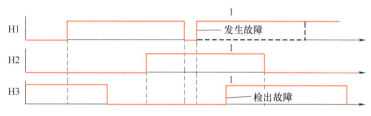

图 2-51　单霍尔传感器持续低/高电平故障

当霍尔传感器发生故障时，应对故障进行修正，以避免发生偏相、缺相引起的电机性能下降。以单霍尔传感器持续高电平为例，采用角度外插估计法估计转子位置。图 2-52 所示为霍尔传感器 H3 持续高电平故障时的信号时序，显然霍尔传感器 H3 在 t_{n-2} 和 t_{n-1} 之间缺失下降沿，t_n 和 t_{n+1} 之间缺失上升沿。

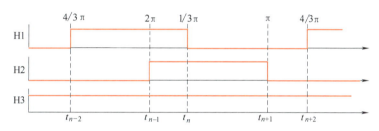

图 2-52　单霍尔传感器故障时的信号时序

利用无故障霍尔信号的边沿，估计电机转速 ω_n，有

$$\omega_n = \frac{\theta_n - \theta_{n-1}}{t_n - t_{n-1}} \tag{2-66}$$

式中，θ_n 和 θ_{n-1} 分别为 t_n、t_{n-1} 时刻的转子位置。

电机的加速度 α_n 为

$$\alpha_n = \frac{\omega_n - \omega_{n-1}}{t_n - t_{n-1}} \tag{2-67}$$

利用估计的速度和加速度，计算 t_n 时刻以后的转速，有

$$\omega(t) = \omega_n + \alpha_n(t - t_n) \tag{2-68}$$

对 t_n 和 t_{n+1} 之间的转子位置 $\hat{\theta}(t)$ 进行估计，即

$$\hat{\theta}(t) = \theta_n + \int_{t_n}^{t} \omega(t)\,\mathrm{d}t \tag{2-69}$$

电机控制器根据估计的转子位置进行换相控制。

2. 角度传感器故障诊断与容错

角度传感器的主要故障形式有卡死、漂移、噪声故障以及漂移和噪声组成的复合故

障。传感器内部电路损坏、供电故障、结构故障引起角度传感器卡死，故障发生时输出值为定值；传感器安装后位置松动引起漂移故障，输出值与实际值间存在固定偏差；传感器电子系统受到强电磁干扰或结构受到高频振动时引起噪声故障，输出值噪声水平较高等。

角度传感器故障诊断通常结合车轮转向角估计来实现。车辆转向时，将引起横摆角速度和侧向加速度的变化。基于二自由度整车线性动力学模型（图2-15），可得到质心侧偏角 β、横摆角速度 ω 与车轮转向角 δ_f 的微分方程，有

$$\begin{cases} (C_f+C_r)\beta+\dfrac{1}{v_x}(l_f C_f-l_r C_r)\omega-C_f\delta_f=m(\dot{v}_y+v_x\omega) \\ (l_f C_f-l_r C_r)\beta+\dfrac{1}{v_x}(l_f^2 C_f+l_r^2 C_r)\omega-l_f C_f\delta_f=I_z\dot{\omega} \end{cases} \tag{2-70}$$

取状态变量为 $\begin{pmatrix}\beta & \omega\end{pmatrix}$，得到状态方程，即

$$\begin{pmatrix}\dot{\beta} \\ \dot{\omega}\end{pmatrix}=\begin{pmatrix} \dfrac{C_f+C_r}{mv_x} & \dfrac{l_f C_f-l_r C_r}{mv_x^2}-1 \\ \dfrac{l_f C_f-l_r C_r}{I_z} & \dfrac{l_f^2 C_f+l_r^2 C_r}{I_z v_x} \end{pmatrix}\begin{pmatrix}\beta \\ \omega\end{pmatrix}+\begin{pmatrix}\dfrac{-C_f}{mv_x} \\ \dfrac{-l_f C_f}{I_z}\end{pmatrix}\delta_f \tag{2-71}$$

转向系统的回正力矩主要由轮胎拖距和主销后倾产生的回正力构成，表示为

$$T_r=-k_{tr}C_f\left(\beta+\dfrac{l_f}{v_x}\omega-\delta_f\right) \tag{2-72}$$

式中，k_{tr} 为与轮胎拖距、主销拖距等结构有关的系数。

忽略转向系统的库仑摩擦力，得到线控转向机构的动力学模型，有

$$J_w\ddot{\delta}_f+B_w\dot{\delta}_f=k_{m\_w}K_T I_d-T_r \tag{2-73}$$

结合上述公式，取状态变量为 $\begin{pmatrix}\delta_f & \dot{\delta}_f & \beta & \omega\end{pmatrix}$，得到状态方程，即

$$\begin{pmatrix}\dot{\delta}_f \\ \ddot{\delta}_f \\ \dot{\beta} \\ \dot{\omega}\end{pmatrix}=\begin{pmatrix} 0 & 1 & 0 & 0 \\ \dfrac{-k_{tr}C_f}{J_w} & \dfrac{-B_w}{J_w} & \dfrac{k_{tr}C_f}{J_w} & \dfrac{k_{tr}C_f l_f}{J_w v_x} \\ \dfrac{-C_f}{mv_x} & 0 & \dfrac{C_f+C_r}{mv_x} & \dfrac{l_f C_f-l_r C_r}{mv_x^2}-1 \\ \dfrac{-l_f C_f}{I_z} & 0 & \dfrac{l_f C_f-l_r C_r}{I_z} & \dfrac{l_f^2 C_f+l_r^2 C_r}{I_z v_x} \end{pmatrix}\begin{pmatrix}\delta_f \\ \dot{\delta}_f \\ \beta \\ \omega\end{pmatrix}+\begin{pmatrix}0 \\ \dfrac{K_T k_{m\_w}}{J_w} \\ 0 \\ 0\end{pmatrix}I_d \tag{2-74}$$

状态方程以转向系统电机电流作为模型输入，横摆角速度、侧向加速度、转向角传感器等输出作为观测量，可应用扩展卡尔曼滤波器对车轮转向角 δ_f 等状态变量进行估计。

线控转向系统角度测量采用两个及以上的传感器冗余方案。以两个角度传感器冗余为例，其输出的角度分别为 δ_{f1} 和 δ_{f2}。考虑两个传感器同时出故障的可能性低，当 δ_{f1} 和 δ_{f2} 不相等时，认为其中一个传感器出现故障。考虑到横摆角速度、侧向加速度传感

器均有可能失效，分别以横摆角速度、侧向加速度为观测量，对车轮转向角进行估计，得到转向角估计值分别为 $\hat{\delta}_{r1}$，$\hat{\delta}_{r2}$ 和 $\hat{\delta}_{y1}$，$\hat{\delta}_{y2}$，计算残差值：$r_0 = |\delta_{f1} - \delta_{f2}|$，$r_1 = |\delta_{f1} - \hat{\delta}_{r1}|$，$r_2 = |\delta_{f1} - \hat{\delta}_{y1}|$，$r_3 = |\hat{\delta}_{r1} - \hat{\delta}_{y1}|$，$r_4 = |\delta_{f2} - \hat{\delta}_{r2}|$，$r_5 = |\delta_{f2} - \hat{\delta}_{y2}|$，$r_6 = |\hat{\delta}_{r2} - \hat{\delta}_{y2}|$。设定残差阈值，当残差值小于阈值时取 0，否则取 1，可得到基于残差序列的传感器故障诊断表，见表 2-12。

表 2-12　基于残差序列的传感器故障诊断

r_0	r_1	r_2	r_3	r_4	r_5	r_6	故障位置
1	1	1	0	0	0	0	角度传感器 1
1	0	0	0	1	1	0	角度传感器 2
0	1	0	1	0	1	0	横摆角速度传感器
0	0	1	1	0	1	1	侧向加速度传感器
0	1	1	1	1	1	1	横摆与侧向加速度传感器

通过诊断出失效的传感器，从而采取相应的容错补偿输出策略。角度传感器无故障时，融合两个角度传感器信息输出转向角。当其中一个角度传感器失效后，转向角输出序列从检出故障时刻开始，平滑切换到单传感器输出模式。当两个角度传感器同时失效时，由估计器输出车轮转向角。

3. MCU 故障诊断与容错

为满足高功能安全等级的应用需求，MCU 采用锁步（LockStep）、ECC（Error Checking and Correction，错误检查和纠正）校验、看门狗（watchdog）、时钟监控、安全管理以及奇偶校验、内存保护等多种安全机制，实现快速的故障诊断和容错控制。

（1）锁步技术　LockStep 技术使用两个完全相同的硬件组件并在同一时间内执行相同的指令。该技术能够发现所有的 CPU 执行错误，能在不间断处理和不损失数据的情况下恢复正常运行。

图 2-53 所示为典型的 LockStep 结构。MCU 中有两个完全一样的 CPU 核——运算核和校验核。其中，校验核延迟两个周期执行与运算核相同的指令，目的是防止外界干扰导致两个核同时出错。MCU 将校验核的执行结果与运算核的进行比较，当结果不相同时，检出处理器执行错误，然后由 MCU 的安全管理单元触发安全警告机制。

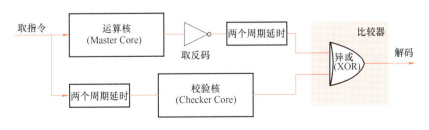

图 2-53　LockStep 结构图

（2）ECC 校验　保持数据的正确性和一致性是 MCU 正常工作的基础，数据在存储、传输过程中，受干扰或器件故障等影响可能导致数据失真，因此，需要进行 ECC

校验。ECC 校验是在奇偶检验的基础上发展而来的，它是利用数据块的行、列奇偶校验信息生成 ECC 码，检出给定数据块是否失真，并具有对数据块一定位数纠错的能力。

（3）**看门狗定时器**　当系统发生严重错误不能恢复时，如程序进入死循环，需要产生复位请求使系统重启，从而避免系统长时间地被挂起。看门狗需要在设定的时间内或时间窗口内执行"喂狗"程序，当因各种异常导致"喂狗"程序不能及时被调用时（同时也意味着系统发生严重错误，其他任务不能被及时调用），看门狗定时器因超时向 CPU 产生复位请求，并试图通过复位使系统恢复正常。

（4）**时钟监控**　MCU 的时钟源一般由外部晶振和内部锁相环产生。当时钟电路损坏时，CPU 处于冻结状态，各种安全机制失效，端口的状态保持不变，如不及时恢复将产生极大的危害。例如，PWM 端口不再输出一定占空比的方波信号，而是保持当前的输出不变，使转向系统产生非预期的转向或卡死不动。MCU 提供一个备份时钟对各类系统时钟进行监控，当检测到时钟失效后，备份时钟将作为系统的时钟源，产生中断请求，并执行时钟失效的异常处理。

（5）**安全管理单元**　安全管理单元（Safety Management Unit，SMU）是安全架构的核心模块化组件，提供通用接口来管理故障工况下 MCU 的行为。SMU 集成了所有与硬件和软件安全机制相关的告警信号，并可触发内部动作或外部信令。SMU 与嵌入式安全机制相结合，能够在容错时间间隔内检测和报告 MCU99% 以上的关键故障模式。安全管理单元的具体功能包括：

1）收集 CPU LockStep、内存位错误、寻址错误、时钟监控、锁相环、电压监测、输入输出监测、核心温度监测等软硬件安全机制的警告、错误通知。

2）保存警告标志，以便于故障诊断和恢复。

3）通过信令协议向外部报告内部错误。

4）警告信号触发内部动作，例如，产生中断请求、不可屏蔽中断请求、复位请求、CPU 空闲请求、激活输出端口的安全状态等。

参 考 文 献

［1］　CESIEL D，GAUNT M C，DAUGHERTY B．Development of a steer-by-wire system for the GM sequel ［C］//2006 SAE World Congress．Detroit，Michigan：SAE International，2006：1-9.

［2］　PARK S，HWANG S，OH Y，et al．Development of the independent-type steer by wire system ［C］//2007 SAE World Congress．Detroit，Michigan：SAE International，2007：1-8.

［3］　秦笑．基于 ISO 26262 的 RISC 处理器功能性安全验证 ［D］．西安：西安电子科技大学，2020.

［4］　周哲义．双绕组电机电动助力转向系统控制策略研究 ［D］．青岛：青岛理工大学，2022.

［5］　常秀岩，高尚，姜廷龙，等．基于功能安全要求的线控转向系统开发及验证 ［J］．汽车技术，2021（9）：27-32.

［6］　孙冰．线控转向系统冗余安全方案设计与测试研究 ［D］．长春：吉林大学，2022.

［7］　邓邦夏．线控转向系统路感模拟方法研究 ［D］．哈尔滨：哈尔滨工业大学，2012.

［8］　马成军．汽车线控转向系统路感模拟与回正控制策略研究 ［D］．北京：中国科学院电工研究所，2018.

［9］　许敏．基于 ISO 标准的道路车辆线控转向系统的功能安全概念设 ［J/OL］．汽车安全与节能学

报，2018, 9 (3)：250-257.

[10] 姚辉. 基于线控转向的主动前轮转向技术研究 [D/OL]. 上海：同济大学，2020.

[11] 王祥. 汽车线控转向系统双向控制及变传动比特性研究 [D]. 长春：吉林大学，2013.

[12] 张榜. 基于线控四轮独立转向电动车的路径跟 踪控制研究 [D]. 上海：同济大学，2019.

[13] 沙飞. 线控转向系统电控单元的开发与研究 [D]. 哈尔滨：哈尔滨理工大学，2013.

[14] HIRAOKA T, ETO S, NISHIHARA O, et al. Fault tolerant design for x-by-wire vehicle [C] // Proceedings of the SICE Annual Conference. 2004.

[15] MOUSAVI M S R, SAUZE G, MOROZOV A, et al. Mechatronics design of an x-by-wire prototype of an electric vehicle [J/OL]. Transactions of the Canadian Society for Mechanical Engineering, 2016, 40 (2).

[16] NI J, HU J, XIANG C. Control-configured-vehicle design and implementation on an x-by-wire electric vehicle [J/OL]. IEEE Transactions on Vehicular Technology, 2018, 67 (5)：3755-3766.

[17] HANG P, CHEN X. Towards autonomous driving：Review and perspectives on configuration and control of four-wheel independent drive/steering electric vehicles [J/OL]. Actuators，2021，10 (184)：1-21.

[18] MORTAZAVIZADEH S A, GHADERI A, EBRAHIMI M, et al. Recent developments in the vehicle steer-by-Wire system [J/OL]. IEEE Transactions on Transportation Electrification, 2020, 6 (3)：1226-1235.

[19] 程绍珲. 基于 MPC5744P 的线控转向控制系统研究 [D]. 大连：大连理工大学，2021.

[20] 蒋权. 基于人机共驾的智能汽车线控转向系统路感控制研究 [D]. 长春：吉林大学，2022.

[21] ANWAR S, NIU W. A nonlinear observer based analytical redundancy for predictive fault tolerant control of a steer-by-wire system [J/OL]. Asian Journal of Control, 2014, 16 (2)：321-334.

[22] WU X, ZHANG M, XU M, et al. Adaptive feedforward control of a steer-by-wire system by online parameter estimator [J/OL]. International Journal of Automotive Technology, 2018, 19 (1)：159-166.

[23] 王杰. 智能车辆线控转向系统传感器故障诊断与容错控制研究 [D]. 杭州：浙江大学，2019.

[24] ZHANG L, ZHANG Z, WANG Z, et al. Chassis coordinated control for full x-by-wire vehicles-A review [J/OL]. Chinese Journal of Mechanical Engineering (English Edition), 2021, 34 (42)：1-25.

第3章　线控制动系统

线控制动（BBW）是指制动踏板与制动执行器间无直接机械连接（液压或气压传动），驾驶人或智能驾驶系统的制动指令经电信号传递，直接由电机驱动、电磁阀调节产生制动压力或电机直接推动摩擦片的制动系统。线控制动系统首先改善了制动响应延迟，使线控液压制动的响应延迟缩短到120ms，线控机械制动的响应延迟缩短到100ms以内，线控气压制动则完全消除了从制动脚阀到位于车桥的制动执行器间的气动传输延迟。电动汽车依赖线控制动系统进行能量回馈制动与机械制动的分配，线控制动与电机回馈制动配合可实现灵活分配律和平稳的制动力调整。线控制动也是一种重要的车辆横向动力学控制手段，例如，通过差动制动使车辆脱离横向失稳，利用差动制动作为主转向系统失效后的功能降级手段。同时，线控制动系统的主动制动功能，为智能驾驶系统自主的纵向和横向动力学控制提供了手段。

3.1　线控制动系统结构及原理

线控制动系统根据其结构、工作介质的不同可分为线控液压制动、线控机械制动和线控气压制动三类。线控液压制动是在电子液压制动的基础上，采用电动助力或主动增压产生制动压力，主要应用于乘用车、小型客货车以及部分重载车辆。线控气压制动是在电子气压制动的基础上，采用电控比例阀或高速开关阀调节制动气压，主要应用于中大型客货车以及采用客货车底盘的特种车辆。线控机械制动取消了制动系统的液压或气压传动回路，电机经减速增矩后直接推动摩擦片进行制动，具有比液压和气压系统更快、更准确的制动力控制。

3.1.1　线控液压制动

线控液压制动（EHB）产生制动压力的两个主要途径：

1）通过电机推动制动主缸活塞产生压力，可保持原有液压制动回路不变，从而降低线控制动系统的开发难度和工作量。制动过程中，来自主缸的制动反力部分传递到制动踏板上，因不能完全解耦踏板力与制动压力，属于半解耦线控制动，其本质仍是电动助力。

2）类似 ESP 的主动制动设计，增加一个与制动主缸并联、由电机驱动的液压泵/液压缸构成的主动增压单元产生制动压力。制动过程中，制动压力由主动增压单元产生，踏板力由蓄能器模拟。踏板力与制动压力无关，属于全解耦线控制动。

1. 电动助力型 EHB

电动助力型线控制动系统的典型代表有博世的 iBooster（图 3-1）。在业界，采用与博世 iBooster 类似原理的助力型线控制动系统，统称为 eBooster。

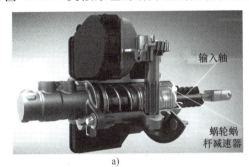
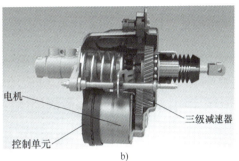

图 3-1　博世 iBooster

a）iBooster 一代　b）iBooster 二代

iBooster 一代的减速传动装置分为两级，第一级为蜗轮蜗杆减速增矩，第二级为齿轮齿条，将转动力矩转换为轴向推力。iBooster 二代采用三级减速传动装置，前两级为齿轮减速，第三级为滚珠丝杠减速。相比第一代，iBooster 二代的传动效率更高，控制精度也大幅改善。

图 3-2 所示为 iBooster 二代的结构简图，为使表达更清楚，图中将前两级齿轮减速简化为一级齿轮减速。iBooster 二代的工作过程为：当传感器检测到踏板推杆往右推入时，控制器驱动电机转动，经减速机构将助力传递至滚珠丝杠，驱动空心滚珠丝杠向右运动，滚珠丝杠的推力经助力阀体传递至反应盘，踏板推杆的推力也传递到反应盘，电

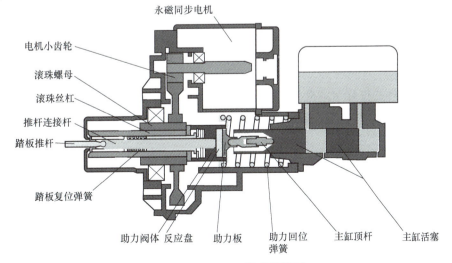

图 3-2　iBooster 二代结构简图

机助力和踏板推杆推力在反应盘处耦合，经助力板、主缸顶杆等传递至主缸活塞，推动主缸活塞产生制动压力。

iBooster电机提供的助力与踏板力在反应盘处耦合共同推动主缸活塞。iBooster力耦合装置由助力板、反应盘、助力阀体和踏板推杆等构成，其结构示意图如图3-3所示。反应盘为橡胶材质的圆盘，右侧端面（图3-3b）由中心小圆的主面和圆环的副面构成，主面与踏板推杆接触，副面与助力阀体接触，左侧的圆盘面与助力板接触。电机助力经助力阀体作用于反应盘的副面，踏板推杆的推力作用于反应盘的主面。橡胶反应盘具有体积不可压缩特性，从而可实现力耦合。

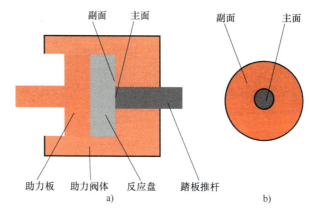

图3-3 iBooster力耦合装置

反应盘在工作过程中将出现三种状态，如图3-4所示。

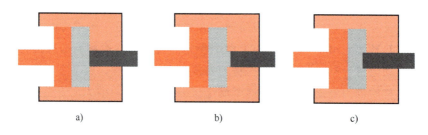

图3-4 反应盘的三种工作状态

a）自然状态 b）主面凸起 c）主面凹陷

1）当助力阀的位移与踏板推杆相同时，主面和副面的接触压力相同，主、副面的变形量相同，呈现自然状态，助力增益（即助力与踏板输入力之比）等于副面与主面的面积比。

2）当助力阀的位移超前踏板推杆的位移时，副面的接触压力大于主面的接触压力，主面凸起，此时电机助力增益比自然状态时大。

3）当助力阀的位移滞后踏板推杆的位移时，副面的接触压力小于主面的接触压力，主面凹陷，此时电机助力增益比自然状态时小。

可见，通过控制助力阀与踏板推杆的位移关系可调节助力增益特性。在iBooster二代中，安装了一个差动位移传感器，测量助力阀与踏板推杆的相对位移，通过控制电机

转子角位移实现对相对位移的位置闭环控制（即助力特性控制）。

考虑到驾驶人已经习惯真空助力器的制动助力特性，因此线控制动助力特性曲线应符合图3-5所示的真空助力器的助力特性。图中给出了常规制动踏板感觉的去、回程完整助力特性，舒适型和运动型去、回程的滞回现象与常规型大致相同。

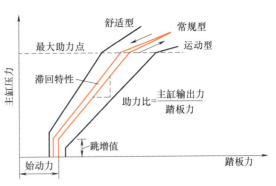

图 3-5　真空助力器的助力特性

助力特性中各特征参数的影响因素及调节措施见表3-1，可见，通过软件参数标定可以实现灵活的制动助力特性设计。

表 3-1　制动助力特性的特征参数

特征	影响因素	调节措施
始动力	复位弹簧刚度及预紧力	无
跳增值	反应盘与踏板推杆间的间隙	跳增阶段主、副面位移差和输入推杆位移的关系曲线
助力比	反应盘主、副面的面积比	反应盘主、副面的位移差
最大助力	电机力矩	限制电机最大电流
滞回	液压系统及橡胶反应盘的迟滞	控制去、回程中位移差与输入推杆位移关系曲线的偏差

在一次制动过程中踏板推杆位移与输入力、输入力与主缸压力的变化过程见表3-2。

表 3-2　制动过程中踏板推杆位移与输入力、输入力与主缸压力的变化过程

过程描述	踏板推杆位移-输入力	踏板推杆输入力-主缸压力
1. 静止位置 踏板未踩下，助力阀体受助力复位弹簧预紧力，推压滚珠丝杠消除与螺母间间隙，同时压缩踏板复位弹簧，使丝杠、推杆连接杆与端盖接触		
2. 上电状态 上电初始化，电机预紧增大，直至克服助力复位弹簧，使滚珠丝杠与壳体端盖脱开，主缸顶杆向前移动一定距离，此时踏板推杆未动作		
3. 克服踏板推杆预设行程 驾驶人踩下踏板，踏板推杆克服复位弹簧预紧力向前移动预设行程，此时电机未动作，助力阀体位置保持不变		

（续）

过程描述	踏板推杆位移-输入力	踏板推杆输入力-主缸压力
4. 克服主缸空行程，开始建压 踏板推杆继续向前移动，电机驱动滚珠丝杠、助力阀体跟随运动，使助力阀体与推杆同步位移，直至克服主缸空行程，使主缸开始建压。在此过程中，踏板推杆输入力保持不变		
5. 跳增 踏板推杆和助力阀体继续向前同步移动，助力阀体压缩反应盘副面，推动助力板、顶杆、主缸活塞等建立压力，并使反应盘主面凸起，直至接触踏板推杆		
6. 线性助力段 跳增结束后进入线性助力段。踏板推杆继续向前移动，电机驱动滚珠丝杠、助力阀体向前移动，两个力耦合实现对踏板推杆输入力的线性放大		
7. 最大助力点 踏板推杆继续前进，电机助力随之增大，当电机达到最大设定转矩时，系统助力达到最大值，该点为最大助力点		
8. 最大助力点后 到达最大助力点后，电机的助力保持不变，输出压力的增加仅由踏板推杆力决定		
9. 踏板回撤 踏板推杆开始回撤，输入力变小，到最大助力点后，电机助力开始减小		
10. 线性段 踏板推杆继续回撤，进入线性助力段，电机驱动滚珠丝杠、助力阀体往回移动，电机助力随输入力的减小而减小，直到反应盘与踏板推杆即将分离		
11. 电机助力减小 踏板推杆与助力阀体继续往回同步移动，反应盘与踏板推杆分离，电机助力进一步减小，直至主缸压力变为零，阀体回到零位		

（续）

过程描述	踏板推杆位移-输入力	踏板推杆输入力-主缸压力
12. 推杆回到初始位置 踏板推杆在复位弹簧作用下继续回撤，直到推杆与壳体端盖接触，推杆回到初始位置	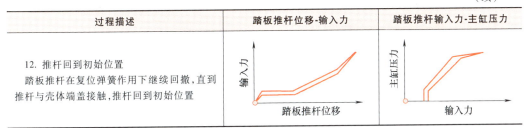	

在应用时，iBooster 与 ESP 模块配合构成 Two-Box 构型的线控制动系统。在电动汽车上应用时，iBooster 与 ESP hev 模块配合实现制动能量回收，其结构原理如图 3-6 所示。ESP hev 的结构与传统 ESP 相似，区别是在后轴控制回路中采用了压力释放阀（PCR）和隔离阀（SV）。当驱动电机再生制动时，根据期望制动力与电驱动系统所能提供的再生制动力的关系，进行前后轴制动力以及再生制动与液压制动的分配。

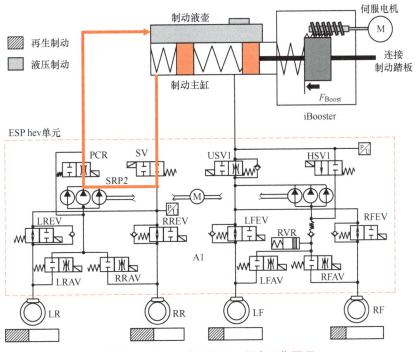

图 3-6　iBooster 与 ESP hev 组合工作原理

后轴液压制动力调节原理：当后轴液压大于分配的制动压力时，PCR 阀打开，将制动液引流回储液罐，从而减小后轴制动液压；当后轴液压小于分配的制动压力时，PCR 阀关闭，电子液压泵将制动液从储液罐泵回到后轴的高压回路，提高后轴的制动压力。

前轴液压制动力调节原理：当前轴液压大于分配的制动压力时，前轮轮缸的制动液经增压阀、减压阀流入蓄能器（RVR）；当前轴压力小于分配的制动压力时，电子液压泵将蓄能器的制动液泵回前轴高压回路，以提高前轴的制动压力。

制动时踏板力和电机助力耦合共同克服复位弹簧阻力和液压反力。再生制动模式时，由于制动压力下降，电机助力减小以保持不变的踏板力特性。如图 3-7 所示。

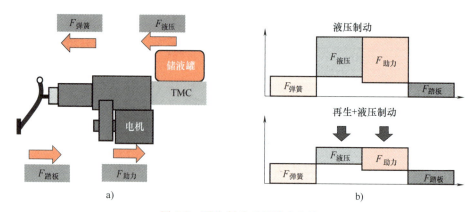

图 3-7　再生制动时的助力特性

2. 完全解耦型 EHB

不同于 iBooster 对人力推动制动主缸进行助力，完全解耦线控制动系统采用独立的建压单元主动产生制动压力。完全解耦型 EHB 有高压蓄能型和直接建压型两种类型。在早期的电液制动产品中，受电机功率限制，多采用高压蓄能式装置提供制动压力。随着电驱动技术的发展，高功率密度直流电机的出现使得直接驱动泵或活塞产生制动压力得以实现，现阶段主流的完全解耦线控制动均采用直接建压的方式产生制动压力。下面分别介绍这两种类型。

（1）高压蓄能型　早期的完全解耦型的线控液压制动系统有博世的电子感应制动控制系统（Sensotronic Brake Control，SBC）和爱德克斯的电子控制制动系统（Electronic Control Brake，ECB）。SBC 系统最早于 2001 年安装在奔驰 SL 和 CLS 跑车上，丰田在2003 年和 2009 年分别为第二代和第三代普锐斯装备了第二代和第三代 ECB 系统。受电机技术限制，SBC 和 ECB 均采用高压蓄能单元提供制动压力。

ECB 系统结构如图 3-8 所示，系统由高压蓄能模块、踏板主缸模块和轮缸压力调节单元等构成。高压蓄能模块由电机、液压泵和蓄能器构成，电机驱动液压泵产生高压，由蓄能器存储液压势能，在制动时释放以提供制动压力。当驾驶人踩下制动踏板时，控制器根据踏板位移及速度判断驾驶人的制动意图，蓄能器的高压油液通过增压阀进入制动轮缸，轮缸的制动压力通过压力传感器反馈及增压阀、减压阀的动作来调节。踏板推动主缸活塞时，制动液进入由蓄能器构成的踏板力模拟器，由踏板力模拟器提供制动反力作用在踏板上。电子制动失效时，切断阀 1、阀 2 断电接通，由人力踏板向两个前轮制动器提供制动压力。

受限于高响应电机的技术壁垒，国内企业和研究机构在早期对高压蓄能式电液制动开展了研究。图 3-9 所示为清华大学基于成熟的液压元件设计的新型紧凑电液制动系统CEHB。当踩下制动踏板时，制动液经由阀 4 流入踏板力模拟器。同时踏板位移传感器采集踏板行程并发送至 ECU。ECU 根据踏板位移及车辆的状态信息确定各轮缸目标压力。根据目标压力及轮缸压力传感器采集的实际压力信息，ECU 控制驱动电机及电磁阀以产生目标压力。由于四个通道共用增压阀（阀 2）和减压阀（阀 1），不同通道不能同时进行增压和减压操作，需要进行分时控制。

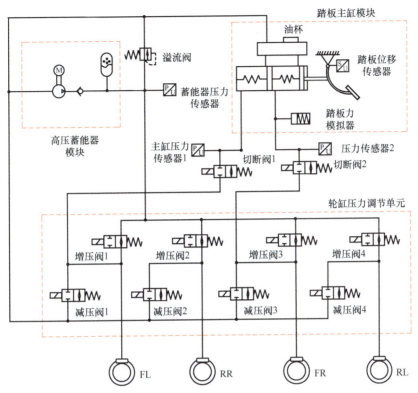

图 3-8　ECB 结构原理

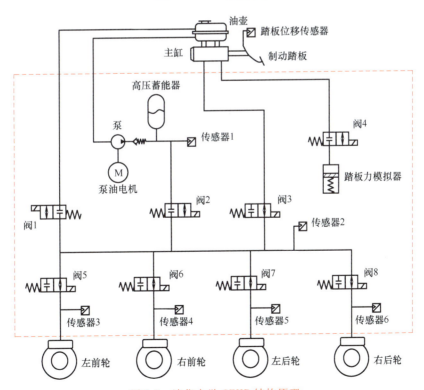

图 3-9　清华大学 CEHB 结构原理

在高压蓄能式制动系统中，由于蓄能器要保持足够高的压力来保证制动强度，电子液压泵的工作频率和工作负荷显著增加，存在较大的失效风险，ECB因高压蓄能装置故障而发生过大规模召回的情况。

（2）直接建压型 大陆公司于2011年推出了MK-C1线控液压制动系统，该产品支持高阶智能驾驶功能。MK-C1采用One-Box方案，即驾驶人接口模块、主动建压模块和ESP等集成在一个液压单元，如图3-10所示。

图 3-10　One-Box 基本结构

MK-C1的内部结构示意如图3-11所示。驾驶人接口模块包括踏板、主缸和踏板力模拟器，主动建压模块包括伺服电机、伺服缸、电磁阀等。

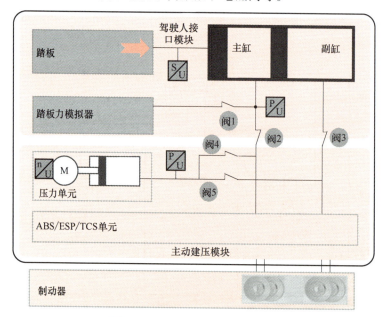

图 3-11　MK-C1 内部结构示意图

线控制动模式时，阀2、阀3关闭，切断驾驶人接口模块与主动建压模块间的回路，阀1、阀4、阀5打开；驾驶人踩下踏板推动制动液进入踏板力模拟器并建立压力，该压力的主要作用是向驾驶人提供踏板力反馈，踏板力与踏板行程的特性由主缸和踏板力模拟器决定，并符合表3-2中所描述的踏板推杆位移与输入力的关系；由主动建压模块根据驾驶人意图和再生制动力产生相应的制动压力，经阀4、阀5进入ABS/ESP液

压模块，向各制动轮缸提供制动压力。

当主动建压模块失效时，进入机械后备模式，阀2、阀3打开，阀1、阀4和阀5关闭，驾驶人踩踏板建立的压力直接经 ABS/ESP 液压模块进入轮缸进行制动。机械后备模式时，在驾驶人踏板输入力为 500N 且没有发生管路泄漏的情况下，仍能产生约 $0.5g$ 的减速度。对于 L3 级及以上的智能驾驶系统，应能提供失效运行的安全状态。因此对于 L3 级及以上的应用，One-Box 构型的线控制动系统还需要装备冗余制动单元（Redundant Brake Unit，RBU），例如，以全功能的 ABS/ESP 液压制动模块作为 MK-C1 的冗余单元。

图 3-12 所示为吉林大学设计的 eBooster，采用直接建压单元和四腔主缸代替原有的真空助力系统和液压制动主缸，与 ESP 液压模块一起构成 Two-Box 线控制动方案。当驾驶人踩下制动踏板时，踏板推杆推动活塞使 C1 腔的制动液进入踏板力模拟器 PFS，提供制动压力反馈。通过踏板位移传感器判断驾驶人制动意图，控制直接建压单元在 C5 腔产生高压并进入 C2 腔。由于 C1 腔和 C2 腔通过固定隔板隔离，液压推动主缸活塞移动，使 C3 腔和 C4 腔产生制动压力。当直接建压单元失效时，可采用 ESP 作为备份制动，提供失效降级的安全状态。当直接建压和 ESP 同时发生故障时，踏板推杆克服解耦间隙，通过位于 C1 腔和 C2 腔的中间推杆来推动主缸活塞，实现机械冗余。

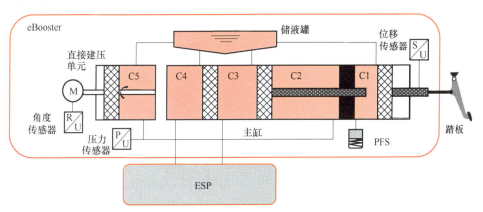

图 3-12　吉林大学 eBooster 结构原理

3.1.2　线控机械制动

线控机械制动（EMB）在每个车轮上布置独立的制动器，电机驱动力经机械传动减速增矩后转化为摩擦片的夹紧力。EMB 较 EHB 具有更短的传动路线，也避免了液压 PV 特性对响应速度的影响，因而具有更短的响应时间。EMB 的主要优点有：

1）EMB 的响应时间约为 90ms，比 iBooster 的 120ms 更短，缩短了制动距离。

2）无液压系统，没有液压泄漏，降低了维护成本。

由于技术和成本的限制，EMB 目前存在的主要不足有：

1）无备份系统，可靠性要求极高，尤其是电源和通信系统的容错能力。

2）制动力不足，EMB 系统安装在轮毂中，轮毂的空间限制了电机的体积和功率。

3）恶劣的工作环境，如高温和振动等，对电机、功率半导体器件的性能和可靠性

都是严峻挑战。

线控机械制动根据其传动原理分为两个技术路线：线性增力型和非线性自增力型。

1. 线性增力型 EMB

典型的线性增力型电子机械制动有大陆的 Teves 直驱、西门子的杠杆增力直驱、博世直驱等。图 3-13 所示为大陆两级减速 EMB 执行器的结构示意图。执行器的主要结构包括电机、一级行星减速机构和二级滚珠丝杠减速机构。电机输出转矩经行星减速机构后驱动滚珠螺母，将电机转子的旋转运动转化为滚珠丝杠的直线运动，滚珠丝杠推动压盘，使摩擦片夹紧制动盘，产生制动力。棘轮机构用于驻车功能，通过电磁铁控制棘爪绕销钉转动，实现棘轮、棘爪的啮合与脱离。当棘轮、棘爪啮合时，限制电机旋转，使制动力保持，从而实现驻车制动。

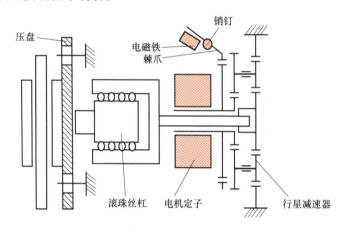

图 3-13 大陆两级减速 EMB 执行器结构示意图

图 3-14 所示为西门子的杠杆增力型 EMB 执行器的结构示意图。滚珠螺母与心轴连接，制动时电机转子驱动滚珠螺母，使滚珠螺母向右运动，通过心轴推动增力杠杆和压力盘，压力盘再将力传递给传动套筒，推动活塞夹紧摩擦片。橡胶密封环和弹簧的作用是使活塞回位。制动结束后，在橡胶密封环的弹性变形力作用下，传动套筒和活塞被推回到制动前的位置。当摩擦片出现磨损时，活塞行程将超出橡胶密封环的弹性变形量，活塞与橡胶密封环会发生相对位移。在制动回位过程

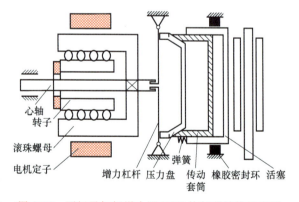

图 3-14 西门子杠杆增力型 EMB 执行器结构示意图

中，活塞仅回退橡胶密封环弹性变形的部分，未回退的位移部分用于补偿摩擦片的磨损。此时传动套筒与压力盘间出现间隙，传动套筒被弹簧从活塞中推出直至与压力盘接触，完成摩擦片磨损补偿与间隙消除。

图 3-15 所示为博世双行星减速 EMB 执行器结构示意图。电机动力输入到行星轮系

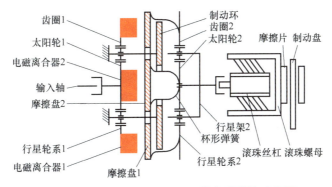

图 3-15 博世双行星减速 EMB 执行器结构示意图

1 和行星轮系 2，再传递到滚珠丝杠，推动滚珠螺母轴向运动，将摩擦片压紧在制动盘上。摩擦盘 2 与行星轮系 2 的太阳轮 2 通过一个杯形弹簧连接，摩擦盘 1 与行星轮系 2 的齿圈 2 通过同样的方式连接。两个行星轮系间有电磁离合器 1 和电磁离合器 2。当电磁离合器通电时，摩擦盘 1 和摩擦盘 2 分别与行星轮系 1 的齿圈和太阳轮结合，同步转动。

两个电磁离合器有四个工作状态。

1）电磁离合器 2 通电，1 不通电。此时行星轮系 1、2 的太阳轮同步转动，齿圈 2 在制动环作用下不转动，两个太阳轮旋转方向相同，行星架 2 与太阳轮 1、2 同向，传动比小，可用于迅速消除摩擦片与制动盘的间隙。

2）两个电磁离合器都通电。此时行星轮系 1、2 的太阳轮和齿圈同步转动，由于行星轮系 1 的行星轮半径大于行星轮系 2 的行星轮半径，齿圈 2 的转向与太阳轮 2 的方向相反，因此行星架 2 转向与太阳轮 2 相同，此时传动比大，实现减速增矩的目的。

3）电磁离合器 2 不通电，1 通电。两个行星轮系的齿圈结合，同步转动，太阳轮 2 在制动环作用下静止。此时行星架 2 和齿圈 2 的转向与太阳轮 1 的转向相反，在不需要电机反转的情况下实现制动盘与摩擦片的分离，用于减小制动力。

4）两个电磁离合器都不通电。太阳轮 2 和齿圈 2 在制动环作用下都不转动，行星架 2 也无法转动，保持作用在制动盘上的制动力，用于驻车制动。

2. 非线性自增力型 EMB

非线性自增力型电子机械制动近年来研究较多，典型结构有西门子的楔形自增力 eBrake、博世自增力摩擦片等。这些结构利用了楔形机构自增力效应，使用小功率促动源使制动器进入制动状态，此后利用制动盘旋转动能作为自增力制动的动力源，两部分的能量共同作用于制动器达到越夹越紧的增力效果。当即将达到目标制动力或初始车轮转速较高时，电机提供反向转矩反拉楔形块，以控制制动力大小。

eBrake 原型样机由两个左右对称的电机、滚珠丝杠和推拉块，以及内外楔形块、滚柱等构成，如图 3-16 所示。制动时，外楔形块压向摩擦片并保持不动，内楔形块由推拉块驱动沿电机轴向运动，并通过卡钳座压紧另一侧的摩擦片。滚柱位于内、外楔形块之间，用于内、外楔形块间力的传递，同时减少摩擦。滚珠丝杠末端安装推拉块，电机驱动滚珠螺母，推动滚珠丝杠轴向运动。以左侧驱动机构为例，当左侧丝杠向左运动

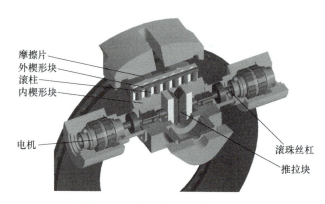

图 3-16　西门子 eBrake 结构方案

时，通过推拉块左侧与内楔形块的接触面向内楔形块传递向左的拉力；左侧丝杠向右运动时，左侧推拉块向右推右侧推拉块。左、右两个电机可工作在合力模式和预加载模式，在合力模式下，一个电机通过推拉块拉内楔形块，另一个电机则通过所连接的推拉块推对侧的推拉块，一拉一推共同驱动内楔形块；预加载模式时，两个电机分别通过所连接的推拉块拉内楔形块，由于两个力大小相等、方向相反，限制了楔形块的自由运动。

图 3-17 所示为楔形自增力机构在制动时的受力示意图，滚柱用于在静止楔形块与移动楔形块间传力，图中将滚柱简化为固定在支座上。F_m 是电机作用在楔形块上的力，F_n 为摩擦片作用在制动盘上的夹紧力，F_b 为制动盘作用在摩擦片上的制动反力，有 $F_b = F_n\mu$，μ 为摩擦片与制动盘间的摩擦系数。

由力平衡方程得

$$F_m = F_n \tan\alpha - F_n\mu = \frac{F_b}{\mu}(\tan\alpha - \mu) \qquad (3\text{-}1)$$

制动盘的两侧各有一块摩擦片，故实际作用在制动盘上的制动力为 $2F_b$，制动力系数 C^* 为

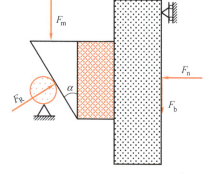

图 3-17　楔形块受力示意图

$$C^* = \frac{2F_b}{F_m} = \frac{2\mu}{\tan\alpha - \mu} \qquad (3\text{-}2)$$

可见，设计适当的楔形角和摩擦系数，可以实现以较小的电机促动力产生很大的制动力。当 $\tan\alpha$ 接近 μ 时，制动力系数呈无限放大趋势，楔形块连同摩擦片、制动盘无限卡紧，产生"死点"，这是一种不稳定状态。为使制动器不产生"死点"状态，需要在系统达到"死点"时施加反向力往回拉楔形块。由于"死点"的产生与摩擦系数有关，在制动过程中，摩擦系数受涉水、脏污、磨损等因素影响，对"死点"状态的监测较为困难。

清华大学设计了一种磁流变楔形自增力线控制动器，取消了促动电机，并具有自供电特性，结构方案如图 3-18 所示。与磁流变制动器的结构不同，磁流促动器不是安装

在车轮轴上，而是安装在与车轮轴平行的从动轴上，用于代替电机促动楔形块。磁流变促动器由从动轴和壳体构成，两个部件间充满磁流变液体。车轮轴通过一对齿轮副驱动从动轴。磁流变促动器壳体上安装连接杆，用于推拉移动楔块，复位弹簧用于将楔块往回拉复位。非制动状态下，磁流变促动器不通电，没有转矩由从动轴传递到壳体，复位弹簧的复位力经连接杆传递至动楔形块，将楔形块拉回，此时摩擦片与制动盘间没有夹紧力，不产生制动力。制动状态下，磁流变促动器通电，由于磁流变效应，

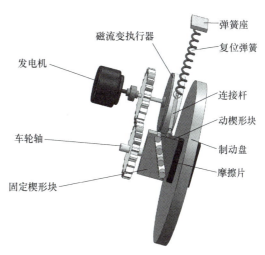

图 3-18　清华大学磁流变楔形自增力线控制动器方案

流体摩擦力驱动壳体旋转，通过连接杆推动楔形块，使摩擦片夹紧制动盘产生制动力。推动楔形块的推力由促动器工作电流、从动轴转速等决定，因此控制电流可实现推动力控制，从而控制机械制动力。相比电机促动器结构，磁流变促动器具有更小的能量消耗。该制动器还具有自供电特性：在从动轴上安装发电机，再生制动产生的电能为磁流变线圈供电，从而解决了线控机械制动系统可靠供电的问题。

3.1.3　线控气压制动

线控气压制动系统（EBS）是在气压 ABS 基础上发展而来的，由制动踏板信号获取驾驶人制动意图，利用电信号控制气阀产生制动压力，达到改善制动响应速度，丰富控制功能的目的。

1. EBS 的结构

早期的 EBS 集成度较低，核心部件主要由比例继动阀、桥控阀、备压阀、ABS 阀等构成，前轴由比例继动阀和 ABS 阀控制，后轴由桥控阀、备压阀等控制。新一代的 EBS 采用更高集成度的轴调节器，在前轴应用单通道或双通道的轴调节器，在后轴应用双通道轴调节器，备压控制、ABS 功能等集成在双通道轴调节器中。图 3-19 所示为两

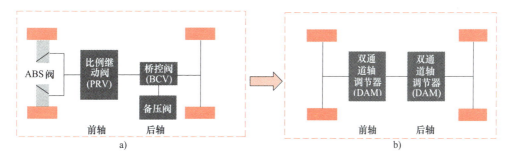

图 3-19　EBS 的配置发展

a）低集成度 EBS　b）高集成度 EBS

代 EBS 的基本结构。

2. EBS 主要部件结构与工作原理

EBS 的主要部件包括制动脚阀、比例继动阀、轴调节器等。制动脚阀用于对驾驶人制动意图检测和备压输出，比例继动阀和轴调节器用于产生 EBS ECU 系统设定的名义制动压力，在轴调节器上还集成了滑移率控制等底层控制功能。

（1）制动脚阀 EBS 的制动脚阀与 ABS 系统的制动脚阀不同，不仅输出与踏板行程对应的气压（备压）来驱动制动执行器，还输出与踏板行程量对应的电信号，以反映驾驶人的制动意图。

图 3-20 所示为制动脚阀的结构简图。上部为两组制动信号传感器，下部为双回路制动气阀。

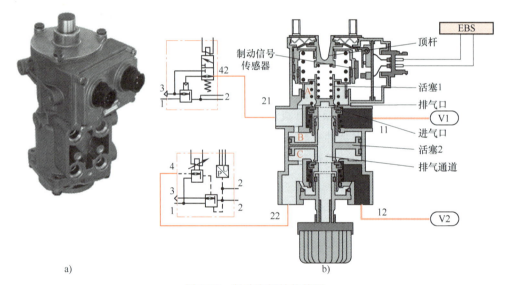

图 3-20　制动脚阀结构简图

踏下制动踏板，在开始的一段行程中触发制动开关信号，继续踩下踏板，上部的位移传感器测量踏板行程，以 PWM 波的形式将行程信号发送至 EBS ECU。下部制动气阀分上、下双回路，制动时，踏板压下顶杆，通过顶杆与活塞 1 间的弹簧将力传递至活塞 1；活塞 1 下移，关闭 A 腔的排气口，打开口 11 与 A 腔间的进气通道，压缩空气由口 11 经 A 腔进入口 21，同时也经口 21 进入 B 腔，推动活塞 2 向下运动；活塞 2 下移，关闭 C 腔的排气口，再打开口 12 与 C 腔间的进气通道，压缩空气由口 12 经 C 腔进入口 22。

压力调节过程：当活塞 1 下方（即 A 腔）的压力大于活塞上方弹簧的作用力时，活塞 1 上移，经过减小进气口面积、关闭进气口、打开排气口等过程减小出口 21 的压力，实现压力值与顶杆行程（弹簧压缩量）成正比；口 22 的压力调节则是通过 B 腔和 C 腔的压力平衡实现，当口 22 的压力大于口 21 时，活塞 2 上移，经过减小进气口面积、关闭进气口、打开排气口等过程减小出口 22 的压力，实现口 22、21 的压力平衡。

口 22 的控制压力接入到比例继动阀，用于比例继动阀失效后的机械备份。口 21 的

控制压力接入到备压阀,用于后轴桥控阀失效后的机械备份。

(2) 比例继动阀 比例继动阀用于产生与电信号成比例的制动压力,结构简图如图 3-21 所示。比例继动阀共有 5 个气室:气室 A 为备压气室,由气体输入口、球阀和电磁铁芯等构成;气室 B 为进气室,由气体输入口、比例阀阀芯下部、阀体及继动阀座等构成;气室 C 为排气室,由继动阀活塞下部、继动阀座和排气口组成;气室 D 为控制气室,由阀体、比例阀阀芯及继动阀活塞组成;气室 E 为输出气室,由继动阀活塞、阀体及气体输出口等组成。

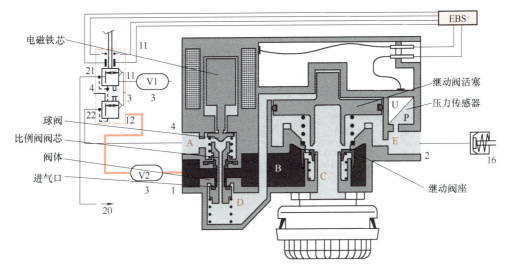

图 3-21 比例继动阀结构简图

工作过程如下:

1) 踩下制动踏板,EBS ECU 获得驾驶人制动需求,计算名义制动压力,向比例阀电磁铁供电。

2) 电磁铁芯在电磁力作用下克服弹簧阻力向下移动,首先球阀与比例阀阀芯接触,关闭气室 A 到气室 D 的通道。

3) 电磁铁芯继续下移,推动比例阀阀芯向下移动,打开连通气室 B 和气室 D 的进气通道,压缩空气进入气室 D,气室 D 压力上升。

4) 气室 D 的压力使继动阀活塞克服弹簧复位力下移,首先活塞与继动阀座接触,关闭气室 E 与排气室 C 间的通道;活塞继续下移,推动继动阀座克服弹簧复位力下移,打开气室 B 与气室 E 间的进气通道,压缩空气经气室 B 进入气室 E,向制动气室提供制动压力。继动阀活塞上下的压差控制活塞的移动和平衡,使得气室 E 的压力跟随气室 D 压力的变化而变化。球阀上的压力反馈与电磁力平衡,控制比例阀阀芯的移动和平衡位置,从而使得气室 D 的压力与电磁力成正比,因此可通过控制电磁铁的电流控制气室 D 和气室 E 的压力。压力传感器检测气室 E 的实时压力,用于压力闭环反馈控制。

(3) 轴调节器 轴调节器测量车轮轮速,将轮速信号发送到 EBS 控制器。由 EBS 控制器计算名义制动压力作为目标压力,轴调节器 ECU 控制开关阀使输出压力跟踪名

义制动压力，当车轮发生制动抱死或滑转时，轴调节 ECU 实施 ABS/ASR 功能。

图 3-22 所示为双通道轴调节器。调节器结构呈左右对称，每侧独立控制一个通道的输出。以右侧通道为例，主要结构包括增压阀、减压阀、压力传感器、备压阀（左右通道共用）、继动活塞和阀座等，有进气室 A、排气室 B、输出气室 C 和控制气室 D 四个气室，图中所示为断电时的阀芯位置。

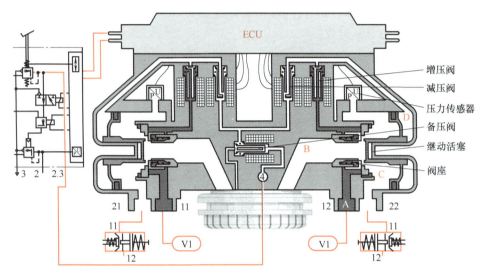

图 3-22　双通道轴调节器结构简图

注：图中 11、12、21、22 表示接口用途。

工作过程为：踩下制动踏板，EBS ECU 计算名义制动压力并发送给轴调节器 ECU；轴调节器 ECU 向备压阀供电，备压阀芯右移，关闭备压口与减压阀低压口间的通道，并打开减压阀低压口与排气口间的通道，使低压口接通排气口；增压阀和减压阀上电，压缩空气经增压阀进入控制气室 D，推动继动活塞左移。活塞首先与阀座接触，关闭输出气室 C 与排气室 B 间的通道；活塞继续左移，推动阀座向左移动，打开进气室 A 与输出气室 C 间的通道，压缩空气进入输出气室 C；当压力达到目标压力时，增压阀断电，减压阀上电，控制气室 D 与其他气室隔离，保持压力，输出压力同样保持；当压力大于目标压力时，增压阀和减压阀均断电，控制气室 D 经减压阀接通排气口，降低控制气室 D 的压力，相应地降低输出气室 C 的压力。

备压阀的作用在于：当发生故障时，所有阀均断电，控制气室 D 经减压阀、备压阀连通备压口 4，由制动脚阀的输出压力控制阀的输出。

3.2　线控制动控制

3.2.1　线控液压制动控制

1. 制动意图识别

制动意图包括制动状态和制动强度需求。对于电动助力制动，需要识别驾驶人的制

动状态——应用、保持和释放，由其状态确定基本助力特性（参见表3-2）。制动强度反映了驾驶人对制动减速度的需求，识别制动强度需求是制动力分配的前提。

（1）**制动状态**　驾驶人的制动状态可通过踏板行程来判断。踏板行程信号通常被高频噪声污染，为提高状态识别的准确性，首先应对行程信号进行低通滤波处理。三种制动状态的分类依据是：踏板行程持续增加，为应用状态；踏板行程保持不变，为保持状态；踏板行程持续减小，为释放状态。由于采样间隔为 $1 \sim 2\text{ms}$，相邻采样间的增量难以准确反映制动状态，实际应用通常是对增量方向的持续时间进行计数，达到预设门限值时，判定为对应的制动状态。应用上述方法识别的制动状态将滞后于行程信号数十毫秒，但延迟对电机助力造成的误差很小，可以满足实际应用的要求。

（2）**制动强度需求**　踏板推杆位移信号能够较为准确和实时地反映驾驶人的制动强度需求。图3-23所示为某踏板推杆位移和制动压力的关系，当推杆位移 < 10mm 时，制动压力随踏板推杆位移缓慢增加，>10mm 时，制动压力随踏板推杆位移显著增加。

制动踏板速度反映了驾驶人制动需求的紧急程度。紧急制动工况下，驾驶人踩下踏板的速度显著高于中、轻度制动工况。为提高紧急制动的响应速度，缩短制动距离，此时应结合制动踏板速度来识别驾驶人的制动强度需求。

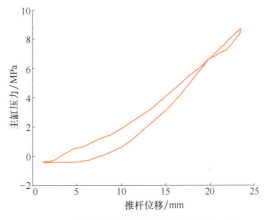

图 3-23　踏板推杆位移-制动压力关系曲线

制动强度需求识别的方法有门限逻辑、神经网络和模糊推理等。门限逻辑方法的基本思路为：根据踏板推杆位移-制动压力关系确定基本制动强度需求。当踏板推杆位移速度大于设定门限时，在基本制动强度需求的基础上增加额外的、反映制动紧急程度的补偿量。模糊推理方法首先确定踏板推杆位移、速度和制动强度的论域、模糊语言变量和隶属度函数，然后制定模糊规则，基于模糊推理得到制动强度需求。踏板推杆位移的模糊语言变量为 {VS，S，M，B，VB}，踏板推杆位移速度的模糊语言变量为 {PS，PB}，制动强度的模糊语言变量为 {VS，S，M，B，VB}，利用表3-3中的模糊规则计算制动强度需求 。

表 3-3　制动强度需求模糊规则表

制动强度		踏板推杆位移速度	
		PS	PB
踏板推杆位移	VS	VS	S
	S	S	M
	M	M	B
	B	B	VB
	VB	VB	VB

2. 制动踏板力反馈

对于电动助力型 EHB 系统，通过控制助力阀与踏板推杆间的位移差，实现踏板力反馈控制。对于完全解耦型 EHB 系统，踏板反馈力由踏板力模拟器提供。

（1）助力型 EHB 的踏板力反馈 助力型 EHB 的踏板力反馈（或助力特性）由橡胶反应盘的力学特性以及助力阀与踏板推杆间的位移差所决定。假设橡胶反应盘与液体的受力特性一致，即受力点的压强处处相等，将反应盘等效成有主面和副面刚度的液压缸，以简化力学分析，如图 3-24 所示。

踏板推杆输入力作用在面积为 A_2 的主面上，助力阀的助力作用在面积为 A_1 的副面上，x_1 为助力阀位移，x_2 为踏板推杆位移，p 为等效液压缸的压力，k_1、k_2 分别为副面和主面等效液压缸的刚度。由不可压缩性得

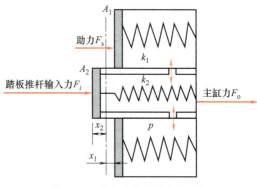

图 3-24 反应盘等效液压缸模型

$$A_1 x_1 + A_2 x_2 = 0 \qquad (3\text{-}3)$$

从而得到 x_1，x_2 与 Δs（$\Delta s = x_1 - x_2$，助力阀与踏板推杆间位移差，即反应盘主副面位移差）的关系，有

$$
\begin{cases}
x_1 = \dfrac{A_2}{A_1 + A_2} \Delta s \\[2mm]
x_2 = \dfrac{-A_1}{A_1 + A_2} \Delta s
\end{cases}
\qquad (3\text{-}4)
$$

由液压缸力平衡得

$$
\begin{cases}
F_s = p A_1 + k_1 x_1 \\
F_i = p A_2 + k_2 x_2
\end{cases}
\qquad (3\text{-}5)
$$

联立式（3-4）和式（3-5），由压力平衡得到 F_i 与 F_s 的关系，进一步推导得到踏板推杆输入力 F_i 的表达式，即

$$
F_i = \dfrac{F_o - \Delta s \dfrac{k_2 A_1{}^2 + k_1 A_2{}^2}{A_2 (A_1 + A_2)}}{\left(1 + \dfrac{A_1}{A_2}\right)}
\qquad (3\text{-}6)
$$

由式（3-6）可知，分母部分由结构参数确定，分子部分的第二项由结构参数和 Δs 确定。因此，主缸力 F_o 反馈到踏板推杆的力 F_i 最终由助力阀与踏板推杆间位移差 Δs 决定。通过试验标定踏板推杆位移与 Δs 的关系，从而实现期望的踏板力反馈或助力特性。

（2）踏板力模拟器 完全解耦型线控制动采用踏板力模拟器向驾驶人提供制动反馈。原有装备液压制动系统的车辆多采用真空助力，为使驾驶人能适应完全解耦型线控

电液制动系统的操作，应使踏板力模拟器的反馈与传统真空助力系统一致。图 3-25 所示为实测的多家制造商踏板力反馈特性，若将踏板等效成弹簧，图中曲线斜率反映的是动态刚度特性。踏板预紧力通常设置在 12～20N 之间，过小易引起误动作，过大会导致开始制动时踏板不易被踩下。初始制动时，动态刚度范围为 0.9～1.3N/mm，行程在 30mm 内。中等制动到最大强度制动阶段，动态刚度增加，为 3～7N/mm。踏板力达到 200N 之后，踏板仍可以被踩下，即

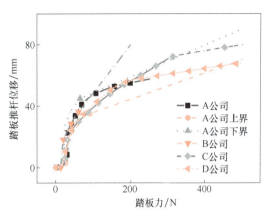

图 3-25 不同厂商的踏板力反馈特性（见彩图）

在达到最大制动强度后仍可提供踏板行程，此时刚度进一步增加，如 D 公司的动态刚度可达到 25N/mm。

可将踏板力模拟器的刚度设计成两段（图 3-26）或三段模拟上述的踏板力反馈特性。图 3-26 所示的踏板力模拟器的工作过程如下：

1）踩下踏板后，踏板主缸的制动液进入模拟器腔体，推动活塞移动。

2）首先刚度较小的弹簧 1 被压缩，产生反力。

3）当弹簧 1 的压缩量达到 x_{ps0} 时，活塞上缓冲橡胶与连接盘接触，推动连接盘压缩刚度更大的弹簧 2，此时提供更大的反力。缓冲橡胶可避免活塞与连接盘、连接盘与后端盖直接接触产生冲击噪声。

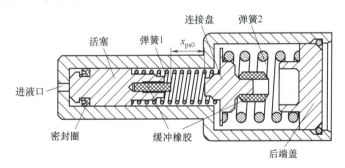

图 3-26 两段刚度型踏板力模拟器

踏板力反馈的受力分析如图 3-27 所示。

驾驶人踩下踏板，活塞行程大于死区行程 x_{p0} 后，压力开始建立，在压力作用下制动液进入踏板力模拟器，踏板推杆力 F_p 的平衡方程为

$$F_p = \begin{cases} k_m x_p & 0 \leqslant x_p \leqslant x_{p0} \\ A_m p_m + k_m x_p & x_p > x_{p0} \end{cases} \quad (3\text{-}7)$$

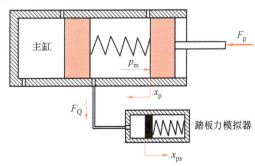

图 3-27 踏板力反馈的受力分析

式中，k_m 为主缸活塞复位弹簧刚度；x_p 为踏板推杆位移；A_m 为主缸活塞面积；p_m 为主缸压力。

同理得到模拟器的力平衡方程，有

$$A_s p_s = \begin{cases} k_{e1} x_{ps} & 0 \leqslant x_{ps} \leqslant x'_{ps0} \\ k_{e2}(x_{ps}-x_{ps0}) & x_{ps} > x'_{ps0} \end{cases} \tag{3-8}$$

式中，A_s 为模拟器活塞面积；p_s 为模拟器缸内压力，等于主缸压力 p_m；$k_{e1}=(k_{s1}k_{s2})/(k_{s1}+k_{s2})$，为弹簧 1 完全被压缩前的模拟器动态等效刚度；$x'_{ps0}=x_{ps0}(1+k_{s1}/k_{s2})$，为弹簧 1 压缩量达到 x_{ps0} 时模拟器活塞的行程，其中，k_{s1} 为弹簧 1 刚度；k_{s2} 为弹簧 2 刚度；$k_{e2}=k_{s2}$，为弹簧 1 完全压缩后的模拟器动态等效刚度。

假设流体不可压缩，得到踏板行程与模拟器活塞行程的关系，有

$$x_{ps} = \frac{A_m}{A_s}(x_p - x_{p0}) = k_{ms}(x_p - x_{p0}) \tag{3-9}$$

式中，$k_{ms}=A_m/A_s$。

联立上述方程，得到踏板力 F_p 与踏板推杆位移 x_p 的关系，即

$$F_p = \begin{cases} k_m x_p & 0 \leqslant x_p \leqslant x_{p0} \\ k_m x_p + k_{ms}^2 k_{e1}(x_p - x_{p0}) & x_{p0} \leqslant x_p \leqslant (x'_{ps0}/k_{ms}+x_{p0}) \\ k_m x_p + k_{ms}^2 k_{e2}(x_p - x_{p0} - x_{ps0}k_{ms}) & x_p > (x'_{ps0}/k_{ms}+x_{p0}) \end{cases} \tag{3-10}$$

由式（3-10）及踏板力反馈特性、踏板传动比等可设计模拟器弹簧刚度。

3. 助力特性

不同位移差下踏板推杆力与主缸活塞推力（简称主缸力）的关系是设计助力特性的基础。在上一小节进行了理论分析并推导出理论模型，该模型表明，位移差是助力特性的重要控制参数。对于产品设计，还需要通过试验获取助力特性以便对控制器参数进行标定。下面分几种工况分析主副面位移差下橡胶反应盘的助力特性。

（1）仅主面受力 模拟仅有驾驶人踏板力输入，没有伺服助力的工况。分别给定制动踏板推杆位移 5~30mm，间隔 5mm，推杆速度 3mm/s，得到制动踏板推杆输入力与主缸力的关系，如图 3-28 所示。踏板推杆推力与主缸力之比近似为 1。推杆去程和回程间有迟滞现象，主要受反应盘迟滞和机械系统迟滞的影响，与推杆行程无关。

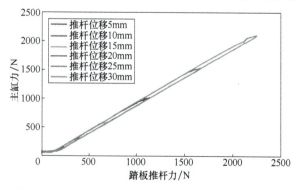

图 3-28　反应盘仅主面受力时的传力特性（见彩图）

（2）**仅副面受力**　模拟只有电机助力推动主缸的工况。助力阀体位移 5～30mm，间隔 5mm，移动速度 3mm/s，电机推力与主缸力的关系如图 3-29 所示。与仅主面受力的工况相似，主缸力与电机推力之比近似为 1，且同样存在迟滞，但迟滞的大小与阀体位移有关，阀体位移大时，迟滞减小。

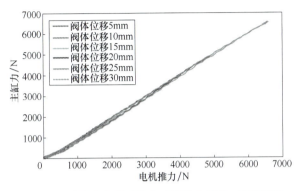

图 3-29　反应盘仅副面受力时的传力特性（见彩图）

（3）**固定主面凸起**　模拟电机助力时，阀体位移大于踏板推杆位移的工况，此时副面位移超前主面，引起主面凸起。阀体先推动反应盘副面，使副面超前主面一定位移，也即主面凸起量，然后踏板推杆移动至与主面凸起接触，随后阀体与推杆以 3mm/s 速度同步移动 10mm，得到助力特性曲线如图 3-30 所示。

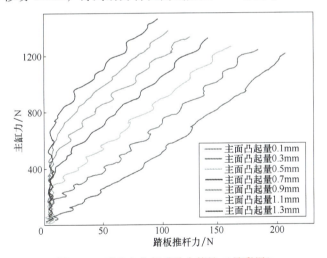

图 3-30　反应盘凸起时助力特性（见彩图）

从图 3-30 中可以发现：

1）在初始阶段，踏板推杆力没有变化，由于阀体推反应盘副面使主缸力增加，对应制动过程的跳增阶段，反应盘凸起量越大，跳增值越大。

2）随着主面凸起量的增加，电机助力也越大，助力特性曲线上移，但不同凸起量的助力特性曲线斜率不变，这与前面推导的推杆输入力 F_i 与主缸力 F_o 关系的数学模型一致，即固定凸起量时的动态助力增益取决于反应盘主、副面的结构参数。

3）相同踏板推杆推力下，凸起量越大，助力越大，对应的主缸力也越大。试验曲

线的周期性波动是由于试验过程中推杆和阀体的运动不同步造成的。

（4）固定主面下凹　模拟电机助力时，阀体位移小于推杆位移的工况，此时副面位移滞后主面，引起主面下凹。推杆先推反应盘主面，使主面超前副面一定位移，也即主面下凹量，然后阀体移动至与副面接触，随后阀体与推杆以 3mm/s 速度同步移动 10mm，得到助力特性曲线如图 3-31 所示。由助力特性图可以看出：随着下凹量的增加，助力特性曲线不断下移，此时电机助力减小，但曲线斜率基本不变，表明动态助力增益不变，与主面凸起的结论一致。

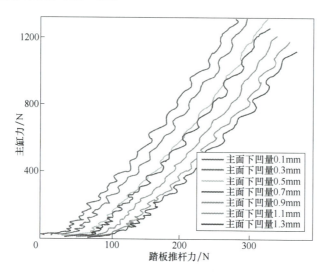

图 3-31　反应盘下凹时助力特性（见彩图）

（5）主面凸起量随踏板推杆位移变化　踏板推杆位移变化时，主面的凸起量随推杆的位移而变化。凸起量的变化率为：当踏板推杆位移为 0～25mm 时，对应的凸起量 0.5～1.3mm 线性变化。主面凸起量随踏板推杆位移变化的助力特性如图 3-32 所示。为便于对比，图中同时给出了固定凸起量为 0.5mm 和 1.3mm 时的助力特性。由图可以看出：

1）当凸起量保持不变时，助力特性是线性的。

2）对于凸起量随踏板推杆位移变化的工况，当助力特性曲线逐渐由凸起量 0.5mm 助力曲线过渡到凸起量为 1.3mm 的助力曲线时，曲线斜率增加，即助力增加，得到变化的动态助力比的助力特性。

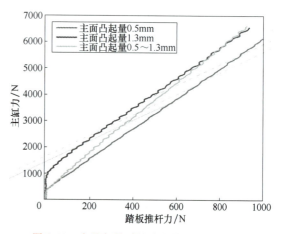

图 3-32　变凸起量时的助力特性（见彩图）

由此可知，可通过设计合适的凸起量——踏板推杆位移控制率来实现目标助力特性。

图 3-5 定义的理想制动助力特性曲线可进一步表达成踏板推杆行程-输入力和踏板推杆行程-主缸力的关系，如图 3-33 所示。

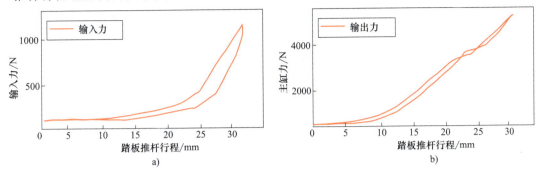

图 3-33　理想助力特性曲线

a）踏板推杆行程-输入力　b）踏板推杆行程-主缸力

反应盘主副面位移差与踏板推杆输入力和主缸力的关系可表示为

$$\Delta s = \frac{1}{\alpha_2} F_\mathrm{o} - \frac{\alpha_1}{\alpha_2} F_\mathrm{i} \tag{3-11}$$

式中，$\alpha_1 = 1 + A_1/A_2$；$\alpha_2 = (k_2 A_1^2 + k_1 A_2^2) / [A_2(A_1 + A_2)]$。

通过橡胶反应盘的助力特性试验辨识参数 α_1 和 α_2，结合图 3-33 和式（3-11），得到踏板推杆行程与 Δs（也即主面凸起量）的关系，并通过试验标定得到常规型、舒适型、运动型和静止时的主面凸起量-踏板推杆位移控制率，如图 3-34 所示。相对于常规型制动的踏板感觉，舒适型要求有更大的主面凸起量，以实现较小的踏板力输入就可以产生更大的制动力，从而提高制动操作的舒适性。运动型制动的踏板感觉则要求更大的踏板力输入，因而具有较小的凸起量。静止时，为避免误操作增加助力系统负荷，在踏

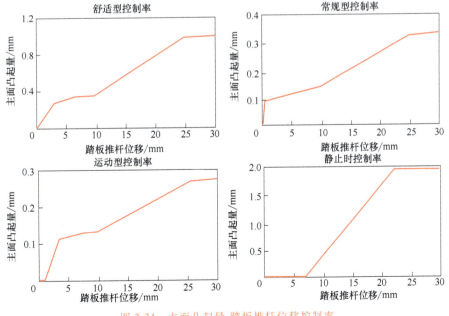

图 3-34　主面凸起量-踏板推杆位移控制率

板推杆行程的前 8mm，主面凸起量为 0，以减小电机助力输出；当踏板推杆行程进一步增加时，意味着驾驶人有真实的制动意图，主面凸起量随踏板推杆行程增加而迅速增加，使电机助力增大，从而降低静止时的制动操作负荷。这样，助力特性的控制问题就转化为主面凸起量（即阀体位移与踏板推杆位移差）的控制问题，可通过位置闭环实现助力特性控制。

4. 压力控制

对于解耦型线控制动系统，系统识别驾驶人制动意图（即制动压力需求）后，通过主动建压单元产生目标制动压力。目标制动压力闭环控制器的设计分两个步骤：①建立电液制动系统对象的动力学模型；②在此基础上设计压力闭环控制器。系统建模的目的有两个：

1）通过理论分析建立动力学方程，了解被控对象的响应特性是选择合适控制算法的前提。

2）动力学方程是基于模型的控制算法，如线性二次调节器（Linear Quadratic Regulator，LQR）、模型预测控制（Model Predictive Control，MPC）等的设计基础。

（1）主动建压单元机械系统模型 简化的主动建压单元机械系统物理模型如图 3-35 所示。电机输出经齿轮和滚珠丝杠减速后，克服阻尼力、惯性力、摩擦力和液压反力等推动伺服主缸活塞，制动液经开关阀进入制动轮缸，活塞推动摩擦片压向制动盘，完成系统建压。图 3-35 中，J_m 为旋转部件等效到电机轴上的惯量，B_m，θ_m，T_m 分别为电机阻尼系数、转子角位移和输出力矩，T_l 为电机轴上负载力矩，T_{mf} 为减速机构等效到电机转子上的摩擦力矩，主要与电机转速 $\dot{\theta}_m$ 和伺服缸内压力 p_s 有关，表示为 $T_{mf} = T(\dot{\theta}_m, p_s)$。得到电机转子运动方程：

$$J_m \ddot{\theta}_m + B_m \dot{\theta}_m = T_m - T_l - T_{mf} \tag{3-12}$$

经丝杠减速后，丝杠输出推力 F_s 和位移 x_s 分别为

$$F_s = \frac{T_l \times 2\pi}{i_{ms} p_h} \tag{3-13}$$

$$x_s = \frac{i_{ms} \theta_m}{2\pi} p_h \tag{3-14}$$

式中，p_h 为丝杠导程；i_{ms} 为电机到滚珠螺母的传动比。

伺服主缸活塞运动方程为

$$m_s \ddot{x}_s + B_s \dot{x}_s = F_s - p_s A_s \tag{3-15}$$

式中，m_s，A_s 分别为伺服主缸活塞的质量和面积；B_s 为伺服主缸的等效阻尼系数。

联立式（3-12）~式（3-15）可得

$$\left(J_m + m_s \frac{i_{ms}^2 p_h^2}{4\pi^2}\right) \ddot{\theta}_m + \left(B_m + B_s \frac{i_{ms}^2 p_h^2}{4\pi^2}\right) \dot{\theta}_m + \frac{i_{ms} p_h}{2\pi} p_s A_s = T_m - T(\dot{\theta}_m, p_s) \tag{3-16}$$

制动轮缸活塞的运动方程为

$$m_w \ddot{x}_w + B_w \dot{x}_w + k_w x_w = p_w A_w \tag{3-17}$$

式中，m_w，x_w，k_w，A_w 分别为制动轮缸活塞质量、位移、等效刚度和受压面积；B_w 为制动轮缸的等效阻尼系数；p_w 为轮缸内压力。由于轮缸活塞的等效刚度很大，式（3-17）前两部分的力相对于弹性力很小，因而忽略前两部分，得到简化的运动方程，有

$$k_w x_w = p_w A_w \qquad (3\text{-}18)$$

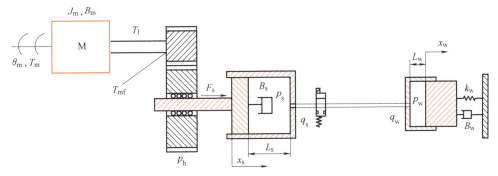

图 3-35　主动建压单元机械系统物理模型

（2）液压系统模型　液压系统包括伺服主缸、电磁阀、制动管路和制动轮缸。假设管路和缸体不发生弹性变形，无制动液泄漏，制动液的雷诺系数 $Re<2000$，流体的流动是层流，制动液密度和体积弹性模量为常数。

伺服主缸内，滚珠丝杠推动主缸活塞移动，使伺服主缸体积减小，制动液被压缩，产生压力变化，在压力作用下缸内制动液流出。得到缸内压力变化率 $\dot{p}_s$ 的动力学方程：

$$\dot{p}_s = \frac{\dot{x}_s A_s - q_s}{(L_s - x_s) A_s} E_1 \qquad (3\text{-}19)$$

式中，L_s 为伺服主缸初始储液长度；q_s 为制动液流出伺服主缸的流量；E_1 为制动液弹性模量。

将控制阀简化为伺服主缸与制动轮缸间的节流孔，依据伯努利方程得到控制阀节流特性，有

$$q_v = C_d A \sqrt{\frac{2}{\rho} (p_s - p_w)} \qquad (3\text{-}20)$$

式中，q_v 为控制阀的流量；C_d 为控制阀流量系数；A 为控制阀有效节流面积；ρ 为油液密度。

由于制动轮缸活塞刚度很大，在制动轮缸压力建立后，轮缸容积变化很小，即进入制动轮缸的流量和对应的伺服主缸与制动轮缸的压力差 $p_s - p_w$ 很小，在 $p_s - p_w < 10\mathrm{bar}^{\ominus}$ 时对节流特性做线性化处理，得到：

$$q_v = k C_d A \sqrt{\frac{2}{\rho}} (p_s - p_w) \qquad (3\text{-}21)$$

高压制动液进入轮缸使活塞向外移动，夹紧制动盘后，压缩制动液，产生压力变化。制动轮缸内的压力变化率为

$\ominus$　$1\mathrm{bar} = 10^5 \mathrm{Pa}$。

$$\dot{p}_{\mathrm{w}} = \frac{q_{\mathrm{w}} - \dot{x}_{\mathrm{w}} A_{\mathrm{w}}}{(L_{\mathrm{w}} + x_{\mathrm{w}}) A_{\mathrm{w}}} E_1 \tag{3-22}$$

伺服主缸的制动液经两个控制阀进入四个轮缸，故有

$$q_{\mathrm{s}} = 2q_{\mathrm{v}} = 4q_{\mathrm{w}} \tag{3-23}$$

联立式（3-21）~式（3-23），得到控制阀节流口压力差与流量 q_{s} 关系，有

$$p_{\mathrm{s}} - p_{\mathrm{w}} = \frac{q_{\mathrm{s}} \sqrt{2\rho}}{4k C_{\mathrm{d}} A} \tag{3-24}$$

令

$$\begin{cases} \lambda = \dfrac{\sqrt{2\rho}}{4k C_{\mathrm{d}} A} \\[3mm] \mu = \dfrac{2\pi}{p_{\mathrm{h}} i_{\mathrm{ms}}} \end{cases} \tag{3-25}$$

得到伺服主缸压力的微分方程，即

$$\dot{p}_{\mathrm{s}} = \frac{E_1}{\mu L_{\mathrm{s}} - \theta_{\mathrm{m}}} \left[\dot{\theta}_{\mathrm{m}} - \frac{\mu}{\lambda A_{\mathrm{s}}} (p_{\mathrm{s}} - p_{\mathrm{w}}) \right] \tag{3-26}$$

同理，可得到制动轮缸压力的微分方程，有

$$\dot{p}_{\mathrm{w}} = \frac{E_1 (p_{\mathrm{s}} - p_{\mathrm{w}})}{4\lambda} \frac{k_{\mathrm{w}}}{A_{\mathrm{w}} (k_{\mathrm{w}} L_{\mathrm{w}} + A_{\mathrm{w}} p_{\mathrm{w}} + A_{\mathrm{w}} E_1)} \tag{3-27}$$

（3）电液制动系统状态方程　取电机角速度、角位移，伺服主缸压力和制动轮缸压力为系统的状态变量，系统输出为伺服主缸压力和制动轮缸压力，系统输入为电机力矩，即

$$\begin{cases} \boldsymbol{X} = [\theta_{\mathrm{m}}, \dot{\theta}_{\mathrm{m}}, p_{\mathrm{s}}, p_{\mathrm{w}}]^{\mathrm{T}} \\ \boldsymbol{Y} = [p_{\mathrm{s}}, p_{\mathrm{w}}]^{\mathrm{T}} \\ u = [T_{\mathrm{m}}] \end{cases} \tag{3-28}$$

将机械系统和液压系统建模得到的微分方程改写成如下形式：

$$\begin{cases} \dot{x}_1 = x_2 \\[2mm] \dot{x}_2 = -\dfrac{B_{\mathrm{m}} \mu^2 + B_{\mathrm{s}}}{J_{\mathrm{m}} \mu^2 + m_{\mathrm{s}}} x_2 - \dfrac{A_{\mathrm{s}} \mu}{J_{\mathrm{m}} \mu^2 + m_{\mathrm{s}}} x_3 + \dfrac{\mu^2}{J_{\mathrm{m}} \mu^2 + m_{\mathrm{s}}} (u - T_{\mathrm{mf}}) \\[3mm] \dot{x}_3 = \dfrac{E_1}{\mu L_{\mathrm{s}} - x_1} \left[x_2 - \dfrac{\mu}{\lambda A_{\mathrm{s}}} (x_3 - x_4) \right] \\[3mm] \dot{x}_4 = \dfrac{E_1 (x_3 - x_4)}{4\lambda} \dfrac{k_{\mathrm{w}}}{A_{\mathrm{w}} (k_{\mathrm{w}} L_{\mathrm{w}} + A_{\mathrm{w}} x_4 + A_{\mathrm{w}} E_1)} \end{cases} \tag{3-29}$$

取

$$\begin{cases} \gamma_1(x_1) = \dfrac{E_1}{\mu L_{\mathrm{s}} - x_1} \\[4mm] \gamma_2(x_4) = \dfrac{k_{\mathrm{w}} E_1}{4\lambda A_{\mathrm{w}} (k_{\mathrm{w}} L_{\mathrm{w}} + A_{\mathrm{w}} x_4 + A_{\mathrm{w}} E_1)} \end{cases} \tag{3-30}$$

得到状态方程的一般形式，即

$$\begin{cases} \dot{X} = AX + Bu + B_\mathrm{f} T_\mathrm{mf} \\ Y = CX \end{cases} \tag{3-31}$$

系数矩阵 A，B，B_f，C 分别定义为

$$A = \begin{pmatrix} 0 & 1 & 0 & 0 \\ 0 & a_1 & a_2 & 0 \\ 0 & a_3 & -a_4 & a_4 \\ 0 & 0 & a_5 & -a_5 \end{pmatrix}$$

$$a_1 = -\frac{B_\mathrm{m}\mu^2 + B_\mathrm{s}}{J_\mathrm{m}\mu^2 + m_\mathrm{s}}, \quad a_2 = \frac{-A_\mathrm{s}\mu}{J_\mathrm{m}\mu^2 + m_\mathrm{s}}, \quad a_3 = \gamma_1(x_1), \quad a_4 = \frac{\mu}{\lambda A_\mathrm{s}}\gamma_1(x_1), \quad a_5 = \gamma_2(x_4)$$

$$B = \begin{pmatrix} 0 \\ \dfrac{\mu^2}{J_\mathrm{m}\mu^2 + m_\mathrm{s}} \\ 0 \\ 0 \end{pmatrix}, \quad B_\mathrm{f} = -B$$

$$C = \begin{pmatrix} 0 & 0 & 1 & 0 \\ 0 & 0 & 0 & 1 \end{pmatrix}$$

矩阵 A 中包含了系统状态变量 x_1 和 x_4，故被控对象是一个四阶非线性系统。对 $\gamma_1(x_1)$ 和 $\gamma_2(x_4)$ 进一步分析可发现：①在管路压力建立后，伺服主缸活塞的位移量相对伺服主缸初始储液长度 L_s 来说较小，故 $\mu L_\mathrm{s} - x_1$ 可简化为 μL_s；②由于活塞刚度 k_w 和制动液弹性模量 E_1 远大于轮缸压力，故 $k_\mathrm{w} L_\mathrm{w} + A_\mathrm{w} x_4 + A_\mathrm{w} E_1$ 可简化为 $k_\mathrm{w} L_\mathrm{w} + A_\mathrm{w} E_1$。经过合理简化后，$\gamma_1(x_1) \to \gamma_1$，$\gamma_2(x_4) \to \gamma_2$，矩阵 A 变为定常矩阵，系统的非线性项仅存在于摩擦力矩干扰 T_mf 中。

（4）压力闭环控制器　压力控制即通过控制电机输出转矩，使伺服主缸压力跟随目标值。线性和非线性控制器被广泛用于主缸的压力伺服控制，下面介绍一类经典的线性系统控制器——压力-速度-电流三闭环串级 PID 控制器（图 3-36），其基本结构为：

1）最外环为压力环，由目标制动压力 p_s^* 与伺服缸实际压力 p_s 的差值计算目标电机转速 ω_m^*。

2）中间环为电机转速环，根据期望的电机转速与实际转速 ω_m 之差，计算目标电机电流 i_m^*，也即目标输出转矩。

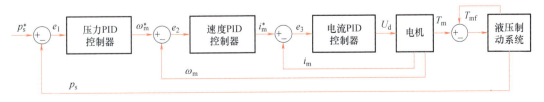

图 3-36　主缸压力串级 PID 控制器结构

3）内环为电流环，根据目标电流与实际电流 i_m 之差，计算电机电枢的控制电压 U_d，使电机产生输出转矩 T_m，克服摩擦力矩 T_mf，驱动伺服主缸活塞，从而调节主缸压力 p_s。

当制动力过大，激活 ABS 后，部分轮缸进入减压、保压模式，伺服主缸流量 q_s 与轮缸流量 q_w 的关系发生变化（取决于增压轮缸的数量），即伺服主缸的负载发生变化，前述推导的对象状态方程式（3-31）参数改变，因而线性控制器——PID 控制器的控制参数应进行相应调整，以满足控制稳定性和响应品质的要求。可将压力 PID 控制器设计为变参数 PID 控制，以适应伺服主缸的负载变化。

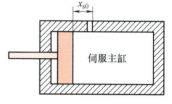

图 3-37　伺服主缸的压力死区

另外，在 EHB 动力学建模时忽略了伺服主缸的压力死区——当活塞位置未达到补液口位置 x_s0 时，缸内不能建立起压力（图 3-37）。可将伺服主缸活塞的运动微分方程式（3-16）改写为如下形式，从而将控制对象简化为线性系统。

$$\left(J_\mathrm{m}+\frac{m_\mathrm{s}}{\mu^2}\right)\ddot{\theta}_\mathrm{m}+\left(B_\mathrm{m}+\frac{B_\mathrm{s}}{\mu^2}\right)\dot{\theta}_\mathrm{m}=T_\mathrm{m} \tag{3-32}$$

取状态变量为电机角度和角速度，观测变量为电机角度，输入量为电机输出转矩，重新建立伺服主缸在压力死区前的状态方程，有

$$\begin{cases} \boldsymbol{X}_0=\left[\theta_\mathrm{m},\dot{\theta}_\mathrm{m}\right]^\mathrm{T} \\ \boldsymbol{Y}_0=\left[\theta_\mathrm{m}\right]^\mathrm{T} \\ u=\left[T_\mathrm{m}\right] \end{cases} \tag{3-33}$$

$$\begin{cases} \dot{\boldsymbol{X}}_0=\boldsymbol{A}_0\boldsymbol{X}_0+\boldsymbol{B}_0 u \\ \boldsymbol{Y}_0=\boldsymbol{C}_0\boldsymbol{X}_0 \end{cases} \tag{3-34}$$

式中，$\boldsymbol{A}_0=\begin{pmatrix} 0 & 1 \\ 0 & a_{22} \end{pmatrix}$，$\boldsymbol{B}_0=\begin{pmatrix} 0 \\ \dfrac{\mu^2}{J_\mathrm{m}\mu^2+m_\mathrm{s}} \end{pmatrix}$，$\boldsymbol{C}_0=\begin{pmatrix} 1 & 0 \end{pmatrix}$，$a_{22}=-\dfrac{B_\mathrm{m}\mu^2+B_\mathrm{s}}{J_\mathrm{m}\mu^2+m_\mathrm{s}}$。

当电机角度 $\theta_\mathrm{m}<\theta_\mathrm{m0}$（对应 x_s0），采用线性位置 PID 控制器，使活塞快速到达补液口位置，当 $\theta_\mathrm{m}\geq\theta_\mathrm{m0}$ 时，采用变参数的压力-速度-电流闭环串级 PID 控制器进行压力闭环控制。压力控制的策略如图 3-38 所示。

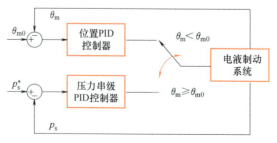

图 3-38　考虑压力死区的压力控制策略

3.2.2 线控机械制动控制

线控机械制动系统的制动意图识别、踏板力反馈等与线控液压制动系统基本一致，本节重点讨论线控机械制动系统中制动力控制的关键问题——夹紧力估计及其跟踪控制。

1. 夹紧力估计

夹紧力直接影响作用在制动盘上的制动力。EMB 中的夹紧力传感器较昂贵，其性能和使用寿命受环境高温的影响，直接安装在摩擦片附近时，制动产生的高温将缩短其使用寿命；但安装在远离摩擦片的位置时，如近电机驱动端，迟滞问题将影响测量精度。考虑到成本因素，未来发展趋势是取消夹紧力传感器，采取间接方式估计夹紧力。采用刚度模型描述电机角度——夹紧力关系具有简单、实用的优点，但该模型没有考虑夹紧力迟滞问题，故而会产生较大的估计误差。数据驱动方法是近年来非线性系统建模常用手段，如以电机电流、电压作为输入来估计夹紧力，但该方法同样未考虑夹紧力的迟滞问题。

（1）夹紧力模型 图 3-39 所示为 EMB 在加载和卸载过程中夹紧力与电机转子角位移间的关系。图 3-39a 所示为电机加载过程，共两个加/卸载过程。

1）过程 1：电机角位移由 0 转（1 转 = 360°）加载到 20 转后卸载到 15 转，再加载到 20 转，最后卸载到 0 转。

2）过程 2：电机角位移由 0 转加载 17.5 转后卸载到 12.5 转，再加载到 17.5 转，最后卸载到 0 转。

从夹紧力响应曲线（图 3-39b）可以看出：

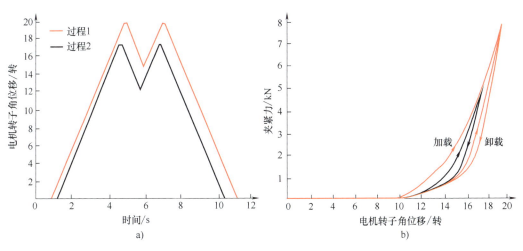

图 3-39 EMB 在加载和卸载过程中的夹紧力-电机转子角位移响应

1）夹紧力响应存在死区（响应死区是由摩擦片与制动盘间的空行程造成），电机角位移达到 10 转后，开始建立夹紧力。

2）夹紧力-电机角位移关系呈现显著的非线性，初始时刚度小，此后随电机角位移增加而增加，最后达到稳定值。

3）加载和卸载曲线不重合，存在滞回偏差。

4）在不同的工作点进行卸载和加载时，其响应曲线不重合，夹紧力与前次的卸载和加载工作点有关。

针对夹紧力响应特性，响应死区问题可通过接触点检测予以消除，非线性和滞回特性可通过非线性拟合予以精确描述。但只有解决了夹紧力与卸载/加载工作点的相关性问题，才能实现对夹紧力的准确估计。

图3-40所示为空行程补偿后从零位置开始加载，在不同位置卸载时夹紧力响应。可以看到，四个加/卸载过程的加载响应完全重合，卸载响应则近似平行。根据这一特点，得到加/卸载过程中夹紧力的估计方法。

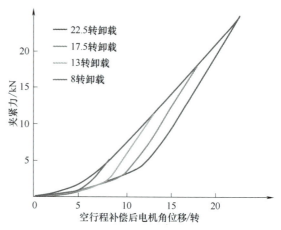

图 3-40　不同位置卸载时的夹紧力响应（见彩图）

图3-41所示为卸载过程夹紧力估计示意图，图中的参考夹紧力曲线为 EMB 在运行区间夹紧力的包络曲线，通过缩放平移参考夹紧力卸载曲线得到从 v_{rev} 位置开始卸载时的夹紧力响应。

卸载过程夹紧力估计方法如下：连接原点与 v_{rev}，得到矢量 $\boldsymbol{v}_{rev}$，延伸 $\boldsymbol{v}_{rev}$ 与参考夹紧力卸载曲线相交于 v_{ref}，得到矢量 $\boldsymbol{v}_{ref}$，定义两个矢量的长度比为

$$r_r = \frac{\|\boldsymbol{v}_{rev}\|}{\|\boldsymbol{v}_{ref}\|} \qquad (3-35)$$

v_2 是从 v_{rev} 位置卸载的夹紧力响应曲线上的一点，v_1 是矢量 $\boldsymbol{v}_2$ 延伸后与参考夹紧力卸载曲线的交点，则矢量 $\boldsymbol{v}_2$ 与 $\boldsymbol{v}_1$ 的长度比为 r_r，即

$$\boldsymbol{v}_2 = \begin{bmatrix} \hat{F}_r(\theta_2) \\ \theta_2 \end{bmatrix} = r_r \boldsymbol{v}_1 = r_r \begin{bmatrix} F_{ref}(\theta_1) \\ \theta_1 \end{bmatrix}$$

$$(3-36)$$

由式（3-36）可得到从 v_{rev} 卸载到 θ_2 时的夹紧力估计值 $\hat{F}_r(\theta_2)$：由

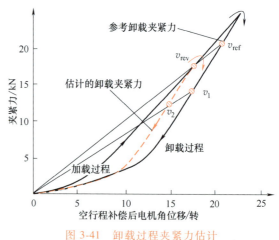

图 3-41　卸载过程夹紧力估计

$\theta_1 = \theta_2/r_r$ 得到 θ_1，根据参考夹紧力卸载曲线得到 $F_{ref}(\theta_1)$，从而可计算夹紧力估计值，即 $\hat{F}_r(\theta_2) = r_r F_{ref}(\theta_1)$。

图3-42所示为加载过程夹紧力估计示意图，通过缩放和旋转参考夹紧力加载曲线，得到从 v_L 开始卸载，然后从 v_{rev} 处开始加载时的夹紧力响应。

v_{ref} 为参考夹紧力加载曲线上的一点，与 v_{rev} 的位置相同。连接 v_L 与 v_{ref}，得到矢量 $\boldsymbol{v}_{a1}$，连接 v_L 与 v_{rev} 得到矢量 $\boldsymbol{v}_{a2}$，两个矢量间夹角 γ，两个矢量的长度比为

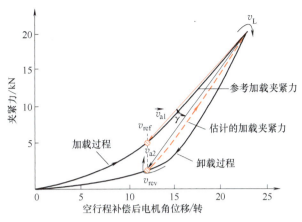

图 3-42　加载过程夹紧力估计

$$r_{a} = \frac{\|\boldsymbol{v}_{a2}\|}{\|\boldsymbol{v}_{a1}\|} \tag{3-37}$$

加载过程的夹紧力由下式估计：

$$\begin{bmatrix} \hat{F}_{a}(\theta_{a}^{*}) - F_{L} \\ \theta_{a}^{*} - \theta_{L} \end{bmatrix} = \begin{bmatrix} \cos\gamma & -\sin\gamma \\ \sin\gamma & \cos\gamma \end{bmatrix} \begin{bmatrix} F_{a}(\theta_{a}) - F_{L} \\ \theta_{a} - \theta_{L} \end{bmatrix} r_{a} \tag{3-38}$$

式中，θ_{a}^{*} 和 θ_{a} 分别是估计的加载曲线和参考加载曲线的电机角位移；$\hat{F}_{a}(\theta_{a}^{*})$ 是电机角度为 θ_{a}^{*} 时的估计夹紧力；$F_{a}(\theta_{a})$ 是电机角度为 θ_{a} 时的参考夹紧力；θ_{L} 和 F_{L} 分别是卸载点 v_{L} 的电机角度和夹紧力。

（2）空行程　仅当电机位移大于空行程（也即到达接触点）时才能建立起夹紧力，因此确定空行程是夹紧力估计和控制的前提。空行程即摩擦片与制动盘间的间隙，随着使用过程中的机械磨损，空行程发生变化。对于没有自动磨损补偿的 EMB 系统，实时估计空行程是夹紧力估计的重要环节。当空行程消除时，摩擦片与制动盘接触，电机负载增加、传动机构的刚度发生突变，因此电机电流、刚度的变化等可用于空行程估计或接触点检测。

接触发生时，状态量的变化与电机的控制方式有关。接触前后电机转矩、转角及其微分的变化（见表 3-4）。表中 T_{m} 为电机的输出转矩，$\dot{\theta}_{m}$ 为电机角速度。到达接触点前电机采取转速控制时，电机转矩用于克服传动机构的恒定摩擦力，故电机转矩微分 $\mathrm{sgn}(\dot{T}_{m}) = 0$；电机转速固定在设定速度时，$\mathrm{sgn}(\ddot{\theta}_{m}) = 0$。到达接触点后，由于产生夹紧力，电机负载力矩增加 $[\mathrm{sgn}(\dot{T}_{m}) = 1]$，电机速度迅速下降 $[\mathrm{sgn}(\ddot{\theta}_{m}) = -1]$。因此可用电机转矩微分和角加速度来判定接触点。

表 3-4　接触前后状态变量的变化

变量	$\mathrm{sgn}(T_{m})$	$\mathrm{sgn}(\dot{T}_{m})$	$\mathrm{sgn}(\dot{\theta}_{m})$	$\mathrm{sgn}(\ddot{\theta}_{m})$
接触前/后	1/1	0/1	1/1	0/−1

（3）**参考夹紧力曲线** 参考夹紧力曲线受摩擦副磨损和温度等因素影响，而磨损和温度在使用过程中动态变化，因而需要对参考夹紧力曲线在线辨识。电机输出转矩与夹紧力的关系可由下式描述：

$$T_{m,x} = F_{cl,x} i_{ms} + J_m \ddot{\theta}_{m,x} + T_{mf,x} \tag{3-39}$$

式中，下标 x 为 A 时，表示加载过程，为 R 时，表示卸载过程；$T_{m,x}$ 为电机输出转矩；$F_{cl,x}$ 为夹紧力；i_{ms} 为从电机轴到摩擦片的总减速比；J_m 为等效到电机轴的转动惯量；$\ddot{\theta}_m$ 为电机角加速度；$T_{mf,x}$ 为减速机构等效到电机转子的摩擦力矩。

式（3-39）中，夹紧力是待估计项，摩擦力是干扰项。经分析可以发现，通过设计未知干扰观测器来估计摩擦力是徒劳的，由观测器的状态方程可知系统是不可观测的。物理上的直观解释是：夹紧力和摩擦力通过相同的途径作用于机械系统，故无法区分夹紧力和摩擦力。考虑如下假设：

1）摩擦力矩 T_{mf} 服从 LuGre 摩擦模型（图3-43），当电机速度在零点附近抖动时，正、反向运动的摩擦力矩近似相等，即 $T_{mf,A} = -T_{mf,R}$。

2）当电机位移在某固定点附近细微抖动时，夹紧力近似不变，即 $F_{cl,A} = F_{cl,R}$。基于所述假设，即可区分摩擦力和夹紧力，并将摩擦力从平衡方程中移除，得到夹紧力估计。

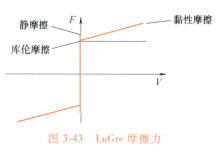

图 3-43 LuGre 摩擦力

夹紧力估计由下式表示：

$$F_{cl,x} = \frac{1}{2i_{ms}}(T_{m,A} + T_{m,R} - J_m \ddot{\theta}_{m\_A} - J_m \ddot{\theta}_{m,R}) \tag{3-40}$$

电机采用如图3-44所示的曲线对 EMB 系统进行加/卸载。加/卸载曲线由两部分构成，即缓慢上升/下降的分量和叠加其上的一个低幅、高频的正弦抖动。图3-44中，左侧上升过程是用于估计加载过程的夹紧力参考曲线，右侧下降过程是用于估计卸载过程的夹紧力参考曲线。

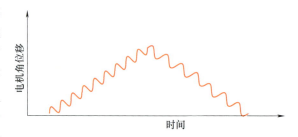

图 3-44 夹紧力估计的电机加/卸载曲线

磨损是一个缓慢过程，参考曲线可采取周期性修正的策略。温度对夹紧力的影响则可用标量系数对参考曲线进行比例缩放来修正。

2. 夹紧力跟踪控制

准确、快速的夹紧力控制是 EMB 控制的重点。典型的夹紧力控制方法有 PID 算法。PID 具有不依赖于对象模型、结构简单、计算量小的优点，但应用于非线性系统时整定困难。为解决参数整定问题，可采用自适应调整控制器参数的方法，比例增益随夹紧力的变化而变化。为解决非线性摩擦力扰动造成的控制稳定性和控制精度的问题，可采用干扰观测器对摩擦力进行估计，利用前馈补偿将非线性系统转变为线性系统。下面主要

介绍两种典型的方法：基于 PID 的夹紧力跟踪控制和基于扰动观测的夹紧力跟踪控制。

（1）基于 PID 的夹紧力跟踪控制　基于 PID 的夹紧力控制器结构如图 3-45 所示。

夹紧力控制器采用内外环结构，外环为夹紧力 PID 控制，输出期望的电机角速度 $\dot{\theta}_{m}^{*}$，由电机控制器控制电机的电压/电流等，使电机跟踪期望速度。夹紧力控制采用基本 PID 算法时，当目标夹紧力大时，夹紧力误差和 $\dot{\theta}_{m}^{*}$ 都很大，因此夹紧力响应速度加快；当目标夹紧力较小时，夹紧力误差小，导致较小的 $\dot{\theta}_{m}^{*}$ 和较慢的夹紧力响应速度。因此，夹紧力 PID 控制器采用自适应 PID 算法，比例增益随目标夹紧力变化，以获得适当的转速响应和夹紧力跟踪性能。

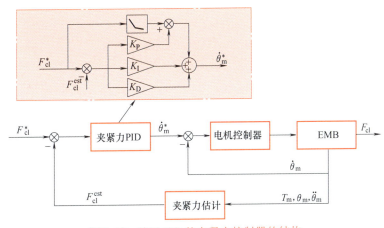

图 3-45　基于 PID 的夹紧力控制器的结构

（2）基于干扰观测的夹紧力跟踪控制　夹紧力跟踪通过控制电机的输出转矩实现，夹紧力与电机转矩的关系为

$$T_{m} = J\ddot{\theta}_{m} + B\dot{\theta}_{m} + i_{ms}K_{cl}\theta_{m} + T_{f} \tag{3-41}$$

式中，K_{cl} 是一个时变参数，描述夹紧力的非线性和迟滞特性；T_{f} 是传动机构中的非线性摩擦力；i_{ms} 是从电机轴到滚珠螺母的传动比。

由式（3-41）可知，控制对象是一个时变非线性系统，这也是 PID 控制器整定困难的原因。基于干扰观测（Disturbance-observer-based，DOB）的控制算法通过观测系统的建模不确定和系统扰动，并对其进行补偿，从而将上述系统线性化。DOB 方法被广泛应用于高精度位置控制，如硬盘驱动器磁头控制。

基于 DOB 的夹紧力跟踪控制系统框架如图 3-46 所示。图中，$G_{p}(z^{-1})$ 是 EMB 机械系统对象模型，具有未知参数和动力学；$G_{n}(z^{-1})$ 是 EMB 机械系统分解出延迟项 z^{-m} 后的名义线性模型；$Q(z^{-1})$ 是低通滤波器；$T_{fb}(k)$、$d(k)$ 和 $n(k)$ 分别是反馈控制输入、干扰力和测量噪声。

由图 3-46 可得到输入分别为 $T_{fb}(k)$、$d(k)$ 和 $n(k)$，输出为 $F_{cl}(k)$ 时的传递函数：

$$G_{F_{cl},T_{fb}} = \frac{G_{p}(z^{-1})G_{n}(z^{-1})}{G_{n}(z^{-1}) + \left[G_{p}(z^{-1}) - G_{n}(z^{-1})z^{-m}\right]Q(z^{-1})} \tag{3-42}$$

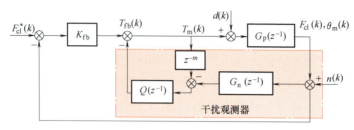

图 3-46　基于 DOB 的夹紧力跟踪控制系统框图

$$G_{F_{cl},d} = \frac{G_p(z^{-1})\,G_n(z^{-1})\,(1-Q(z^{-1})z^{-m})}{G_n(z^{-1})+[\,G_p(z^{-1})-G_n(z^{-1})z^{-m}\,]\,Q(z^{-1})} \tag{3-43}$$

$$G_{F_{cl},n} = \frac{-G_p(z^{-1})\,Q(z^{-1})}{G_n(z^{-1})+[\,G_p(z^{-1})-G_n(z^{-1})z^{-m}\,]\,Q(z^{-1})} \tag{3-44}$$

Q 是低通滤波器，故对于低频信号，$Q(z^{-1})\approx 1$，而对于高频信号，$Q(z^{-1})\approx 0$。同时，若 EMB 机械系统的纯延迟很小，$G_n(z^{-1})\approx G_n(z^{-1})z^{-m}$。上述传递函数在高低频域逼近表 3-5 中所示的形式。

表 3-5　DOB 控制器传递函数的渐近性质

	低频	高频
$G_{F_{cl},T_{fb}}$	$G_n(z^{-1})$	$G_p(z^{-1})$
$G_{F_{cl},d}$	0	$G_p(z^{-1})$
$G_{F_{cl},n}$	-1	0

从表 3-5 可以看出，DOB 控制器具有如下特点：

1）在低频域，控制器类似名义线性模型，干扰 $d(k)$ 被抑制。

2）在高频域，控制器退化为实际的非线性时变模型，测量噪声被削弱了。

第一个特点对于控制器设计特别有用，可以根据名义线性模型设计反馈和前馈控制器，而不用考虑对象模型的不确定和干扰。因此，在外环参考跟踪控制中不需要采用复杂的非线性或自适应算法，简单的线性控制器即可满足控制要求。第二个特点表明，低通滤波器 $Q(z^{-1})$ 的带宽应受限于测量噪声带宽，这也是一个典型的反馈控制器的折衷设计问题。此外，通过将不确定性表示为乘性扰动（见下式），Q 滤波器的设计也与不确定系统的鲁棒稳定性密切相关。

$$G_p(z^{-1}) = G_n^*(z^{-1})[\,1+\Delta(z^{-1})\,] \tag{3-45}$$

式中，$G_n^*(z^{-1})=G_n(z^{-1})z^{-m}$；$\Delta(z^{-1})$ 是模型不确定分量。

系统稳定的充分条件是：

$$|\,\Delta(e^{-j\omega t})\,Q(e^{-j\omega t})\,|<1\;\forall\,\omega \tag{3-46}$$

反馈控制器 K_{fb} 采用 PI 算法，增益和相位裕度等要满足如下要求，以使系统稳定。

$$|\,K_{fb}(e^{j\omega_c t})\,G_n(e^{-j\omega_c t})\,|=1 \tag{3-47}$$

$$\arg[\,K_{\text{fb}}(\,e^{j\omega_c t}\,)\,G_{\text{n}}(\,e^{-j\omega_c t}\,)\,] = PM - \pi \qquad (3\text{-}48)$$

式中，ω_c 为穿越频率；PM 为相位裕度。

3.2.3 线控气压制动控制

EBS 执行控制的主要问题是对名义制动压力的跟踪控制。掌握 EBS 比例继动阀和轴调节器的工作特性，根据其特性设计合理控制策略和控制方法，是 EBS 执行控制设计的基本思路。

1. EBS 比例继动阀控制

（1）比例继动阀的工作特性 EBS 比例继动阀增压时的压力响应如图 3-47a 所示（比例继动阀结构参见图 3-21）。图中，比例阀线圈电流在零时刻由 0A 增加到 0.6A，铁芯在电磁力驱动下移动，消除初始间隙后，推动比例阀阀芯，使继动阀控制气室压力上升。达到平衡压力后，比例阀阀芯及铁芯回退，关闭继动阀控制气室与高压、大气的通道，保持控制气室压力。继动阀控制气室压力推动继动阀活塞移动，消除初始间隙后继续推动继动阀座，使输出气室与大气的通道关闭，与高压气室的通道接通，输出气室压力增加直至达到控制气室压力，继动阀活塞回退，关闭进气通道。由于继动阀活塞的空行程较长，控制死区易引起振荡（继动阀活塞位移振荡），继而产生输出压力抖动。

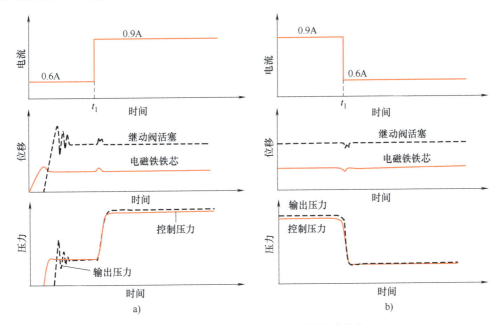

图 3-47 比例继动阀增压和降压的压力响应
a）增压时　b）降压时

电流在 t_1 时刻增加至 0.9A，铁芯离开平衡位置向下移动，推动比例阀阀芯，使控制气室压力增加，直至达到压力平衡，铁芯及比例阀阀芯回退，关闭继动阀控制气室与高压、大气的通道，保持控制气室压力。控制气室压力的增大使得继动阀活塞离开平衡位置，推动继动阀座，打开进气通道，使输出压力增加。由于此前的增压过程消除了继

动阀活塞的空行程，活塞位移的振幅小于初始增加阶段，输出压力的波动较小。

图 3-47b 所示为 EBS 比例继动阀降压时的压力响应。在 t_1 时刻，线圈电流由 0.9A 下降到 0.6A，电磁力减小，铁芯及阀芯在反馈力作用下回退，打开继动阀控制气室的排气通道，控制压力下降，直至达到新的平衡，铁芯及阀芯回到平衡位置，控制气室进气和排气通道均关闭，保持控制气室压力。控制压力下降使得继动阀活塞从平衡位置回退，接通排气通道，输出压力下降，直至达到新的平衡。降压过程中，比例阀和继动阀的初始间隙均为零，故未发生明显的阀芯位移抖动和压力波动。

比例继动阀线圈电流与稳态输出压力的关系是压力控制的基础。图 3-48 所示为试验获得的比例继动阀稳态响应特性。从图中可以看出，在相同线圈电流下，增压过程和降压过程的稳态压力输出有一定偏差，最大达 0.5bar，此为系统的滞回特性。

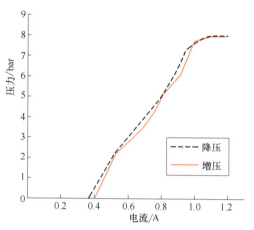

图 3-48　比例继动阀的稳态响应特性

从比例继动阀的压力动态和稳态响应可以得出如下结论：

1）阀芯的初始间隙对压力控制的响应速度和稳定性有重要影响，消除初始间隙可显著减小压力调整过程的波动。

2）比例继动阀稳态压力响应存在一定的滞回特性，是阀动力学系统主要的非线性环节，影响压力控制的稳定性和精度。

（2）迟滞特性补偿　EBS 比例继动阀的初始间隙以及增压/降压的滞回特性，使得比例阀动力学响应具有高度非线性，从而影响压力控制精度和稳定性，可采取迟滞补偿策略来降低迟滞对控制品质的不利影响。逆补偿法是迟滞特性补偿的常用方法，逆补偿法分完全逆补偿和部分逆补偿两种。前者通过精确构造迟滞环的逆模型，以完全消除对象的迟滞特性，使系统变成线性系统或不含迟滞特性的非线性系统。由于需要精确的数学模型反映对象的迟滞，完全逆补偿法在工程中难以实施。部分逆补偿法构造的逆补偿模型只部分地补偿迟滞特性的一个方面，如饱和特性、静态滞回特性，再利用闭环反馈抑制未补偿的部分。

根据对 EBS 比例继动阀压力稳态响应特性的分析，可从两个方面采取补偿措施。

1）针对初始间隙是控制死区，导致响应延迟和抖动的问题，采取死区补偿。消除死区的一个策略是：当驾驶人开始踩下制动踏板（即制动开关动作），即对比例阀施加消除初始间隙的电流，使继动阀活塞移动到与阀座即将接触的位置。制动踏板继续踩下，根据制动力需求增加驱动电流，从而消除初始间隙死区造成的延迟和振荡超调。

2）对比例继动阀的滞环特性进行前馈补偿，即根据增、降压状态和目标制动压力，确定驱动电流的前馈补偿量。对阀的增、降压稳态响应进行线性化，得到：

增压线性方程 $I = k_{inc}p + S_{inc}$，当 $p > p_{max}$ 时，$I = I_1$。

降压线性方程 $I = k_{dec}p + S_{dec}$，当 $p > p_{max}$ 时，$I = I_2$。

（3）制动压力闭环控制 经前馈补偿后，比例继动阀的输入输出稳态响应近似成线性，稳态响应的误差部分及未建模误差可通过反馈控制消除。图 3-49 所示为基于前馈补偿的压力闭环 PID 控制器的结构。

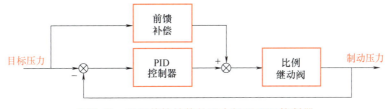

图 3-49　基于前馈补偿的压力闭环 PID 控制器

由于未补偿误差的非线性性，在全压力区间内仅用一组 PID 参数难以达到满意的控制品质。可将整个控制区间分为若干子区间，为每个子区间标定一组 PID 参数，从而实现在全压力区间的稳定、准确的压力控制。

2. EBS 轴调节器控制

（1）EBS 轴调节器响应特性 EBS 轴调节器分为单通道和双通道两种，后者可看作两个单通道的集成。以单通道轴调节器（图 3-50）为例，内部结构包括一个常开的备压阀、一个常闭的增压阀、一个常闭的减压阀以及压力传感器、继动阀等。轴调节器控制器通过 CAN 总线接收名义制动压力信号，通过控制增压阀、减压阀的动作来调节输出压力，并通过安装在出气管口的压力传感器反馈，实现压力闭环控制。

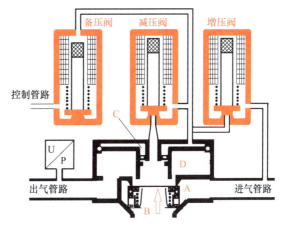

图 3-50　单通道轴调节器

增压过程的压力响应如图 3-51 所示。图中虚线为增压阀的控制信号，可见控制信号到压力开始上升有一个纯延迟环节，即阀的开启滞后，包括电磁开关阀和继动阀的开

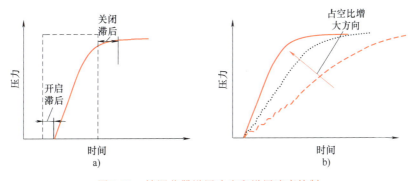

图 3-51　轴调节器增压响应和增压速率控制

a）增压响应　b）增压速率控制

启响应滞后。当阀关闭后，压力继续上升，经过一段时间后（即关闭滞后）不再变化。使用占空比和频率均可变的 PWM 信号驱动增压阀线圈，使增压阀工作在开关控制模式，可以看到，小占空比控制的压力上升速度显著低于大占空比控制的压力响应速度。

减压过程压力响应如图 3-52 所示，图中虚线部分为减压阀的控制信号。同增压过程，减压过程也存在开启滞后和关闭滞后，减压阀关闭后，压力仍继续下降。使用占空比和频率均可变的 PWM 信号驱动减压阀线圈，可得到不同的减压速率。另外增压和减压曲线在增/减压的前部分呈显著阶梯状，这是由于阀工作在开关模式造成的，且在前半段的压力变化速率大，压力的波动更加凸显。

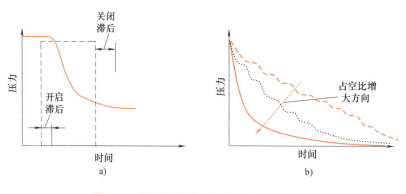

图 3-52　轴调节器减压响应和减压速率控制
a）减压响应　b）减压速率控制

（2）EBS 轴调节器压力控制　EBS 轴调节器根据目标压力，控制增压阀、减压阀和备压阀，实现输出压力跟随目标压力。简单实用的控制方法有门限逻辑算法：

1）当输出压力大于目标压力上限时，开启减压阀，关闭增压阀。

2）当输出压力小于目标压力下限时，开启增压阀，关闭减压阀。

通过上述方法，可将输出压力控制在目标值的上下限区间内。门限逻辑的优点是控制参数少，整定简单，鲁棒性强。其缺点也很明显：压力值只能控制在一个区间内，控制精度低，压力振荡影响制动舒适性。

针对门限逻辑算法存在的问题，另一种方案是门限逻辑和 PID 联合控制。基本思路为：

1）当实际压力在目标压力的上下限区间之外时，采取门限逻辑控制，通过快速增压/减压，使压力响应快速进入目标压力的上下限区间。

2）当实际压力在目标压力的上下限区间内时，采用 PID 控制，通过调节 PWM 的周期和占空比，实现分段式慢增/减压，以达到减小压力跟踪误差和避免压力超调振荡的目的。

3.3　线控制动电控系统

本节以助力型 EHB 和 EBS 为例，介绍线控制动电控系统的基本构成。

3.3.1 助力型 EHB 电控系统

图 3-53 所示为电动助力型 EHB 电控系统的基本结构，由制动踏板位移传感器、位移差传感器、助力电机和 ECU 等构成。ECU 根据制动踏板传感器检测驾驶人的主缸推杆位移及制动意图，由标定的凸起量-推杆位移控制率确定助力阀与推杆的基本位移差，再结合制动工况（如紧急制动、能量回馈等）对位移差进行修正，得到目标位移差。由位移差传感器检测实际的位移差，控制助力电机推动助力阀实现位置闭环控制。位移差传感器是助力型 EHB 的基本输入之一，其结构示意如图 3-53a 所示。在踏板输入轴上安装一个平行于轴向的两极永磁体，在助力阀对应位置上安装线性霍尔传感器，利用磁场传感器三个轴上的磁感应强度分量计算传感器与永磁体的相对轴向距离。助力电机通常采用低压 BLDCM 和 PMSM，并提供转子位置反馈给 ECU，ECU 根据转子位置和电流反馈，计算控制三相输出的 PWM 信号。BLDCM 的驱动控制参见 2.3.2 节，PMSM 的驱动控制参见 4.3 节。

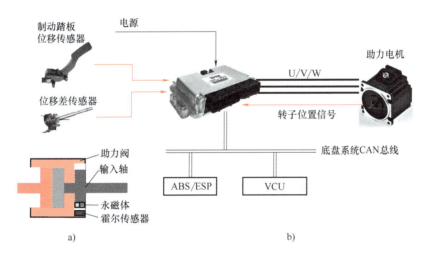

图 3-53 电动助力型 EHB 电控系统结构

3.3.2 EBS 电控系统

图 3-54 所示为四传感器、四通道 EBS 电控系统的基本结构。EBS 电控系统由主控 ECU、前桥单通道调节器、后桥双通道调节器、ABS 阀、轮速传感器、衬片磨损传感器、制动脚阀、ESP 模块、挂车控制阀、转向盘角度传感器等构成。主控 ECU 控制和监视整个 EBS 的工作，从制动脚阀获取驾驶人的制动意图（踏板位移），或根据其他外部控制器（如 AEB）的减速请求确定车辆的标称减速度，计算名义制动压力，向前、后桥调节器发送名义压力信号。前、后桥调节器通过压力反馈、闭环控制产生设定的表压力输出，采集轮速信号，并将轮速信号发送至主控 ECU。主控 ECU 根据反馈的轮速信号执行 ABS 控制逻辑，控制前桥 ABS 阀动作，调节前轮制动气室压力。后桥调节器则直接执行 ABS 控制逻辑，独立调节左、右制动气室的压力。主控 ECU 通过 CAN 总线

与 ESP 模块（内含横摆角速度和侧向加速度传感器）、转向盘角度传感器通信，获取车辆动力学状态，执行 ESP 控制逻辑，向桥调节器发送目标制动压力指令，结合 ABS 阀控制，在各车轮制动气室产生期望的制动压力。

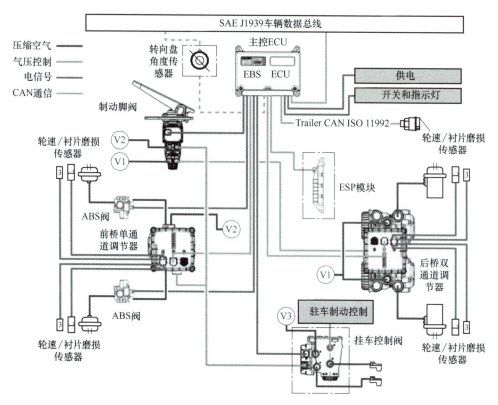

图 3-54　四传感器、四通道 EBS 电控系统结构（见彩图）

图 3-55 所示为双通道轴调节器电控系统，由轴调节器 ECU、输出压力传感器和两组共六个电磁开关阀构成，每组电磁阀含一个增压阀、减压阀和备压阀。单通道轴调节器 ECU 仅执行主控 ECU 的名义压力指令，双通道轴调节器还具有完整的 ABS 控制逻辑。

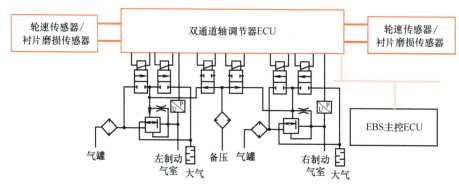

图 3-55　双通道轴调节器电控系统结构

3.4.1 危害分析与风险评估

1. 失效模式与影响分析

将线控制动系统分为传感、控制、执行、电源和通信五个功能模块，对五个模块进行 FMEA。分析各模块潜在失效后果导致的危害，得出以下几种有害的潜在失效后果。

1）失去制动能力：不能响应驾驶人（或智能驾驶系统）的制动请求并产生制动力。

2）非预期制动：制动力与驾驶人（或智能驾驶系统）的意图不一致，如在无制动请求下产生制动力。

3）制动力过大、过小或滞后：虽然能够按照驾驶人（或智能驾驶系统）意图制动，但制动力幅值与期望值不一致。

线控制动系统各模块潜在部分失效模式、失效后果及失效原因见表3-6。

表 3-6 线控制动系统失效模式与后果

模块	失效模式	失效后果	失效原因
传感	踏板行程、主缸压力传感器失效	失去制动、非预期制动、制动力过大/小等	开路、短路、卡死、漂移、电磁干扰
	电机位置、位移差传感器失效		
	制动压力传感器失效	失去制动、制动力过大/小等	
控制	控制器输出错误信号或无输出	失去制动、非预期制动、制动力过大/小	硬件故障、软件故障、电磁干扰
执行	电机失效	失去制动、制动力过小	电机绕组故障（开路/短路）、机械故障
	阀失效	失去制动、非预期制动、制动力过大/小等	阀芯卡滞、复位弹簧断裂、线圈开路、短路
通信	节点故障	失去制动、非预期制动	总线驱动器故障
	链路故障		线路开路、短路,总线被侵入、电磁干扰
电源	电源失效	失去制动	电源断路、短路、电源电压异常引起供电保护

2. ASIL 等级

结合运行场景，对失效后果引起潜在危害的严重度、暴露度和可控性进行评估，确定各失效模式在特定运行场景下的 ASIL 等级。踏板位移传感器失效在各典型场景下潜

在危害的 ASIL 等级见表 3-7。踏板行程传感器失效引起危害的 ASIL 等级取几种运行场景中的最高级——D 级，对应的功能安全目标为避免失去制动、制动力过小和非预期制动。

表 3-7　踏板位移传感器失效的 ASIL 等级

运行场景	失效后果	危害事件	严重度	暴露度	可控性	ASIL 等级
车辆行驶	失去制动	与其他交通参与者、道路设施碰撞	S3	E4	C3	D
高速行驶	制动力过小	与其他交通参与者、道路设施碰撞	S2	E4	C3	C
	制动力过大	引起后车追尾、车辆失稳	S1	E4	C2	A
车辆行驶	非预期制动	引起后车追尾、车辆失稳	S2	E4	C2	B

其他失效模式引起危害事件的 ASIL 等级见表 3-8，所有失效模式的 ASIL 等级均为最高 D 级。

表 3-8　线控制动系统各失效模式引起危害事件的 ASIL 等级

失效模式	ASIL 等级	安全目标
主缸压力传感器失效	D	避免失去制动、非预期制动，制动力过大/小幅度在容限内
电机位置传感器失效	D	
制动压力传感器失效	D	避免失去制动，制动力过大/小幅度在容限内
控制器输出错误或无输出	D	避免失去制动、非预期制动，制动力过大/小幅度在容限内
电机失效	D	避免失去制动，制动力过小的幅度在容限内
阀失效	D	避免失去制动、非预期制动，制动力过大/小幅度在容限内
节点故障和链路故障	D	避免失去制动、非预期制动
电源失效	D	避免失去制动

3.4.2　冗余设计

线控制动系统的冗余设计包括机械备份冗余、制动单元冗余、应急制动冗余、电源冗余以及传感器冗余、电机（阀）冗余、控制器冗余等多种技术手段，电机（阀）冗余和控制器冗余在 EHB 和 EBS 技术方案中不常见，当线控制动的执行器或控制器发生失效时，多采用机械备份或冗余的全功能制动单元作为故障避免措施。

1. 机械备份

对于 L2 级及以下智能驾驶应用，线控制动系统均具有机械备份回路，提供失效安全的安全状态。在 Two-Box 构型的线控液压制动系统中，如 iBooster 等助力型制动系统，由主缸提供行车制动压力，在制动踏板与主缸活塞之间保留机械连接。当助力失效时，驾驶人通过踏板、踏板推杆推动活塞在主缸产生制动压力，实现机械备份。在 One-Box 构型的解耦型线控液压制动系统中，保留了制动主缸与主动建压模块间的液压回路冗余（参见图 3-11），通过两个常开阀控制主缸制动液进入制动轮缸。当主动增压单元失效后，阀 1～阀 5 断电，常开阀 2、阀 3 为接通状态，常闭阀 1、阀 4 和阀 5 为关闭状态，驾驶人通过踏板推动主缸活塞，制动液经由阀 2 和阀 3 等进入制动轮缸，产生制动力。根据国标 GB 13594—2003《机动车和挂车防抱制动性能和试验方法》的要求，机械备份要保证驾驶人施加 500N 踏板力时能产生 $2.44\mathrm{m/s^2}$ 的减速度。

2. 制动单元冗余

为满足 L3 及以上的智能驾驶应用的功能安全要求，One-Box 构型的 EHB 需要搭配独立的冗余制动单元（Redundant Brake Unit，RBU）。One-Box 与 RBU 的制动管路连接如图 3-56 所示，制动主缸两个腔的制动液经 RBU 内部的阀接入主动建压模块。在正常情况下，阀 1～阀 5 全部上电，常开阀 2 和阀 3 关闭，常闭阀 1、阀 4 和阀 5 接通，One-Box 响应制动系统上层的制动请求，主动建压模块中的电机推动活塞，将制动液通过阀 4 和阀 5 推入轮缸完成建压。当 One-Box 系统故障时，系统进入制动备份模式，阀 1～阀 5 全部断电，阀 2 和阀 3 打开，阀 1、阀 4 和阀 5 关闭，RBU 中的电动泵工作，将制动主缸中的制动液增压后通过阀 2 和阀 3 推入轮缸实现制动。

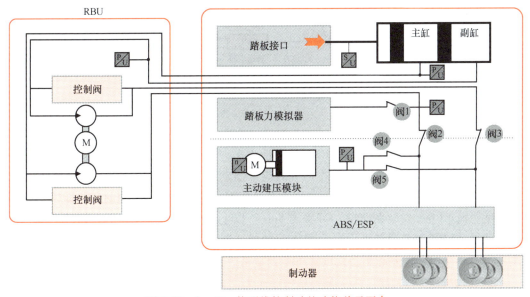

图 3-56　One-Box 构型线控制动的功能单元冗余

助力型线控液压制动系统采用 eBooster+ESP 组合的 Two-Box 构型。该组合方案除了实现基本的制动助力、ABS/TCS/ESP、制动能量回收等功能，ESP 还可实现制动冗余，

以提供智能驾驶应用要求的失效降级的安全状态。在 Two-Box 构型中，ESP 和 eBooster 共用一套制动油壶、制动主缸和制动管路。正常模式下，eBooster 助力电机推动主缸活塞，使制动液进入 ESP 模块，经 ESP 的压力调节阀进入轮缸，建立制动压力。当 eBooster 失效时，与 ESP 的工作过程一致，ESP 泵将制动液从主缸泵入轮缸，建立制动压力。eBooster 具有比 ESP 更快的响应速度，在组合中 eBooster 是主要制动执行器。ESP 与 eBooster 的控制协调通过集成于 ESP 中的液压制动失效补偿（Hydraulic Brake Failure Compensation，HBFC）功能实现，以满足法规规定的不小于 $6.43\mathrm{m/s^2}$ 制动减速要求。HBFC 的功能逻辑如图 3-57 所示。eBooster 具有故障检测与诊断能力，当检测出无法完成助力时，即关闭自身的助力功能，向 ESP 发出 HBFC 请求。ESP 收到 HBFC 请求后，激活 HBFC 功能，检测制动主缸压力，确定目标制动压力，通过 ESP 内部集成的电动泵和压力调节阀实现制动压力产生与控制。通过标定 HBFC 的助力特性，保证驾驶人施加 500N 的制动力时，制动系统提供不小于 $6.43\mathrm{m/s^2}$ 的减速度。自动驾驶激活时，ESP 作为备份制动器，在 eBooster 制动失效后，提供主动制动功能。

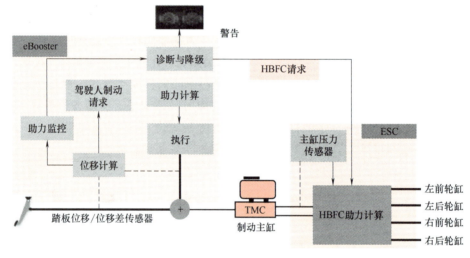

图 3-57　HBFC 功能逻辑

3. 应急制动冗余

对于装备独立电子驻车制动 EPB 的电动汽车，EPB 和驱动电机可作为线控制动双点失效（即主制动和冗余备份失效）后的应急制动。EPB 的响应速度相对较低，而驱动电机具有转矩响应快和控制精度高的优点。高速时驱动电机再生制动只能提供较低的减速度，而 EPB（安装在前轮）可实现 $5\mathrm{m/s^2}$ 以上的制动减速度。EPB 和驱动电机具有互补性，EPB 和驱动电机同时作用于前轴时，通过合理地分配制动力矩，制动响应速度、滑移率控制误差和制动强度等可得到显著改善。

4. 电源冗余

电源是线控系统中较为薄弱、失效概率较高的部分，供电线路的短路、断路及供电调理电路故障等均会造成电源失效，常采用多路冗余供电解决电源可靠性问题。以 EMB 为例，电源冗余方式有双低压蓄电池 X 型冗余供电、H 型冗余供电、全冗余供电

以及高低压共同 X 型冗余供电等多种拓扑结构，如图 3-58 所示。为进一步提高供电安全，也有采用超级电容器解决局部、短时备份电源失效问题。备份电源由低压蓄电池、DC/DC 变换器、超级电容器构成，DC/DC 变换器用于将蓄电池低压升压至 48V 给超级电容器充电。当备份电源短时跌落时，由超级电容器向 EMB 执行控制器供电。

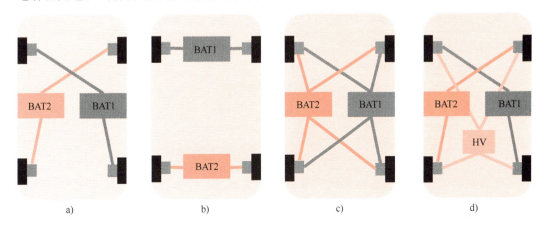

图 3-58　EMB 电源冗余拓扑

a）X 型冗余供电　b）H 型冗余供电　c）全冗余供电　d）高低压共同 X 型冗余供电

3.4.3　故障诊断与容错控制

根据表 3-6 对线控制动系统失效模式的总结，线控制动系统的失效部分有传感器、控制器、执行部件（电机和阀）、通信以及电源等。控制器及电机的故障诊断方法见 2.4.3 节，本节主要介绍与线控制动相关的传感器和阀的故障诊断及容错技术。

1. 传感器故障诊断与容错控制

（1）踏板行程和主缸压力传感器故障诊断与容错　踏板行程与主缸压力间存在非线性的正相关性，故踏板行程与主缸压力间存在简单、完备的冗余信息。建立踏板位移与主缸压力间的多项式回归模型，将踏板位移转换为对应的主缸估计压力，计算实际压力与估计压力的残差，通过残差对踏板行程与主缸压力传感器进行故障诊断。

踏板位移传感器有两路输出信号，分别为主通道和副通道。由两路踏板位移信息分别估计主缸压力，得到 P_{MAIN} 和 P_{AUX}，再结合主缸压力传感器测量值 P_{MC} 来计算三路信号两两间残差：

$$\begin{cases} \Delta_1 = P_{MAIN} - P_{AUX} \\ \Delta_2 = P_{MAIN} - P_{MC} \\ \Delta_3 = P_{AUX} - P_{MC} \end{cases} \tag{3-49}$$

通过三个残差的统计均值和方差对传感器进行诊断。当传感器正常工作时，各残差满足均值为 0，方差为 σ^2 的正态分布。当出现传感器故障时，与之相关的残差发生变化，残差均值和方差将偏离正常时的数值。建立以均值和方差为评价依据的评价函数：

$$J_i = K_\mu \mu_i^2 + K_\sigma \sigma_i^2 \quad (i = 1, 2, 3) \tag{3-50}$$

式中，μ_i 和 σ_i 分别为残差 Δ_i 的均值和标准差。经试验确定合适的均值系数 K_μ、方差系数 K_σ 和评价函数阈值。当 J_i 小于阈值时，该残差为正常状态，若传感器发生故障，造成对应残差的评价函数大于阈值，可结合表 3-9 中的判断逻辑，确定发生故障的传感器。

表 3-9 踏板行程和主缸压力传感器故障诊断逻辑

序号	残差评价函数状态	传感器故障状态
1	J_1,J_2,J_3 均未超过阈值	无传感器故障
2	J_1,J_2 超过阈值	主通道故障
3	J_1,J_3 超过阈值	副通道故障
4	J_2,J_3 超过阈值	主缸压力传感器故障
5	J_1,J_2,J_3 均超过阈值	两个及以上传感器故障

配备制动踏板的线控动系统一般具有机械备份，传感器故障时的容错控制策略如下：

1）一个传感器故障时，利用冗余信息仍可以正确获取驾驶人意图，线控制动系统正常工作，仅发出错误报警。

2）两个及以上传感器故障时，线控制动无法正常工作，转为机械备份状态，发出错误报警。

（2）伺服主缸压力传感器故障诊断与容错 可通过两种冗余关系（即转矩平衡、压力位置关系）检查信号一致性，实现主动建压模块伺服主缸压力传感器故障检测。转矩平衡方程可描述为

$$(J_m+i_{ms}^2 m_s)\ddot{\theta}_m+(B_m+B_s i_{ms}^2)\dot{\theta}_m+i_{ms}p_s A_s+T(\dot{\theta}_m,p_s)=T_m \tag{3-51}$$

式中，J_m 为旋转部件等效到电机轴上的惯量；B_m、θ_m、T_m 分别为电机阻尼系数、转子角位移和输出转矩；i_{ms} 为减速比；B_s、p_s、A_s 分别为伺服主缸阻尼系数、压力和活塞截面积。

式（3-51）左侧第一部分为惯性力矩 T_{in}，第二部分为阻尼力矩 T_c，第三部分为负载力矩 T_l，$T(\dot{\theta}_m,p_s)$ 用幅值为 T_{cmf} 的库仑摩擦描述，转矩平衡残差 r_{tb} 可表示为

$$r_{tb}=\begin{cases}T_m-T_{in}-T_c-T_l-T_{cmf}\text{sgn}(\dot{\theta}_m) & |\dot{\theta}_m|>\varepsilon \\ 0 & 其他\end{cases} \tag{3-52}$$

式中，ε 取较小幅值，以指示电机运动。

设置残差阈值为 H_{tb}，用于描述转矩平衡方程中各转矩分量的不确定建模误差。当 $|r_{tb}|>H_{tb}$ 时，转矩平衡残差异常。

伺服主缸压力与电机输出位移呈正相关性（图 3-59）。通过建立伺服主缸与电机位移的拟合模型 $P(\theta_m)$，计算传感器测量值 p_s 与基于位置关系的预测值 $P(\theta_m)$ 间的残差 $r_{\theta p}$，有

$$r_{\theta p}=p_s-P(\theta_m) \tag{3-53}$$

设置残差阈值为 $H_{\theta p}$，$H_{\theta p}$ 描述了拟合模型 $P(\theta_m)$ 的不确定建模误差。当 $|r_{\theta p}|>H_{\theta p}$ 时，残差异常。仅压力传感器故障时（即电机电流传感器和位置传感器正常时），转矩平衡残差和压力位置关系残差均异常。

伺服主缸压力传感器失效后，采取的容错措施是利用模型 $P(\theta_m)$ 估计主缸压力。由于 $P(\theta_m)$ 在整个寿命周期内会发生显著变化，且受环境

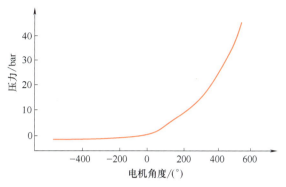

图 3-59　电机输出位移与伺服缸压力关系

因素（如温度）的影响，通常采用自适应估计手段，在压力传感器健康工作时调整压力位置特性关系。当消除位移死区 θ_{m0}（死区描述见图 3-37）后，压力位置关系可用三次多项式描述：

$$P(\theta_m)=\begin{bmatrix}\theta^3 & \theta^2 & \theta\end{bmatrix}\begin{bmatrix}a_3 \\ a_2 \\ a_1\end{bmatrix} \tag{3-54}$$

式中，$\theta=\theta_m-\theta_{m0}$，参数矢量 $\boldsymbol{a}=\begin{bmatrix}a_3 & a_2 & a_1\end{bmatrix}^T$ 可应用最小二乘估计辨识。在实际应用时存在一个问题：为获得可靠的估计值 $\hat{\boldsymbol{a}}$，需要在整个工作压力区间内持续激励，若制动系统长时间工作在一个小的压力区间，会导致在这个区间内过拟合。车辆在日常驾驶时主要涉及低强度制动，因此这个不足对道路车辆是常见的。一个实用的解决方案是：将整个工作范围均匀分成 n 个区间，如图 3-60 所示，分为 b_1，b_2，$\cdots$，b_n 个区间。将时刻 k 新采集到的数据 $q_k=(\theta_k,\ P_k)$ 归入所对应的区间 b_j，并更新对应区间的均值 $\bar{q}_{j,k}$

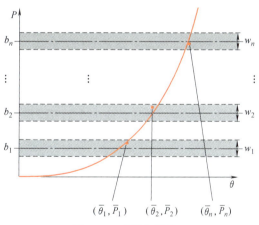

图 3-60　采样数据分区

$$\bar{q}_{j,k}=\begin{cases}\rho\bar{q}_{j,k-1}+(1-\rho)q_k & 若 q_k 属于区间 b_j \\ \bar{q}_{j,k-1} & 否则\end{cases} \tag{3-55}$$

式中，$\bar{q}_{j,k}=(\bar{\theta}_{j,k},\ \bar{P}_{j,k})$ 表示在 k 时刻区间 b_j 的均值 $\bar{q}_j$；ρ 是遗忘因子。

从式（3-55）可知，$\bar{q}_{j,k}$ 是归属于 b_j 区间的测量数据集的凸组合，且位于测量数据集的凸包内。这意味着在无噪声测量条件下，当区间宽度足够小或区间内拟合曲线的曲率相对较小时，$\bar{q}_{j,k}$ 将位于拟合曲线附近。

最小二乘估计的参数矢量 $\hat{\boldsymbol{a}}$ 由下式得到：

$$\hat{a} = \boldsymbol{\Phi}^{+} Y \qquad (3\text{-}56)$$

式中，$Y = \begin{pmatrix} \overline{P}_1 \\ \vdots \\ \overline{P}_{n_b} \end{pmatrix}$；$\boldsymbol{\Phi}^{+}$ 表示 $\boldsymbol{\Phi}$ 的 Moore-Penrose 伪逆，$\boldsymbol{\Phi} = \begin{pmatrix} \phi(\theta_1) \\ \vdots \\ \phi(\theta_n) \end{pmatrix} = \begin{pmatrix} \overline{\theta}_1^3 & \overline{\theta}_1^2 & \overline{\theta}_1 \\ \vdots & \vdots & \vdots \\ \overline{\theta}_n^3 & \overline{\theta}_n^2 & \overline{\theta}_n \end{pmatrix}$。

2. 阀故障诊断

电磁阀主要故障包括线圈失效（短路或断路）、铁芯卡滞和复位弹簧断裂等。线圈的短路和断路故障可通过线圈电流幅值进行诊断：短路时电流幅值远超正常电流，断路时电流为零。电磁阀的机械故障则需要采取更加复杂的诊断手段。

图 3-61 所示为电磁阀的等效电路，由一个电源和具有非线性磁路的线圈储能单元构成。建立电压平衡方程，有

$$U_0 = (R_i + R_L)i + \frac{\mathrm{d}\psi(i,x)}{\mathrm{d}t} \qquad (3\text{-}57)$$

式中，ψ 为磁通量；i 为线圈电流；x 为铁芯位置。磁通量变化率可进一步分解为两个部分，即

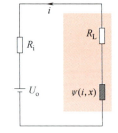

$$\frac{\mathrm{d}\psi(i,x)}{\mathrm{d}t} = \frac{\partial\psi(i,x)}{\mathrm{d}i}\frac{\mathrm{d}i}{\mathrm{d}t} + \frac{\partial\psi(i,x)}{\mathrm{d}x}\frac{\mathrm{d}x}{\mathrm{d}t} = u_i + u_x \qquad (3\text{-}58)$$

图 3-61　电磁阀等效电路

式中，u_i 为由电流变化感应的电压；u_x 为由铁芯运动感应的电压，即铁芯运动过程中，磁路气隙减小，磁阻变小，磁通量增加，感应出反电动势。

图 3-62 所示为电磁阀在正常和失效工况下的电流响应。下面分几种工况分析电流在时域上的变化规律。

（1）电磁阀正常工作　上电后电流较快上升，当电磁力大于弹簧复位力时，铁芯开始移动，u_x 开始增加，使电流上升速率由正转成负。铁芯到达极限位置（$\mathrm{d}x/\mathrm{d}t \to 0$）或气隙不再变化（$\partial\psi(i,x)/\mathrm{d}x \to 0$）后，电流继续以指数变化规律上升。

（2）铁芯轻微卡滞　上电后电流快速上升，由于铁芯卡滞，增加了克服阻力开始移动所需的电磁力。相比正常工况，线圈电流达到更大值后，铁芯开始移动，此后电流变化规律与正常工况基本一致。

（3）铁芯完全卡滞　当铁芯完全卡滞时，$u_x = 0$，电流呈指数上升，在上升过程中观测不到电流跌落的情况。

（4）复位弹簧断裂　复位弹簧断裂后，弹簧复位力消失，产生铁芯运动的初始电磁力及电流降低。由于阻力降低，铁芯到达极限位置的时间提前。

利用不同故障模式时电流信号上的差异，可采用基于信号的方法，通过观测线圈电流变化速率的负波峰及发生时间判断故障模式。正常工作时，电流变化速率将出现一个显著的负波峰；铁芯完全卡死时，电流变化速率不会出现负波峰；轻微卡死时，阻滞力使铁芯爬行，此时出现多个负波峰；复位弹簧断裂时，负波峰明显提前，且幅值较小。

基于信号的方法的一个明显不足是容易受噪声干扰，导致误判。基于数据驱动的方法，如 BP 神经网络、多层感知器 MLP、卷积神经网络 CNN、长短记忆网络 LSTM 等可

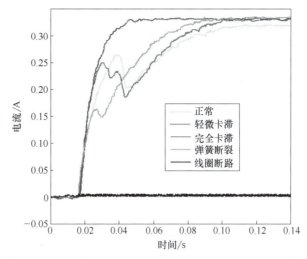

图 3-62 电磁阀在正常和失效工况下的电流响应（见彩图）

有效用于故障模式分类问题，且对噪声不敏感。利用特征提取将高维数据转化为信息含量相等的低维数据，以降低数据驱动方法分类问题的复杂度。将时/频域特征提取和机器学习方法结合进行故障诊断是工程中常用方法。例如，利用小波包分解从时/频域提取特征信号，将各个子频带的能量占比作为信号的特征向量，并将特征向量作为分类器的输入，利用 BP 神经网络实现对故障模式的分类。

<h1 style="text-align:center">参 考 文 献</h1>

［1］ 张学思. 集成式制动系统压力控制策略研究［D］. 长春：吉林大学，2023.

［2］ 王晨光. 车用电子制动助力器的设计和实验研究［D］. 秦皇岛：燕山大学，2022.

［3］ 王景天. 乘用车新型电子机械制动助力器变助力特性研究［D］. 长春：吉林大学，2020.

［4］ 吴健. 制动系电动助力器助力策略的研究［D］. 广州：华南理工大学，2017.

［5］ 周仕仕. 电动制动助力系统的摩擦力补偿方法研究［D］. 重庆：重庆大学，2020.

［6］ 梁土强. 集成式电液制动系统设计与压力控制方法研究［D］. 广州：华南理工大学，2018.

［7］ 柴晓东. 电动助力制动系统助力算法的研究［D］. 秦皇岛：燕山大学，2020.

［8］ 赵思傑. 集成式电液制动系统压力控制与再生制动应用研究［D］. 广州：华南理工大学，2021.

［9］ 潘宁. 紧凑型电液制动系统关键技术研究［D］. 北京：清华大学，2016.

［10］ 王冰. 集成式电液制动系统压力控制方法研究［D］. 广州：华南理工大学，2021.

［11］ 张奇祥. 面向智能驾驶的集成式线控液压制动系统控制策略研究［D］. 长春：吉林大学，2022.

［12］ DYAR L R，AKITA Y，PAUL S，et al. Development of advanced braking system for hybrid sports cars［J/OL］. SAE International Journal of Passenger Cars-Mechanical Systems，2016，9（3）：1151-1156.

［13］ 张奇祥，靳立强，靳博豪，等. EMB 夹紧力控制与传感器故障诊断研究进展［J］. 汽车工程，2022，44（5）：736-755.

［14］ 程洁，郑凯，秦嘉. 面向智能车辆的 EMB 功能安全分析及应用设计［J/OL］. 汽车安全与节

能学报，2023，14（1）：69-79.

［15］ 赵一博. 电子机械制动系统执行机构的研究与开发［D/OL］. 北京：清华大学，2010.

［16］ LI Y, SHIM T, SHIN D H, et al. Control system design for electromechanical brake system using novel clamping force model and estimator［J/OL］. IEEE Transactions on Vehicular Technology, 2021, 70（9）：8653-8668.

［17］ JO C H, LEE S M, SONG H L, et al. Design and control of an upper-wedge-type electronic brake［J/OL］. Proceedings of the Institution of Mechanical Engineers, Part D：Journal of Automobile Engineering, 2010, 224（11）：1393-1405.

［18］ JO C, HWANG S, KIM H. Clamping-force control for electromechanical brake［J/OL］. IEEE Transactions on Vehicular Technology, 2010, 59（7）：3205-3212.

［19］ LI C, ZHUO G, TANG C, et al. A Review of electro-mechanical brake（EMB）system：structure, control and application［J/OL］. Sustainability（Switzerland）, 2023, 15（5）.

［20］ 夏鹏飞. 汽车电子机械制动执行系统容错控制研究［D］. 长春：吉林大学，2012.

［21］ YU L, MA L, SONG J, et al. Magnetorheological and wedge mechanism-based brake-by-wire system with self-Energizing and self-Powered capability by brake energy harvesting［J/OL］. IEEE/ASME Transactions on Mechatronics, 2016, 21（5）：2568-2580.

［22］ 杨岩松. 基于锲形传动的电子机械线控制动系统的研究与设计［D］. 广州：华南理工大学，2020.

［23］ 左斌. 汽车电子机械制动（EMB）控制系统关键技术研究［D］. 杭州：浙江大学，2014.

［24］ 石求军. 基于车辆状态参数估计的商用车气压电子制动主动安全控制策略研究［D］. 长春：吉林大学，2021.

［25］ 曲辅凡. 线控气压复合制动系统控制及硬件在环仿真研究［D］. 哈尔滨：哈尔滨工业大学，2017.

［26］ 寇胜伟. 基于差动制动的商用车防侧翻控制研究［D］. 长沙：湖南大学，2017.

［27］ MUENCHHOF M, BECK M, ISERMANN R. Fault-tolerant actuators and drives-structures, fault detection principles and applications［J/OL］. Annual Reviews in Control, 2009, 33（2）：136-148.

［28］ ZHOU D, JI H, HE X, et al. Fault detection and isolation of the brake cylinder system for electric multiple units［J/OL］. IEEE Transactions on Control Systems Technology, 2018, 26（5）：1744-1757.

［29］ 党瑞捷. 集成式电控制动系统传感器故障诊断与容错控制研究［D］. 长春：吉林大学，2023.

［30］ 朱冰，党瑞捷，赵健，等. 智能汽车冗余电控制动系统电流传感器故障容错控制［J］. 中国公路学报，2023，36（4）.

［31］ 康宇. 基于功能安全分析的集成式电控制动系统传感器故障诊断与容错控制［D］. 长春：吉林大学，2022.

［32］ 杨涛. 面向自动驾驶的车辆线控制动系统功能安全研究［D］. 长春：吉林大学，2022.

第4章 线控驱动系统

线控驱动是指驾驶人或智能驾驶系统的转矩/速度指令经电信号传递，动力系统接收指令信号并控制执行器（如发动机、电机等）产生期望转矩或转速输出。广义的线控驱动包括现代所有采用电子节气门的发动机驱动和电驱动。在发动机驱动的车辆结构分类中，动力总成不属于底盘的组成部分。随着电驱动的发展，底盘的结构形式发生了重要变化，电驱动总成与行驶系统集成，成为车桥或车轮的一部分；同时，电驱动系统灵活、快速、准确的转矩控制能力使得电驱动成为影响车辆动力学性能的重要执行器之一，其可利用转矩矢量控制影响车辆横向动力学响应。因此，在最新的一些文献中将线控驱动归属为底盘系统。如无特别说明，本章所指线控驱动即为电驱动。

4.1 线控驱动系统构型

线控驱动构型分为集中式和分布式两种，目前集中驱动在量产车中应用最广。得益于电气部件布置的灵活性，分布式驱动由两个或多个电机独立驱动车轮，取消了差速机构，缩短了传动链长度，同时降低了对单个电机的功率和转矩需求，更有利于系统的集成化、轻量化和模块化设计，是未来发展的方向。

4.1.1 集中式驱动

对于双轴车辆，集中式驱动分为单电机单轴驱动和双电机双轴驱动两种基本构型，如图 4-1 所示。

单电机单轴驱动构型又分为前轴驱动和后轴驱动两种，传动系统包括减速器（或两档变速器）、差速器、半轴等，与发动机驱动相比，取消了离合器、多档变速器等部件。从操纵性和动力性角度，后轴驱动较前轴驱动具有显著优势。目前部分量产电动汽车沿用原发动机动力的整车平台以节省开发成本和缩短开发周期，多采用前轴驱动。后轴驱动多用于中高级电动轿车、跑车及各类客货车。从未来发展趋势看，由于后轴电驱动没有发动机驱动的空间和效率的劣势，后轴驱动将成为电动汽车单电机驱动的主要方式。

从动力性、操纵性、通过性和稳定性的角度，四驱结合了前后驱的优点，具有最优的性能。由于增加了一套驱动系统，四驱动力总成的成本增加，故四驱系统主要应用于

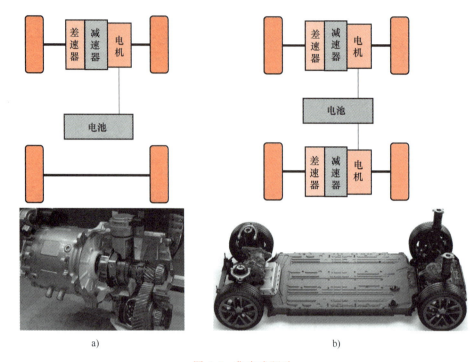

图 4-1　集中式驱动

a）单电机单轴驱动　b）双电机双轴驱动

高性能运动型车辆。同时，双电机四驱系统实现了驱动总成的冗余设计，提高了动力总成的可靠性。

4.1.2　分布式驱动

分布式驱动包括中央双电机、轮边电机、轮毂电机等多种构型。

1. 中央双电机构型

中央双电机是一种典型的分布驱动构型，如图 4-2 所示，两个驱动电机和减速器对称布置在车架上，通过半轴独立驱动两侧车轮。中央双电机构型的簧下质量小，制造技术成熟，但传动系统仍需万向节和半轴，且占用一定的底盘空间，对车内空间设计不利，多用于高性能乘用车或货车。左右车轮独立驱动

图 4-2　中央双电机构型

的优势在于，轮间转速差、动力分配可以灵活控制，通过转矩的合理分配，能改善车辆的转向性能或提供冗余的转向控制手段。

2. 轮边电机构型

轮边电机构型是从集中式到轮毂式的过渡构型。轮边电机与减速器一起安装在车桥上，减速器输出轴直接或通过短半轴驱动车轮。轮边电机构型的优势在于取消了传统的

主减速器、差速器和半轴部件，简化了机械传动，提高了传动效率并降低了自重。图 4-3 所示为用于乘用车和轻型商用车的扭力梁式半独立悬架轮边电驱动桥。该驱动桥将半独立悬架与传动系统集成于一体，左、右轮各有一套紧凑的驱动系统，变速器和电机集成在一个单独的铝制外壳中，并和扭力梁集成在一起。

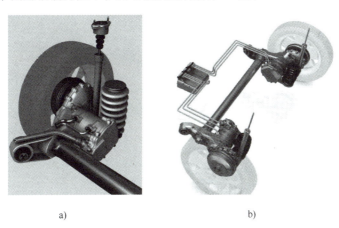

a)　　　　　　　　　　　　　　　b)

图 4-3　扭力梁式半独立悬架轮边电驱动桥
a）乘用车型　b）轻型商用车型

图 4-4 所示为用于商用车的轮边电机桥，在传统桥的基础上取消了桥壳和半轴，驱动电机安装在车轮旁边。该桥是整体刚性桥，采用钢板弹簧、气囊、螺旋弹簧加减振筒等悬架减振形式。

图 4-4　商用车轮边电机桥

3. 轮毂电机构型

轮毂电机构型将动力、传动和制动装置集成在车轮内部，由于取消了半轴、万向节、差速器和减速器等传动部件，提高了空间利用率、传动效率，并且布局更加灵活。根据电机转子的结构形式，电机分为外转子电机和内转子电机。外转子电机是指电机主轴固定，转子和电机外壳一同旋转，而内转子电机是指电机外壳固定，转子和电机主轴一同旋转。图 4-5 所示为外转子轮毂电机，每个轮毂电机都有独立的电机驱动器，并与

电机集成封装于一体。基于轮毂电机，车辆驱动构型可配置成两轮独立驱动、四轮独立驱动等。

a)   b)

图 4-5　外转子轮毂电机

4.2　线控驱动控制

响应驾驶人加速意图的驱动力矩控制是线控驱动的基本控制问题。因电机可工作在制动模式，线控驱动还需考虑与机械制动协调的能量回馈制动问题。对于多轴驱动，需要考虑各种工况下轴间的驱动力分配问题。对于车轮独立驱动，需要考虑轮间的驱动力分配问题以及转向时的电子差速控制问题。分布式驱动提供了独立的车轮驱/制动力控制能力，利用转矩矢量控制可显著改善车辆的操纵性以及在极限工况的稳定性能。

4.2.1　驱动力矩控制

驱动力矩控制是通过采集驾驶人的加速踏板位置信息，并结合车辆状态来计算期望的驱动力矩。车辆的驱动工况分为加速踏板控制工况、蠕行工况、定速巡航工况和跛行工况等。

1. 加速踏板控制工况

加速踏板控制驱动力矩的方法有多种，例如，以踏板位置和车速为输入的驱动力矩MAP，基于踏板变化率的控制，以及由踏板位置确定力矩系数等。其中，由踏板位置确定力矩系数是一种简单实用的方法，利用该方法可以设计若干踏板位置-力矩系数的映射曲线，以此表示不同的驾驶模式对动力的需求，如图4-6所示，其中曲线 a 表示运动模式下的力矩系数，曲线 b 表示常规模式下的力矩系数，曲线 c 表示经济模式下的力矩系数。由当前转速下电机外特性得到最大输出力矩，最大输出力矩与力矩系数的乘积即为当前加速踏板开度下的期望驱动力矩。

2. 蠕行工况

蠕行工况是指驾驶人松开制动踏板且加速踏板未踩下，车辆由静止状态加速到低速蠕行的过程。蠕行工况有利于提高驾驶安全性，如避免坡道溜车、实现低速倒车等，另

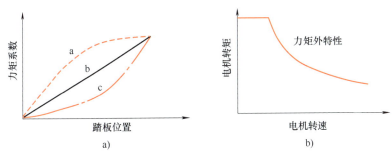

图4-6　踏板位置-力矩系数控制方法

a）力矩系数　b）电机外特性

外也是保持与燃油车一致的驾驶习惯。上坡蠕行时，电机输出力矩应保证车辆不出现严重溜车；下坡蠕行时，电机输出较小或不输出力矩；平路蠕行时，电机输出力矩平缓，不产生明显的冲击。

蠕行工况驱动力矩控制原理如图4-7所示。目标蠕行车速根据标定的车辆蠕行响应特性确定。将目标蠕行车速与当前车速比较得到车速误差，由误差计算目标驱动力矩，并根据设计的最大驻车坡度确定最大蠕行力矩，限制目标驱动力矩的幅值。

图4-7　蠕行工况驱动力矩控制

3. 定速巡航工况

定速巡航通过调节驱动力矩来保持稳定的车速，控制原理如图4-8所示。设定速度经加速度限制后得到目标车速，与当前车速比较得到车速误差，车速误差用于闭环反馈控制，由目标速度与行驶阻力的关系得到基本驱动力控制量，用于前馈控制。

图4-8　定速巡航驱动力矩控制

4. 跛行工况

当车辆系统出现功能或性能故障，或动力电池SOC低于设定阈值时，车辆进入跛行模式。该工况下，驱动力矩的控制方法有三种：限制最大驱动功率、按系数降功率运行和固定功率输出。

4.2.2　能量回馈制动控制

当驾驶人有减速意图时，松开加速踏板，利用行驶阻力滑行减速或踩下制动踏板进行制动。在滑行和踩下制动踏板期间可通过控制驱动系统工作在制动模式实现能量回

收。影响制动能量回馈的因素如下：

1）车辆行驶状态。车速较低时，电机提供的制动力矩大；但车速过低时，电机转速达不到能量回馈的最低转速要求；转速较高时，受功率限制，制动力矩减小。

2）外界环境。路面附着系数低时，制动易发生失稳。环境温度较低时，电池充电效率过低，难以实现高效的制动能量回收。

3）驱动电机特性。电机的外特性决定了各转速下最大的能量回馈制动力。电机工作在恒转矩区时，电机转速与发电功率成正比；工作在恒功率区时，电机的制动力矩与转速成反比。

4）动力电池特性与状态。电池温度过低、过高时，均对充电电流产生限制；电池荷电状态>95%时，也会限制能量回收；电池最大充电功率限制能量回收的功率。

5）驱动构型。单轴驱动车辆，驱动轴上的制动力由机械制动和能量回馈制动提供，在非驱动轴上制动力由机械制动提供。四轮驱动的车辆在前后轴都可以进行制动能量回收，能量回收率要高于单轴驱动的车辆。

1. 滑行期间的能量回馈制动

图 4-9 所示为部分车型采用的滑行能量回收策略。策略 a 采用了较高的滑行制动功率，故滑行期间回收的能量较高，制动踏板使用频率下降，且随着速度增加，制动功率加大。策略 b 是在全部车速范围内采取低制动功率的策略，驾乘人员甚至感受不到制动产生的拖拽。

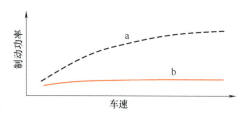

图 4-9　滑行期间的能量回馈制动策略

滑行能量回收对驾驶习惯（相对燃油车）、舒适性以及低附着系数路面的方向稳定性均有一定影响。车辆在不同驾驶模式下应采取不同的滑行能量回收策略，如雪地模式下能量回收功率极低甚至被关闭，以避免能量回馈制动造成车轮抱死。关闭滑行能量回馈制动可带来与燃油车相近的驾驶体验，并且为驾乘人员带来滑行乐趣。另外过高的滑行能量回馈制动可能改变驾驶人的肌肉记忆，使制动踏板的作用被忽略而容易引发安全事故。故对于滑行阶段进行能量回馈制动的问题，设计者和使用者都未达成一致看法。

2. 踩下制动踏板期间的能量回馈制动

制动踏板踩下期间，需要考虑的问题有两点：①轴间制动力分配；②电机制动与机械制动间的制动力分配。

（1）轴间制动力分配　对于燃油车，理想的制动状态是前后轮同时发生抱死，从而充分利用路面附着条件，前、后轴制动力分配关系由图 4-10 中 I 曲线定义。为了在制动过程中具有足够的路面附着利用率并具有一定的方向稳定性，根据 ECE 法规定义了 ECE 法规曲线，ECE 曲线以下部分的前后轴制动力分配点不可取。为防止车辆在制动过程中因后轴抱死而产生侧滑的危险，要求前、后轴制动力分配线总是位于 I 曲线下方和 ECE 法规曲线上方，以及由横轴和 f 线所围成区域范围内。对于单轴驱动车辆，

为提高制动时的能量回收率,应在允许的分配范围内将制动力尽可能地分配到驱动轴,然后再在电机制动与机械制动间进行制动力分配。例如,前轴驱动时,在低制动强度下制动力全部分配到前轴(沿横轴),然后逐渐过渡到 I 曲线。

(2)电机制动与机械制动间的制动力分配 电机制动与机械制动间的制动力分配首先应考虑电机制动功率/力矩的限制,然后尽可能将制动力分配给电机制动。电

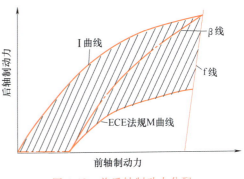

图 4-10 前后轴制动力分配

机制动功率受电池 SOC、电池温度、车速等影响,最大制动力矩受电机外特性及制动功率限制。

图 4-11 所示为串联模式时(线控制动系统类型为完全解耦型,并联模式的线控制动系统类型为助力型)电机制动与机械制动的分配。首先由电池 SOC 状态确定最大制动功率,结合电机的外特性,确定电机在各车速下所能提供的最大制动力矩。当实现目标减速度所需的制动力大于电机能提供的最大制动力时,不足部分由机械制动补足;反之,完全由电机进行制动。在紧急制动时,完全由机械制动。

对于并联模式,先标定在各制动强度下电机制动、前轴机械制动、后轴机械制动的力的分配比例,如图 4-12 所示。当制动强度较低时(<0.1g),电机制动比例为 100%;当制动强度较大时(>0.6g),制动力全部由机械制动提供。电机最大制动力矩满足分配的制动力矩需求时,按确定的比例分配制动力,反之,不足的部分由机械制动补足。

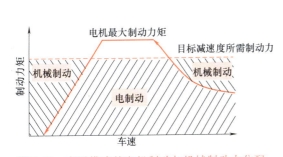

图 4-11 串联模式的电机制动与机械制动力分配

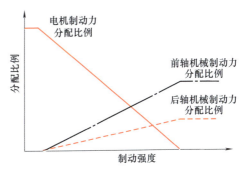

图 4-12 并联模式的制动力分配比例

4.2.3 驱动力轴间分配控制

多轴驱动系统改善了车辆的动力性、通过性、制动能量回收率,并且冗余的驱动轴提高了驱动系统的可靠性,但多轴驱动系统需解决轴间驱动力分配问题。类似制动力分配,轴间驱动力的分配需要考虑前后轴的附着力大小,避免车轮滑转,以提高车辆稳定性。同时,由于电驱动系统的效率随工况变化,驱动力分配影响驱动系统的总效率。

1. 稳定性为目标的分配策略

图 4-13 所示为双轴驱动车辆在驱动工况下的受力图。忽略空气阻力、滚动阻力、旋转部件的惯性，车辆前、后轴的垂向载荷 $F_{z,f}$、$F_{z,r}$ 可分别表示为

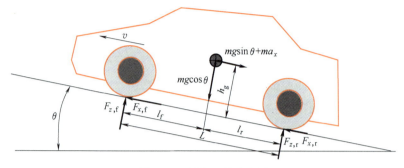

图 4-13　驱动工况受力图

$$\begin{cases} F_{z,f} = mg\left(\dfrac{l_r}{L}\cos\theta - \dfrac{h_g}{L}\sin\theta\right) - m\dfrac{h_g}{L}a_x \\ \\ F_{z,r} = mg\left(\dfrac{l_f}{L}\cos\theta + \dfrac{h_g}{L}\sin\theta\right) + m\dfrac{h_g}{L}a_x \end{cases} \tag{4-1}$$

式中，m 为车辆质量；l_f，l_r 分别为重心到前、后轴的距离；h_g 为重心高度；θ 为坡度；a_x 为车辆纵向加速度。

前/后轴车轮纵向驱动力与前/后轴电机驱动力矩的关系为

$$\begin{cases} T_f = F_{x,f}r \\ T_r = F_{x,r}r \end{cases} \tag{4-2}$$

式中，r 为车轮滚动半径。

纵向驱动力分配系数 λ_s 可表示为

$$\lambda_s = \frac{T_r}{T_f + T_r} = \frac{F_{x,r}}{F_{x,r} + F_{x,f}} \tag{4-3}$$

为充分利用道路附着力并改善车辆稳定性，驱动力分配应使前后轴同时达到附着力极限，即

$$\mu = \frac{F_{x,r}}{F_{z,r}} = \frac{F_{x,f}}{F_{z,f}} \tag{4-4}$$

故驱动力分配系数 λ_s 又可表示为

$$\lambda_s = \frac{F_{x,r}}{F_{x,r} + F_{x,f}} = \frac{F_{z,r}}{F_{z,r} + F_{z,f}} \tag{4-5}$$

将式（4-1）和式（4-2）带入式（4-5），当 θ 较小时，取 $\sin\theta = \theta$，$\cos\theta = 1$，得到

$$\lambda_s = \frac{l_f}{L} + \frac{h_g}{L}\theta + \frac{h_g}{Lg}a_x \tag{4-6}$$

前后轴驱动力分配关系如图 4-14 所示。

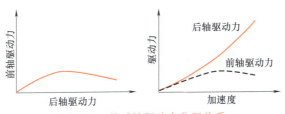

图 4-14　前后轴驱动力分配关系

2. 效率为目标的分配策略

电驱动系统的效率 η 随电机的转速和输出力矩变化，图 4-15 所示为电驱动系统的效率 MAP。如何分配前后轴驱动力矩，降低总的功率消耗以增加车辆续驶里程，是驱动力轴间分配的优化目标之一。驱动力分配系数 λ_e 与总的功率消耗 P_e 关系可表示为

$$P_e = \frac{n_m T_{req}}{9549}\left(\frac{\lambda_e}{\eta_r}+\frac{1-\lambda_e}{\eta_f}\right) \tag{4-7}$$

式中，T_{req} 是驾驶员需求的驱动力；n_m 是电机转速；η_f 和 η_r 分别是前、后轴驱动系统的效率，是关于 n_m、T_{req} 和 λ_e 的非线性函数。

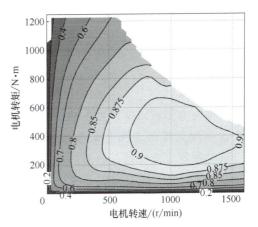

图 4-15　电驱动系统效率 MAP（见彩图）

由此得到优化问题的目标函数和约束条件：

$$\min_{\lambda_e} P_e = \frac{n_m T_{req}}{9549}\left(\frac{\lambda_e}{\eta_r}+\frac{1-\lambda_e}{\eta_f}\right) \tag{4-8}$$

$$s.t. \begin{cases} 0<T_{req}\lambda_e<T_{r,max} \\ 0<T_{req}(1-\lambda_e)<T_{f,max} \end{cases}$$

式中，$T_{f,max}$，$T_{r,max}$ 分别为前、后轴驱动系统所能提供的最大驱动力矩。

可以离线求解优化问题，得到以电机转速 n_m、需求力矩 T_{req} 为输入的 MAP。实时运行时，通过 MAP 插值得到 λ_e。

3. 轴间驱动力分配策略切换

效率为目标的分配策略可延长车辆的续驶里程，稳定性为目标的分配策略可改善车辆在低附着力或强牵引力需求工况下的稳定性。因此，识别车辆的运行工况，是应用合适分配策略的前提。在如下几种工况下，应切换到以稳定性为目标的分配策略。

1）驾驶人需求的驱动力>0.6 倍路面所能提供的纵向附着力。

2）爬坡工况（坡度>5%）。

3）低附着系数（<0.2）路面工况。

4）驱动防滑激活。

为避免切换过程中前、后轴驱动力发生突变，需采取适当的平滑过渡策略。

4.2.4　电子差速控制

分布式驱动取消了左右半轴间的差速器，需要通过控制左右轮驱动电机输出的力

矩/转速，实现转向时的电子差速控制。以两轴车辆为例，根据阿克曼转向解析模型（图4-16），得到转向时四个车轮的理论速度分别为

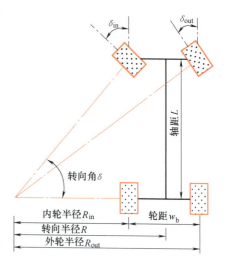

$$v_{in,f} = \left(1 - w_b \frac{\tan\delta}{L}\right)v \qquad (4-9)$$

$$v_{in,r} = \left(1 - 0.5w_b \frac{\tan\delta}{L}\right)v$$

$$v_{out,f} = \left(1 + w_b \frac{\tan\delta}{L}\right)v$$

$$v_{out,r} = \left(1 + 0.5w_b \frac{\tan\delta}{L}\right)v$$

根据阿克曼转向模型可得到每个车轮的理论速度。一种直接的思路是以车轮转速为被控变量，使其跟踪理论轮速，如图4-17所示。需要注

图4-16　阿克曼转向解析模型

意的是，实际的路况总是偏离理想状态，地面不平、车体侧偏、车轮滑转等都会使计算的理论轮速与实际存在偏差，并且多驱动轮之间的控制协调也影响每个车轮的实际速度跟踪误差。速度跟踪误差将导致驱动轮滑转，车辆转向特性发生变化，故基于轮速的电子差速控制主要应用于低速工况。

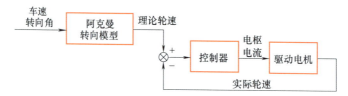

图4-17　以轮速为被控变量的电子差速控制

另一种思路是将车轮滑移率、质心侧偏角、横摆角速度的误差分别、部分或全部作为被控变量，通过调节驱动电机的电枢电流来抑制外部扰动。图4-18所示为以车轮滑移率为被控变量的电子差速控制。以目标转向角、驱动力请求为输入，并结合路面识别结果计算驱动车轮的目标滑移率，与车轮的实际滑移率比较得到滑移率误差，通过控制电机的输出力矩使实际滑移率响应跟踪目标值。

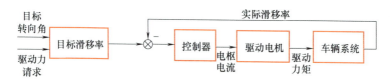

图4-18　以车轮滑移率为被控变量的电子差速控制

以后轮独立驱动为例，内外侧后轮的目标滑移率差可表示为

$$\Delta\lambda^* = \lambda_{in,r}^* - \lambda_{out,r}^* = f(\omega, \delta, v) \qquad (4-10)$$

式中，$\lambda_{in,r}^*$，$\lambda_{out,r}^*$ 分别为内外侧车轮目标滑移率，根据路面状况和驱动力请求首先确定内侧目标滑移率 $\lambda_{in,r}^*$，再由目标滑移率差 $\Delta\lambda^*$ 确定 $\lambda_{out,r}^*$；ω 为车辆横摆角速度；v

为车辆速度；δ 为车辆转向角。

在 $\Delta\lambda^*$ 计算中考虑横摆运动偏差，通过 $\Delta\lambda^*$ 产生不等的内外侧车轮驱动力，使车辆转向响应跟踪期望模型。上述方法需要依赖于路面识别，另一种简单实用的思路是以内外侧车轮的路面附着系数相等为目标来分配驱动力。根据观测的车辆动力学响应，计算车辆簧上和簧下质量在离心力作用下的侧向载荷转移，以及车身侧倾引起的载荷转移，从而得到内外侧车轮的垂向载荷，使内外侧驱动力之比等于垂向载荷之比。该方法实现了基本的转向过程中内外轮转速/转矩的协调控制，对车辆操纵稳定性的改善，则需要通过转矩矢量控制实现。

4.2.5　分布式驱动的转矩矢量控制

分布式驱动可实现各车轮驱动力的独立分配，也即转矩矢量控制。与 ESP 相比，转矩矢量控制可在不改变车辆总驱动力的前提下，通过分配左右轮的驱动力，产生附加的横摆力矩，从而改善车辆的操纵稳定性和过弯机动性。四轮独立驱动的转矩矢量控制原理如图 4-19 所示。横摆角速度和质心侧偏角是车辆操纵稳定控制的基本控制量。其中，横摆角速度可通过陀螺仪直接测量；质心侧偏角难以直接测量，通常由观测的车辆动力学响应间接估计。参考控制量根据车辆的侧向稳定性区间和期望转向特性设定。附加横摆力矩的作用是使车辆的侧向响应处于稳定区间，并跟踪参考控制量。车轮驱动力分配根据轴间驱动力分配结果，分配左右车轮的驱动力，以产生期望的附加横摆力矩。在底层执行层，跟踪分配的驱动力矩，并对车轮的驱动滑转进行控制。

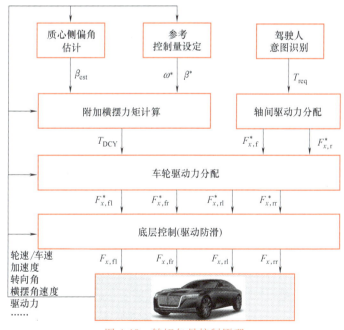

图 4-19　转矩矢量控制原理

1. 质心侧偏角估计

常采用卡尔曼滤波估计车辆质心侧偏角，观测的变量多采用量产车型可以直接获得

的动力学信息，如横摆角速度、纵向/侧向加速度、轮速和车轮驱动力等。本节以四轮驱动车辆为例，介绍质心侧偏角的估计方法。

首先建立三自由度（纵向、侧向和横摆）的车辆模型，如图 4-20 所示。并假设：

1）车辆是在水平面上运动的刚体。

2）转弯半径相对轮距足够大，可近似将前、后轮分别简化为位于前、后轴中心的单个车轮。

3）忽略侧倾动力学和侧向载荷转移。

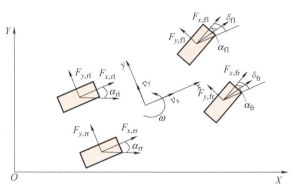

图 4-20　三自由度车辆模型

建立力平衡方程，有

$$\begin{cases} \sum F_x = m(\dot{v}_x - v_y\omega) = F_{x,\mathrm{f}}\cos\delta_\mathrm{f} - F_{y,\mathrm{f}}\sin\delta_\mathrm{f} + F_{x,\mathrm{r}} - F_{\mathrm{res}} \\ \sum F_y = m(\dot{v}_y + v_x\omega) = F_{x,\mathrm{f}}\sin\delta_\mathrm{f} + F_{y,\mathrm{f}}\cos\delta_\mathrm{f} + F_{y,\mathrm{r}} \\ \sum M_z = I_z\dot{\omega} = (F_{x,\mathrm{f}}\sin\delta_\mathrm{f} + F_{y,\mathrm{f}}\cos\delta_\mathrm{f})l_\mathrm{f} - F_{y,\mathrm{r}}l_\mathrm{r} + T_{\mathrm{DCY}} \end{cases} \quad (4\text{-}11)$$

式中，$F_{x,\mathrm{f}}$ 是 $F_{x,\mathrm{fl}}$ 和 $F_{x,\mathrm{fr}}$ 的合力；$F_{y,\mathrm{f}}$ 是 $F_{y,\mathrm{fl}}$ 和 $F_{y,\mathrm{fr}}$ 的合力；$F_{x,\mathrm{r}}$ 是 $F_{x,\mathrm{rl}}$ 和 $F_{x,\mathrm{rr}}$ 的合力，$F_{y,\mathrm{r}}$ 是 $F_{y,\mathrm{rl}}$ 和 $F_{y,\mathrm{rr}}$ 的合力，F_{res} 是滚动阻力和空气阻力的合力。

当 δ_f 较小时，$\sin\delta_\mathrm{f} \approx \delta_\mathrm{f}$，$\cos\delta_\mathrm{f} \approx 1$。侧向力和阻力 F_{res} 可表示为

$$\begin{cases} F_{y,\mathrm{f}} = C_\mathrm{f}\left(\dfrac{v_y + l_\mathrm{f}\omega}{v_x} - \delta_\mathrm{f}\right) \\[2mm] F_{y,\mathrm{r}} = C_\mathrm{r}\left(\dfrac{v_y - l_\mathrm{r}\omega}{v_x}\right) \\[2mm] F_{\mathrm{res}} = f_{\mathrm{roll}}mg + \dfrac{C_\mathrm{D}Av_x^2}{21.15} \end{cases} \quad (4\text{-}12)$$

得到三自由度车辆动力学微分方程：

$$\begin{cases} m\dot{v}_x = mv_y\omega + F_{x,\mathrm{f}} - C_\mathrm{f}\left(\dfrac{v_y + l_\mathrm{f}\omega}{v_x} - \delta_\mathrm{f}\right)\delta_\mathrm{f} + F_{x,\mathrm{r}} - f_{\mathrm{roll}}mg - \dfrac{C_\mathrm{D}Av_x^2}{21.15} \\[3mm] m\dot{v}_y = -mv_x\omega + F_{x,\mathrm{f}}\delta_\mathrm{f} + C_\mathrm{f}\left(\dfrac{v_y + l_\mathrm{f}\omega}{v_x} - \delta_\mathrm{f}\right) + C_\mathrm{r}\left(\dfrac{v_y - l_\mathrm{r}\omega}{v_x}\right) \\[3mm] I_z\dot{\omega} = \left[F_{x,\mathrm{f}}\delta_\mathrm{f} + C_\mathrm{f}\left(\dfrac{v_y + l_\mathrm{f}\omega}{v_x} - \delta_\mathrm{f}\right)\right]l_\mathrm{f} - C_\mathrm{r}\left(\dfrac{v_y - l_\mathrm{r}\omega}{v_x}\right)l_\mathrm{r} + T_{\mathrm{DCY}} \end{cases} \quad (4\text{-}13)$$

取状态变量 $\boldsymbol{X} = [v_x, \ v_y, \ \omega]$，输入变量 $\boldsymbol{u} = [F_{x,\mathrm{f}}, \ F_{x,\mathrm{r}}, \ \delta_\mathrm{f}, \ T_{\mathrm{DCY}}]$，观测变量 $\boldsymbol{Y} = [v_x, \ \omega, \ a_y]$，得到三自由度车辆非线性状态方程：

$$\begin{cases} \dot{\boldsymbol{X}} = f(\boldsymbol{X}, \boldsymbol{u}) \\ \boldsymbol{Y} = h(\boldsymbol{X}, \boldsymbol{u}) \end{cases} \quad (4\text{-}14)$$

式中，

$$f(\boldsymbol{X},\boldsymbol{u}) = \begin{pmatrix} v_y\omega + \dfrac{F_{x,\mathrm{f}}}{m} - \dfrac{C_\mathrm{f}}{m}\left(\dfrac{v_y+l_\mathrm{f}\omega}{v_x}-\delta_\mathrm{f}\right)\delta_\mathrm{f} + \dfrac{F_{x,\mathrm{r}}}{m} - f_{\mathrm{roll}}g - \dfrac{C_\mathrm{D}Av_x^2}{21.15m} \\[3mm] -v_x\omega + \dfrac{C_\mathrm{f}}{m}\left(\dfrac{v_y+l_\mathrm{f}\omega}{v_x}-\delta_\mathrm{f}\right) + \dfrac{C_\mathrm{r}}{m}\left(\dfrac{v_y-l_\mathrm{r}\omega}{v_x}\right) + \dfrac{F_{x,\mathrm{f}}\delta_\mathrm{f}}{m} \\[3mm] \left[F_{x,\mathrm{f}}\delta_\mathrm{f}+C_\mathrm{f}\left(\dfrac{v_y+l_\mathrm{f}\omega}{v_x}-\delta_\mathrm{f}\right)\right]\dfrac{l_\mathrm{f}}{I_z} - C_\mathrm{r}\left(\dfrac{v_y-l_\mathrm{r}\omega}{v_x}\right)\dfrac{l_\mathrm{r}}{I_z} + \dfrac{T_{\mathrm{DCY}}}{I_z} \end{pmatrix}$$

$$h(\boldsymbol{X},\boldsymbol{u}) = \begin{pmatrix} v_x \\[2mm] \omega \\[2mm] \dfrac{C_\mathrm{f}}{m}\left(\dfrac{v_y+l_\mathrm{f}\omega}{v_x}-\delta_\mathrm{f}\right) + \dfrac{C_\mathrm{r}}{m}\left(\dfrac{v_y-l_\mathrm{r}\omega}{v_x}\right) + \dfrac{F_{x,\mathrm{f}}\delta_\mathrm{f}}{m} \end{pmatrix}$$

对其离散化，得到离散状态方程：

$$\begin{cases} \boldsymbol{X}_{k+1} = \boldsymbol{X}_k + f_k(\boldsymbol{X}_k,\boldsymbol{u}_k)T_\mathrm{s} \\ \boldsymbol{Y}_k = h_k(\boldsymbol{X}_k,\boldsymbol{u}_k) \end{cases} \tag{4-15}$$

式中，T_s 是采样周期；下标 k 表示变量在 k 时刻的值。

根据状态方程描述可知状态方程是非线性的，一般采用扩展卡尔曼滤波（Extended Kalman Filter，EKF）估计侧向速度，继而得到质心侧偏角估计。EKF 是将非线性系统通过泰勒展开线性化，再进行标准 KF 的过程预测和观测更新。具体方法可参考相关文献，这里不再赘述。

2. 参考控制量

横摆角速度和质心侧偏角的范围及目标值计算可分别参考 2.2.1 节或 6.2.1 节的方法。

3. 附加横摆力矩

附加横摆力矩控制的目的是使车辆的侧偏角响应和横摆角速度响应跟踪目标参考值。2.2.1 节介绍了不依赖对象模型的 PI 控制器设计方法，本节介绍基于模型预测控制（Model Predictive Control，MPC）的最优附加横摆力矩控制方法。MPC 利用模型预测系统在未来一段时间施加控制输入序列后的响应，构造与跟踪误差和控制输入相关的代价函数，在满足约束条件下求解代价最小的优化问题，从而得到一组最优的控制输入序列。

首先建立系统的动力学方程。以质心侧偏角 β 和横摆角速度 ω 为状态变量，以附加横摆力矩 T_{DCY} 为控制输入，驾驶人输入的前轮转角 δ_f 为干扰项，并忽略纵向力对侧向运动的影响，取 $\tan\beta=v_y/v_x\approx\beta$，得到二自由度线性车辆动力学模型：

$$\begin{pmatrix} \dot{\beta} \\ \dot{\omega} \end{pmatrix} = \begin{pmatrix} \dfrac{C_\mathrm{f}+C_\mathrm{r}}{mv_x} & \dfrac{C_\mathrm{f}l_\mathrm{f}-C_\mathrm{r}l_\mathrm{r}}{mv_x^2}-1 \\[3mm] \dfrac{C_\mathrm{f}l_\mathrm{f}-C_\mathrm{r}l_\mathrm{r}}{I_z} & \dfrac{C_\mathrm{f}l_\mathrm{f}^2+C_\mathrm{r}l_\mathrm{r}^2}{I_zv_x} \end{pmatrix} \begin{pmatrix} \beta \\ \omega \end{pmatrix} + \begin{pmatrix} \dfrac{-C_\mathrm{f}}{mv_x} \\[3mm] \dfrac{-C_\mathrm{f}l_\mathrm{f}}{I_z} \end{pmatrix}\delta_\mathrm{f} + \begin{pmatrix} 0 \\ \dfrac{1}{I_z} \end{pmatrix}T_{\mathrm{DCY}} \tag{4-16}$$

对式（4-16）离散化，得到离散二自由度线性模型：

$$
\begin{pmatrix} \beta \\ \omega \end{pmatrix}_{k+1} = \begin{pmatrix} \dfrac{C_f+C_r}{mv_x}T_s+1 & \left(\dfrac{C_fl_f-C_rl_r}{mv_x^2}-1\right)T_s \\[3mm] \dfrac{C_fl_f-C_rl_r}{I_z}T_s & \dfrac{C_fl_f^2+C_rl_r^2}{I_zv_x}T_s+1 \end{pmatrix} \begin{pmatrix} \beta \\ \omega \end{pmatrix}_k + \begin{pmatrix} \dfrac{-C_f}{mv_x}T_s \\[3mm] \dfrac{-C_fl_f}{I_z}T_s \end{pmatrix} \delta_f(k) + \begin{pmatrix} 0 \\[2mm] \dfrac{T_s}{I_z} \end{pmatrix} T_{DCY} \quad (4\text{-}17)
$$

在实践中，希望 T_{DCY} 变化尽可能小，以免产生剧烈抖动。因此修改式（4-17），将输入量改成 T_{DCY} 的增量 ΔT_{DCY}，即 $u=\Delta T_{DCY}$，相应地，状态变量调整为 $\widetilde{\boldsymbol{x}}=[\beta,\ \omega,\ T_{DCY}]$，观测量 $\widetilde{\boldsymbol{y}}=\widetilde{\boldsymbol{x}}$，式（4-17）改写为

$$
\begin{cases} \widetilde{\boldsymbol{x}}(k+1) = \widetilde{\boldsymbol{A}}\,\widetilde{\boldsymbol{x}}(k)+\widetilde{\boldsymbol{B}}^v\delta_f(k)+\widetilde{\boldsymbol{B}}^u u \\[2mm] \widetilde{\boldsymbol{y}}(k) = \widetilde{\boldsymbol{C}}\,\widetilde{\boldsymbol{x}}(k) \end{cases} \quad (4\text{-}18)
$$

式中，

$$
\widetilde{\boldsymbol{A}} = \begin{vmatrix} \dfrac{C_f+C_r}{mv_x}T_s+1 & \left(\dfrac{C_fl_f-C_rl_r}{mv_x^2}-1\right)T_s & 0 \\[4mm] \dfrac{C_fl_f-C_rl_r}{I_z}T_s & \dfrac{C_fl_f^2+C_rl_r^2}{I_zv_x}T_s & \dfrac{T_s}{I_z} \\[4mm] 0 & 0 & 1 \end{vmatrix}
$$

$$
\widetilde{\boldsymbol{B}}^v = \begin{pmatrix} \dfrac{-C_f}{mv_x}T_s \\[3mm] \dfrac{-C_fl_f}{I_z}T_s \\[3mm] 0 \end{pmatrix} \quad \widetilde{\boldsymbol{B}}^u = \begin{pmatrix} 0 \\[2mm] \dfrac{T_s}{I_z} \\[2mm] 1 \end{pmatrix} \quad \widetilde{\boldsymbol{C}} = \begin{pmatrix} 1 & 0 & 0 \\ 0 & 1 & 0 \\ 0 & 0 & 1 \end{pmatrix}
$$

在 k 时刻，预测域内（预测步数 N_p）系统的输出为

$$
\widetilde{\boldsymbol{y}}(k+1|k) = \widetilde{\boldsymbol{C}}\,\widetilde{\boldsymbol{A}}\,\widetilde{\boldsymbol{x}}(k)+\widetilde{\boldsymbol{C}}\,\widetilde{\boldsymbol{B}}^u u(k)+\widetilde{\boldsymbol{C}}\,\widetilde{\boldsymbol{B}}^v\delta_f(k)
$$

$$
\widetilde{\boldsymbol{y}}(k+2|k) = \widetilde{\boldsymbol{C}}\,\widetilde{\boldsymbol{A}}^2\widetilde{\boldsymbol{x}}(k)+\widetilde{\boldsymbol{C}}\,\widetilde{\boldsymbol{A}}\,\widetilde{\boldsymbol{B}}^u u(k)+\widetilde{\boldsymbol{C}}\,\widetilde{\boldsymbol{B}}^u u(k+1)+\widetilde{\boldsymbol{C}}\,\widetilde{\boldsymbol{A}}\,\widetilde{\boldsymbol{B}}^v\delta_f(k)+\widetilde{\boldsymbol{C}}\,\widetilde{\boldsymbol{B}}^v\delta_f(k+1)
$$

$$
\vdots \quad (4\text{-}19)
$$

$$
\widetilde{\boldsymbol{y}}(k+N_p|k) = \widetilde{\boldsymbol{C}}\,\widetilde{\boldsymbol{A}}^{N_p}\widetilde{\boldsymbol{x}}(k)+
$$

$$
\widetilde{\boldsymbol{C}}\,\widetilde{\boldsymbol{A}}^{N_p-1}\,\widetilde{\boldsymbol{B}}^u u(k)+\cdots+\widetilde{\boldsymbol{C}}\,\widetilde{\boldsymbol{B}}^u u(k+N_p-1)+
$$

$$
\widetilde{\boldsymbol{C}}\,\widetilde{\boldsymbol{A}}^{N_p-1}\,\widetilde{\boldsymbol{B}}^v\delta_f(k)+\cdots+\widetilde{\boldsymbol{C}}\,\widetilde{\boldsymbol{B}}^v\delta_f(k+N_p-1)
$$

将式（4-19）表达成简洁形式：

$$
\overline{\boldsymbol{Y}} = \overline{\boldsymbol{A}}\widetilde{\boldsymbol{x}}(k)+\overline{\boldsymbol{B}}^u\overline{\boldsymbol{U}}+\overline{\boldsymbol{B}}^v\overline{\boldsymbol{V}} \quad (4\text{-}20)
$$

式中,

$$\overline{Y} = \begin{pmatrix} \widetilde{y}(k+1\,|\,k) \\ \widetilde{y}(k+2\,|\,k) \\ \vdots \\ \widetilde{y}(k+N_p\,|\,k) \end{pmatrix}, \overline{U} = \begin{pmatrix} \Delta T_{\mathrm{DCY}}(k) \\ \Delta T_{\mathrm{DCY}}(k+1) \\ \vdots \\ \Delta T_{\mathrm{DCY}}(k+N_p-1) \end{pmatrix}, \overline{V} = \begin{pmatrix} \delta_{\mathrm{f}}(k) \\ \delta_{\mathrm{f}}(k+1) \\ \vdots \\ \delta_{\mathrm{f}}(k+N_p-1) \end{pmatrix}, \overline{A} = \begin{pmatrix} \widetilde{C}\widetilde{A} \\ \widetilde{C}\widetilde{A}^2 \\ \vdots \\ \widetilde{C}\widetilde{A}^{N_p} \end{pmatrix},$$

$$\overline{B}^u = \begin{pmatrix} \widetilde{C}\widetilde{B}^u & 0 & \cdots & 0 \\ \widetilde{C}\widetilde{A}\widetilde{B}^u & \widetilde{C}\widetilde{B}^u & \cdots & 0 \\ \vdots & \vdots & & \vdots \\ \widetilde{C}\widetilde{A}^{N_p-1}\widetilde{B}^u & \widetilde{C}\widetilde{A}^{N_p-2}\widetilde{B}^u & \cdots & \widetilde{C}\widetilde{B}^u \end{pmatrix},$$

$$\overline{B}^v = \begin{pmatrix} \widetilde{C}\widetilde{B}^v & 0 & \cdots & 0 \\ \widetilde{C}\widetilde{A}\widetilde{B}^v & \widetilde{C}\widetilde{B}^v & \cdots & 0 \\ \vdots & \vdots & & \vdots \\ \widetilde{C}\widetilde{A}^{N_p-1}\widetilde{B}^v & \widetilde{C}\widetilde{A}^{N_p-2}\widetilde{B}^v & \cdots & \widetilde{C}\widetilde{B}^v \end{pmatrix}$$

施加横摆力矩的目的是减小质心侧偏角和横摆角速度跟踪误差,并尽可能减小控制量——附加横摆力矩以及控制增量,代价函数可表示为

$$J = \sum_{i=1}^{N_p} \left\{ \left[y^*(k+i) - \widetilde{y}(k+i\,|\,k) \right]^{\mathrm{T}} Q \left(y^*(k+i) - \widetilde{y}(k+i\,|\,k) \right) + u(k+i-1)R u(k+i-1) \right\} \tag{4-21}$$

式中,$y^*(k+i) = [\beta^*, \omega^*, 0]^{\mathrm{T}}$,$Q$,$R$ 为权重矩阵;$Q = \mathrm{dig}(w_\beta, w_\omega, w_T)$,$R = w_u$。

将式(4-20)带入式(4-21),得

$$J = \overline{U}^{\mathrm{T}} (\overline{R} + \overline{B}^{u\mathrm{T}} \overline{Q}\, \overline{B}^u) \overline{U} + 2 (\widetilde{x}^{\mathrm{T}}(k) \overline{A}^{\mathrm{T}} \overline{Q}\, \overline{B}^u + \overline{V}^{\mathrm{T}} \overline{B}^{v\mathrm{T}} \overline{Q}\, \overline{B}^u - \overline{Y}^{\mathrm{T}} \overline{Q}\, \overline{B}^u) \overline{U} \tag{4-22}$$

式中,

$$\overline{R} = \begin{pmatrix} R & 0 & 0 \\ 0 & \ddots & 0 \\ 0 & 0 & R \end{pmatrix}_{N_p * N_p} \qquad \overline{Q} = \begin{pmatrix} Q & 0 & 0 \\ 0 & \ddots & 0 \\ 0 & 0 & Q \end{pmatrix}_{3N_p * 3N_p}$$

取 $H = \overline{R} + \overline{B}^{u\mathrm{T}} \overline{Q}\, \overline{B}^u$,$F = \widetilde{x}^{\mathrm{T}}(k) \overline{A}^{\mathrm{T}} \overline{Q}\, \overline{B}^u + \overline{V}^{\mathrm{T}} \overline{B}^{v\mathrm{T}} \overline{Q}\, \overline{B}^u - \overline{Y}^{\mathrm{T}} \overline{Q}\, \overline{B}^u$,并考虑附加横摆力矩的幅值和幅值增量的限制,基于 MPC 的控制问题可表示为二次约束规划问题:

$$\min_{\Delta T_{\mathrm{DCY}}} J = \overline{U}^{\mathrm{T}} H \overline{U} + 2F \overline{U} \tag{4-23}$$

$$s.t. \ \left| \Delta T_{\text{DCY}} \right| < \Delta T_{\text{DCY}}^{\max}$$

$$\left| T_{\text{DCY}} \right| < T_{\text{DCY}}^{\max}$$

求解上述二次规划问题（Quadratic Programming，QP），得到控制序列 $\overline{U}$，控制量 $T_{\text{DCY}}(k)$ 可表示为

$$T_{\text{DCY}}(k) = T_{\text{DCY}}(k-1) + \left[1\,0\cdots0 \right]\overline{U} \tag{4-24}$$

4. 车轮驱动力分配

车轮驱动力分配的目标是在满足轴间分配的基础上实现附加的横摆力矩。简单的策略是按轴间比例分配前后轴应输出的附加横摆力矩，然后计算左右轮驱动力。以后轴为例，驱动力按如下方法分配：

$$T_{\text{r,DCY}} = T_{\text{DCY}} \frac{F_{x,\text{r}}^{*}}{F_{x,\text{f}}^{*} + F_{x,\text{r}}^{*}} \tag{4-25}$$

$$\begin{cases} F_{x,\text{rr}}^{*} = \dfrac{F_{x,\text{r}}^{*}}{2} + \dfrac{T_{\text{r,DCY}}}{w_{\text{b}}} \\[4mm] F_{x,\text{rl}}^{*} = \dfrac{F_{x,\text{r}}^{*}}{2} - \dfrac{T_{\text{r,DCY}}}{w_{\text{b}}} \end{cases} \tag{4-26}$$

上述方法存在显而易见的问题，即没有考虑路面附着问题，期望的附着力可能超出轮胎摩擦圆限制，导致车轮打滑而没有产生期望的横摆力矩，且影响车辆的侧向稳定性。一个合理的分配策略是，在满足摩擦圆限制的前提下分配车轮驱动力，并使车轮实际利用的附着系数最低（也即附着裕度最大）。由此得到驱动力分配优化问题的目标函数：

$$J = \sum_{i=\text{fl,fr,rl,rr}} \frac{F_{y,i}^{2} + F_{x,i}^{2}}{(\mu_{\max} F_{z,i})^{2}} \tag{4-27}$$

式中，$\mu_{\max}$ 为路面附着系数；$F_{y,i}$，$F_{z,i}$ 分别为各车轮的侧向力和垂向力；$F_{x,i}$ 是车轮的目标驱动力；取优化变量 $u_{\text{dis}} = \left[F_{x,\text{fl}}, \ F_{x,\text{fr}}, \ F_{x,\text{rl}}, \ F_{x,\text{rr}} \right]^{\text{T}}$。

目标驱动力还应满足如下约束：前后轴驱动力约束、附加横摆力矩约束和摩擦圆约束。

期望的前后轴驱动力分为 $F_{x,\text{f}}^{*}$，$F_{x,\text{r}}^{*}$，驱动力约束可表示为

$$A_{\text{axle}} u_{\text{dis}} = \begin{pmatrix} 1 & 1 & 0 & 0 \\ 0 & 0 & 1 & 1 \end{pmatrix} u_{\text{dis}} = \begin{pmatrix} F_{x,\text{f}}^{*} \\ F_{x,\text{r}}^{*} \end{pmatrix} \tag{4-28}$$

四个车轮驱动力产生的横摆力矩之和应等于期望的附加横摆力矩，即

$$A_{\text{DYC}} u_{\text{dis}} = \begin{pmatrix} -\dfrac{w_{\text{b}}}{2} & \dfrac{w_{\text{b}}}{2} & -\dfrac{w_{\text{b}}}{2} & \dfrac{w_{\text{b}}}{2} \end{pmatrix} u_{\text{dis}} = T_{\text{DCY}} \tag{4-29}$$

为防止附着力饱和，各轮驱动力应满足如下不等式约束：

$$A_{\mathrm{fri}}u_{\mathrm{dis}} = \begin{pmatrix} 1 & 0 & 0 & 0 \\ 0 & 1 & 0 & 0 \\ 0 & 0 & 1 & 0 \\ 0 & 0 & 0 & 1 \end{pmatrix} u_{\mathrm{dis}} \leqslant \begin{pmatrix} \sqrt{(\mu_{\max}F_{z,\mathrm{fl}})^2 - F_{y,\mathrm{fl}}^2} \\ \sqrt{(\mu_{\max}F_{z,\mathrm{fr}})^2 - F_{y,\mathrm{fr}}^2} \\ \sqrt{(\mu_{\max}F_{z,\mathrm{rl}})^2 - F_{y,\mathrm{rl}}^2} \\ \sqrt{(\mu_{\max}F_{z,\mathrm{rr}})^2 - F_{y,\mathrm{rr}}^2} \end{pmatrix} = \boldsymbol{F}_{x,\max} \qquad (4\text{-}30)$$

得到一个二次约束规划问题，即

$$\min_{u_{\mathrm{dis}}} J = \sum_{i=\mathrm{fl,fr,rl,rr}} \frac{F_{y,i}^2 + F_{x,i}^2}{(\mu_{\max}F_{z,i})^2} \qquad (4\text{-}31)$$

$$s.t. \qquad A_{\mathrm{axle}}u_{\mathrm{dis}} = \begin{bmatrix} F_{x,\mathrm{f}}^* & F_{x,\mathrm{r}}^* \end{bmatrix}^{\mathrm{T}}$$

$$A_{\mathrm{DYC}}u_{\mathrm{dis}} = T_{\mathrm{DCY}}$$

$$A_{\mathrm{fri}}u_{\mathrm{dis}} \leqslant \boldsymbol{F}_{x,\max}$$

当对上述问题求解时，可能在约束条件内无解。一个可行的解决思路是：相对于操纵稳定性，满足驾驶人力矩需求的优先级较低，可将前后轴驱动力等式约束转换成代价函数，各车轮的驱动力分配优化问题改写成：

$$\min_{u_{\mathrm{dis}}} J = \sum_{i=\mathrm{fl,fr,rl,rr}} \frac{F_{y,i}^2 + F_{x,i}^2}{(\mu_{\max}F_{z,i})^2} + w_{\mathrm{dri}}\left[(F_{x,\mathrm{fl}} + F_{x,\mathrm{fr}} - F_{x,\mathrm{f}}^*)^2 + (F_{x,\mathrm{rl}} + F_{x,\mathrm{rr}} - F_{x,\mathrm{r}}^*)^2 \right]$$

$$(4\text{-}32)$$

$$s.t. \qquad A_{\mathrm{DYC}}u_{\mathrm{dis}} = T_{\mathrm{DCY}}$$

$$A_{\mathrm{fri}}u_{\mathrm{dis}} \leqslant \boldsymbol{F}_{x,\max}$$

求解上述 QP 问题，得到分配到各车轮的驱动力 u_{dis}。

4.3　电驱动电控系统

电驱动电控系统由电机、电机控制器、整车控制器（Vehicle Control Unit，VCU）、高压配电器等构成，如图 4-21 所示。电驱动电控系统呈集成化发展趋势，从最基本的仅集成电机、变速器和电机控制器的三合一总成（图 4-22），逐步向集成电机、变速器、电机控制器、直流变换器、充电器、高压分线盒、整车控制器等的多合一总成演变。VCU 和高压配电等内容超出了本书讨论的范畴，本节简要介绍电机控制器的基本构成和电机控制方法。

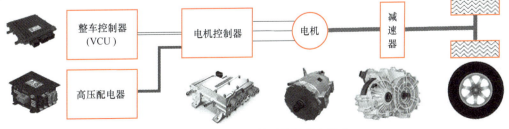

图 4-21　电驱动电控系统的基本构成

1. 电机及电机控制器

驱动用电机的主要类型有永磁同步电机（PMSM）、交流异步电机和开关磁阻电机。相比交流异步电机，PMSM 功率密度高、高效区间宽、质量轻，是目前应用最广的电机类型。异步电机具有成本低、坚固可靠的优点，在一些成本敏感、空间限制小及多电机驱动系统中使用。例如，在双轴驱动方案中，采用前轴交流异步电机、后轴永磁同步电机的配置。下面以 PMSM 驱动系统为例，介绍电机控制器的基本结构和工作原理。

图 4-22　三合一总成电驱动电控系统

图 4-23 所示为 PMSM 电机控制器硬件框图。硬件由两部分构成：功率驱动模块和控制模块。控制模块由 MCU 及外围电路、信号采样调理、旋变信号调理、通信电路、桥预驱动电路、驱动桥保护电路、电源等构成，采用矢量控制算法，生成控制功率驱动模块的 PWM 信号。功率驱动模块即由 IG-BT 或 SiC MOSFET 等组成三相逆变桥，在 PWM 信号控制下输出幅值、频率可调的三相交流电，对电机进行调速和调矩。

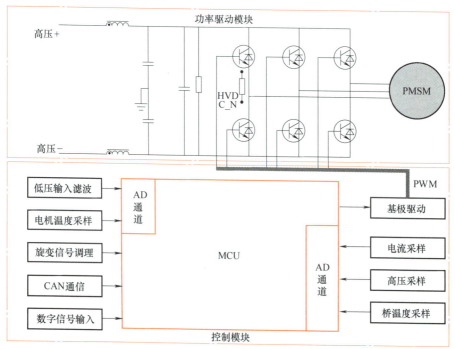

图 4-23　PMSM 电机控制器硬件框图

2. 电机控制方法

矢量控制是 PMSM 常用的控制方法。介绍矢量控制方法前，首先了解 PMSM 的磁

路、电压和转矩方程。PMSM 的数学模型可用如图 4-24 所示的坐标系进行分析。三相定子绕组 U, V 和 W 在空间上间隔 120°分布, 在坐标系中保持静止。电机转子以角速度 ω_m 顺时针旋转, θ 为转子磁链与 U 相绕组间的夹角。

得到三相绕组电压方程, 即

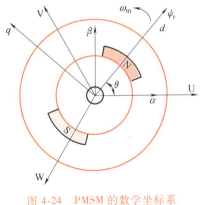

图 4-24 PMSM 的数学坐标系

$$
\begin{pmatrix} U_\mathrm{U} \\ U_\mathrm{V} \\ U_\mathrm{W} \end{pmatrix} = \begin{pmatrix} R_\mathrm{U} & 0 & 0 \\ 0 & R_\mathrm{V} & 0 \\ 0 & 0 & R_\mathrm{W} \end{pmatrix} \begin{pmatrix} i_\mathrm{U} \\ i_\mathrm{V} \\ i_\mathrm{W} \end{pmatrix} + p \begin{pmatrix} \psi_\mathrm{U} \\ \psi_\mathrm{V} \\ \psi_\mathrm{W} \end{pmatrix}
$$

(4-33)

式中, U_i, R_i, i_i 和 ψ_i ($i =$ U, V, W) 分别为 i 相绕组的端电压、相电阻、相电流和总磁链。

三相绕组电阻相等, 取 $R_i = R_\mathrm{s}$, p 为微分算子 $\mathrm{d}/\mathrm{d}t$。

三相绕组的磁链方程：

$$
\begin{pmatrix} \psi_\mathrm{U} \\ \psi_\mathrm{V} \\ \psi_\mathrm{W} \end{pmatrix} = \begin{pmatrix} L_\mathrm{U} & M_\mathrm{UV} & M_\mathrm{UW} \\ M_\mathrm{VU} & L_\mathrm{V} & M_\mathrm{VW} \\ M_\mathrm{WU} & M_\mathrm{WV} & L_\mathrm{W} \end{pmatrix} \begin{pmatrix} i_\mathrm{U} \\ i_\mathrm{V} \\ i_\mathrm{W} \end{pmatrix} + \psi_\mathrm{r} \begin{pmatrix} \cos(\theta) \\ \cos(\theta - 2/3\pi) \\ \cos(\theta + 2/3\pi) \end{pmatrix}
$$

(4-34)

式中, L_i 为 i 相的自感; M_{ij} 为 i, j 间的互感; ψ_r 为转子磁链幅值。

三相绕组自感相等, 取 $L_i = L_\mathrm{s}$。由式 (4-33) 和式 (4-34) 可知, 在静止的三相坐标系中电机磁路和电压模型是一个强耦合、非线性的系统。通常采用坐标变换将三相绕组转换成两相相互垂直的交流绕组以简化系统模型。建立静止的 α-β 坐标系, α 轴与图 4-24 中 U 轴重合, β 轴超前 α 轴 90°。按等功率变换原则, 得到三相坐标系到 α-β 两相坐标系的 Clark 变换：

$$
\begin{pmatrix} i_\alpha \\ i_\beta \\ i_0 \end{pmatrix} = \sqrt{\frac{2}{3}} \begin{pmatrix} 1 & -\dfrac{1}{2} & -\dfrac{1}{2} \\ 0 & \dfrac{\sqrt{3}}{2} & -\dfrac{\sqrt{3}}{2} \\ \dfrac{1}{\sqrt{2}} & \dfrac{1}{\sqrt{2}} & \dfrac{1}{\sqrt{2}} \end{pmatrix} \begin{pmatrix} i_\mathrm{U} \\ i_\mathrm{V} \\ i_\mathrm{W} \end{pmatrix}
$$

(4-35)

式中, i_α 和 i_β 为三相绕组电流在 α-β 坐标系中的等效分量, i_0 为电机的零序电流分量。其逆变换为

$$
\begin{pmatrix} i_\mathrm{U} \\ i_\mathrm{V} \\ i_\mathrm{W} \end{pmatrix} = \sqrt{\frac{2}{3}} \begin{pmatrix} 1 & 0 & \dfrac{1}{\sqrt{2}} \\ -\dfrac{1}{2} & -\dfrac{\sqrt{3}}{2} & \dfrac{1}{\sqrt{2}} \\ -\dfrac{1}{2} & \dfrac{\sqrt{3}}{2} & \dfrac{1}{\sqrt{2}} \end{pmatrix} \begin{pmatrix} i_\alpha \\ i_\beta \\ i_0 \end{pmatrix}
$$

(4-36)

建立固定在转子上的 d-q 坐标系，d 轴为直轴，与转子磁极中心线重合，q 轴为交轴，垂直于 d 轴，并超前 d 轴 $90°$，如图 4-24 所示。得到 α-β 坐标系到 d-q 坐标系的 Park 变换：

$$\begin{pmatrix} i_d \\ i_q \end{pmatrix} = \begin{pmatrix} \cos\theta & \sin\theta \\ -\sin\theta & \cos\theta \end{pmatrix} \begin{pmatrix} i_\alpha \\ i_\beta \end{pmatrix} \tag{4-37}$$

相应地，也可以得到 Park 逆变换：

$$\begin{pmatrix} i_\alpha \\ i_\beta \end{pmatrix} = \begin{pmatrix} \cos\theta & -\sin\theta \\ \sin\theta & \cos\theta \end{pmatrix} \begin{pmatrix} i_d \\ i_q \end{pmatrix} \tag{4-38}$$

d-q 坐标系中的磁链方程和电压方程分别为

$$\begin{pmatrix} \psi_d \\ \psi_q \end{pmatrix} = \begin{pmatrix} L_d & 0 \\ 0 & L_q \end{pmatrix} \begin{pmatrix} i_d \\ i_q \end{pmatrix} + \psi_r \begin{pmatrix} 1 \\ 0 \end{pmatrix} \tag{4-39}$$

$$\begin{pmatrix} u_d \\ u_q \end{pmatrix} = \begin{pmatrix} p & -\omega_e \\ \omega_e & p \end{pmatrix} \begin{pmatrix} \psi_d \\ \psi_q \end{pmatrix} + R_s \begin{pmatrix} i_d \\ i_q \end{pmatrix} \tag{4-40}$$

式中，L_d，L_q 分别为 d，q 轴电感。

对于隐极表贴、星形接法的 PMSM，$L_d = L_q = 1.5L_s$，对于凸极电机，$L_q > L_d$，$\omega_e = p_n\omega_m$，p_n 为电机转子的磁极对数。

由式（4-39）可得到 PMSM 的电磁转矩方程：

$$T_m = \frac{3}{2}p_n(i_q\psi_d - i_d\psi_q) = \frac{3}{2}p_n[\psi_r i_q + (L_d - L_q)i_q i_d] \tag{4-41}$$

由式（4-41）可知，通过控制直轴和交轴的电流矢量 i_q、i_d，可实现电机转矩控制，这是矢量控制的基本思路。在低速区，通过最大转矩电流比控制（MTPA），即幅值一定的电流产生的转矩最大，来保证效率最优；在高速区，通过弱磁控制，提高电机的转速范围。矢量控制原理如图 4-25 所示。通过转子位置传感器测量转子位置 θ 和角速度 ω_m，速度闭环控制器输出目标转矩 T_m^*，由 MTPA 计算目标直轴电流 i_d^* 和交轴电流 i_q^*。测量电机三相绕组的相电流，经 Clark 变换得到 i_α 和 i_β，再经 Park 变换得到实际的直轴电流 i_d 和交轴电流 i_q。直、交轴电流误差输入 PI 控制器，输出目标的直、交

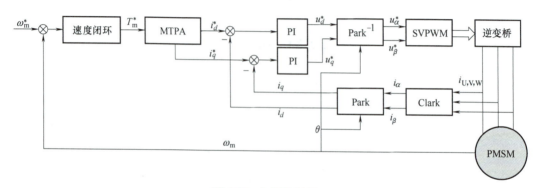

图 4-25　矢量控制原理

轴电压 u_d^* 和 u_q^*，经 Park 逆变换得到 u_α^* 和 u_β^*，再经 Clark 逆变换和空间矢量脉宽调制（Space Vector Pulse Width Modulation，SVPWM）得到 PWM 控制信号，控制逆变桥使直、交轴电流跟踪目标电流。

4.4 线控驱动系统的失效与容错控制

4.4.1 危害分析与风险评估

1. 失效模式与影响分析

将电驱动系统分为传感、控制、执行、电源和通信五个功能模块，对五个模块进行 FMEA。分析各模块潜在失效后果导致的危害，得出以下几种有害的潜在失效后果。

1）失去驱动能力，驾驶人无法控制车辆加速。

2）失去能量回馈制动能力，制动强度达不到驾驶人预期。

3）非驾驶人意愿的驱动输出，即输出力矩方向与期望方向相反，如制动时突然驱动加速。

4）驱动力过大、过小或滞后，虽然能够按照驾驶人意图输出驱动力，但驱动力幅值不一致，响应明显滞后，使加减速达不到驾驶人预期。

电驱动系统各模块失效模式、潜在失效后果及失效原因见表 4-1。

表 4-1 电驱动系统失效模式与潜在失效后果

模块	失效模式	潜在失效后果	失效原因
传感	转子位置传感器失效	失去驱动和能量回馈制动能力、驱/制动力过大或过小等	开路、短路、卡死、漂移、电磁干扰
	电机、逆变器温度传感器失效	失去驱动和能量回馈制动能力、驱/制动力过小	开路、短路、漂移、电磁干扰
	电流传感器失效	失去驱动和能量回馈制动能力、驱/制动力过大或过小等	
控制	控制器输出错误信号或无输出	失去驱动和能量回馈制动能力、非预期驱动、驱/制动力过大或过小等	硬件电路故障、软件故障、电磁干扰
执行	电机失效	失去驱动和能量回馈制动能力、驱/制动力过小	电机绕组故障（开路/短路）、机械故障
通信	节点故障	失去驱动和能量回馈制动能力、非预期驱动、驱/制动力过大或过小等	总线驱动器故障
	链路故障		线路开路、短路，总线被侵入、电磁干扰
电源	电源失效	失去驱动、能量回馈制动能力	电源断路、短路、电源电压异常引起供电保护

2. ASIL 等级

结合运行场景，对失效后果引起潜在危害的严重度、暴露度和可控性进行评估，确定各失效模式引起危害事件在特定运行场景下的 ASIL 等级。部分典型的严苛工况下控制器失效引起潜在危害的 ASIL 等级见表 4-2，控制器失效的 ASIL 等级取几种运行场景中的最高级——C 级。

表 4-2　控制器失效的 ASIL 等级

运行场景	失效后果	危害事件	严重度	暴露度	可控性	ASIL 等级
与后方或侧方车辆相对速度较高	失去驱动力	与后方或侧方车辆发生碰撞	S3	E2	C2	A
人员密集处低速行驶	驱动力过大	与行人发生碰撞	S3	E4	C2	C
十字路口转向时，对面有来车	驱动力过小	与对面车辆发生碰撞	S3	E3	C0	QM
高速超车	非预期输出制动力	车辆失稳或与其他车辆发生碰撞	S3	E4	C2	C
车辆中高速滑行	非预期输出驱动力	车辆失稳或与其他车辆发生碰撞	S3	E4	C2	C
车辆再生制动强度>0.3g	失去制动能力	与前方车辆发生碰撞	S2	E4	C1	A
高速湿滑路面制动	制动力过大	车辆失稳	S3	E3	C3	C
车辆减速通过路口	制动力过小	与其他车辆发生碰撞	S3	E4	C0	QM
车辆静止，后方有行人和车辆	非预期输出制动力（倒车）	与后方行人、车辆发生碰撞	S3	E4	C2	C

其他失效模式引起危害事件 ASIL 等级见表 4-3，所有失效模式引起的潜在危害事件的 ASIL 等级最高为 C 级。

表 4-3　电驱动系统各种失效模式引起危害事件的 ASIL 等级

失效模式	ASIL 等级	安全目标
转子位置传感器失效	C	避免失去驱动和能量回馈制动能力，驱/制动力过大/小幅度在容限内
电机、逆变器温度传感器失效	A	避免失去驱动和能量回馈制动能力，驱/制动力过大/小幅度在容限内
电流传感器失效	C	避免失去驱动和能量回馈制动能力，驱/制动力过大/小幅度在容限内
控制器失效	C	避免失去驱动和能量回馈制动能力，非预期驱/制动，驱/制动力过大/小幅度在容限内
电机失效	A	避免失去驱动和能量回馈制动能力，驱/制动力过大/小幅度在容限内

（续）

失效模式	ASIL 等级	安全目标
节点故障和链路故障	C	避免失去驱动和能量回馈制动能力、非预期驱动，驱/制动力过大/小幅度在容限内
电源失效	A	避免失去驱动和能量回馈制动能力，驱动力过大/小幅度在容限内

4.4.2 电机控制器功能安全架构

EGAS 是内燃机时代广泛使用的安全架构，在电驱动车辆的三电系统、智能驾驶系统中也被采用。EGAS 架构的主要设计理念是将控制系统分层，分为功能层（Level 1）、功能监控层（Level 2）和处理器监控层（Level 3），架构图如图 4-26 所示。系统的基本功能在功能层实现，即输出要求的转矩、系统状态监控、输入输出诊断、故障响应等。在功能监控层实现对功能层的监控，如监控实际输出转矩与要求转矩是否一致，并触发系统故障响应。处理器监控层以问答方式监控 Level 2 处理器是否出现故障，采用一个独立的 ASIC 或微处理器实现。当检测到功能监控层出现故障时，触发系统故障响应，并由处理器监控层来执行故障操作。在 EGAS 架构中，将 Level 1 定义为基本功能（QM），Level 2 和 Level 3 定义为功能安全（ASIL x）。对于电机控制器，功能安全目标分解为 ASIL C = QM(C) + ASIL C(C)，也即功能监控层和处理器监控层按 ASIL C 设计，其他部分按 QM 设计。具体实现方式有基于单核 MCU、基于双核 MCU 和基于双 MCU 等的安全架构。

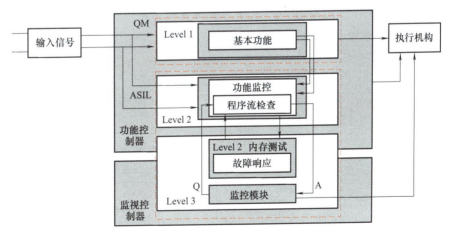

图 4-26 EGAS 安全架构

1. 基于单核 MCU 的安全架构

基于单核 MCU 的 EGAS 安全架构如图 4-27 所示。图中阴影部分需要按 ASIL C（C）进行设计，其他部分按 QM 进行设计。电流、电压和旋变信号采用双路送入控制器，一路用于电机控制，输出 PWM 控制信号；另一路用于对输出转矩进行监控和诊断。集成

看门狗的系统基础芯片（System Basic Chip，SBC）对电源、MCU 进行监控，检测到故障后复位 MCU 并封锁 PWM 输出。该安全架构的不足在于：由于 Level 1 和 Level 2 共享芯片内部资源，要确保两个层次的软件在空间和程序流上独立的难度大，存在相互干扰的问题，从而易发生失效。

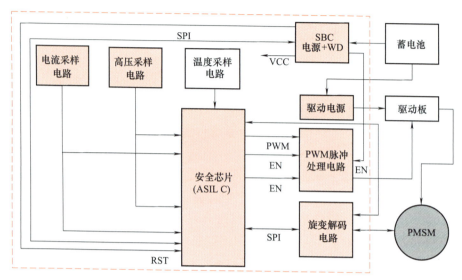

图 4-27　基于单核 MCU 的 EGAS 安全架构

2. 基于多核 MCU 的安全架构

基于多核 MCU 的 EGAS 安全架构如图 4-28 所示。以双核 MCU 为例，一个为普通核（QM），一个为锁步核（ASIL C）。在普通核 CPU1 上实现功能层，在锁步核 CPU0 上实现功能监控层，在锁步核和 SBC 上实现处理器监控层。当 CPU0 检测到转矩异常后，根据故障分级原则，CPU1 执行降级功能。若转矩进一步异常，达到最高故障等

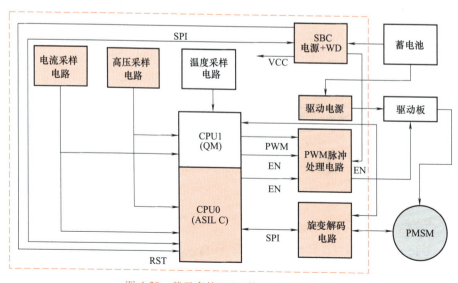

图 4-28　基于多核 MCU 的 EGAS 安全架构

级，由 CPU0 封锁 PWM 控制脉冲输出。当 SBC 检测到处理器异常，在复位处理器的同时封锁 PWM。采用多核处理器，可解决单核处理器方案中 Level 1 和 Level 2 共享芯片内部资源、相互干扰的问题。

3. 基于双 MCU 的安全架构

基于双 MCU 的 EGAS 安全架构如图 4-29 所示。其结构与多核架构相似，但 MCU 硬件资源和软件代码完全独立。双 MCU 中，一个为普通 MCU（QM），另一个为安全 MCU（ASIL C）。在普通 MCU 上实现电机转矩控制，输出 PWM 控制脉冲。功能监控层在安全 MCU 上实现，并在安全 MCU 和 SBC 上实现处理器监控层。

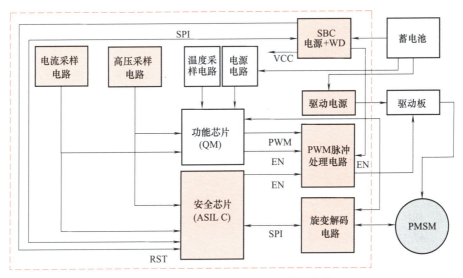

图 4-29　基于双 MCU 的 EGAS 安全架构

4.4.3　电机转矩诊断与安全状态

由前面分析可知，"非驾驶人预期的输出转矩""驱/制动力过大"引起危害事件的 ASIL 等级最高，功能安全目标为"避免非预期驱动/制动"和"驱动力过大/小幅度在容限内"。为实现所述功能安全目标，对电机的输出转矩进行诊断，发生故障时进入相应的安全状态。

1. 电机转矩诊断

采取两种方法估计电机的当前输出转矩。

1）根据 d-q 轴坐标系下电机输出方程实时估计电机的输出转矩。

2）根据电机功率平衡方程估计电机输出转矩。

若估计的输出转矩与所需转矩间的差值超过限制，即判定发生"非驾驶人意愿的输出转矩"。

在方法 1）中，采样相电流、转子位置等计算当前 d-q 轴电流，由式（4-41）估计电机的输出转矩，进行低通滤波处理，计算输出转矩估计值与目标转矩差的绝对值，超过限值时置转矩故障标志，进入安全状态，关闭电机输出。

在方法2）中，采集高压母线的电压 U_{dc} 和电流 I_{dc}，计算电驱动系统输入的电功率，采集电机转速 n，由功率平衡方程得到电机输出转矩估计值。由式（4-42）计算估计值与目标值的偏差，超过限值时置转矩故障标志，进入安全状态，关闭电机输出。

$$U_{dc}I_{dc}\eta = \frac{nT_m}{9.550} \tag{4-42}$$

2. 电机转矩故障的安全状态

当发生转矩故障时，安全状态定义为：电机应关闭输出，即电机输出的转矩接近零。下面以 PMSM 为例，介绍电机转矩故障时的安全状态设计。安全状态需考虑高速和低速情况：

1）电机转速小于基速时，直接关闭三相桥臂，进入空转模式（Free Wheeling，FW），即可实现电机的输出转矩为零。

2）电机转速大于基速时，由于绕组反电动势大于母线电压，电机电流通过桥臂的续流二极管向电池回馈，产生较大的制动力矩。实用的方法是使上桥臂或下桥臂导通，对电机三相绕组主动短路（Active Short Circuit，ASC），使电机的输出转矩接近零。

参 考 文 献

［1］ 葛英辉. 轮式驱动电动车控制系统研究［D］. 杭州：浙江大学，2004.

［2］ 刘孝龙. 多轮独立驱动电动汽车驱动力控制系统研究［D］. 杭州：浙江大学，2013.

［3］ 芳姚，林祥辉，吴正斌，等. 电动汽车电子差速控制技术研究综述［J/OL］. 自动化学报，2021，47（8）：1785-1798.

［4］ 黄飞华. 分布式驱动电动汽车底盘集成控制研究［D］. 重庆：重庆大学，2020.

［5］ 高守林. 电动汽车转矩定向分配驱动桥系统动态特性分析与控制技术研究［D］. 长春：吉林大学，2023.

［6］ 姜涛. 前后轴独立驱动电动汽车转矩控制策略研究［D］. 北京：北京交通大学，2019.

［7］ 王国鑫. 永磁电机驱动系统传感器故障诊断与容错控制［D］. 哈尔滨：哈尔滨工业大学，2018.

［8］ 朱振华. 独立驱动/制动电动汽车制动能量回收优化控制策略研究［D］. 长春：吉林大学，2023.

［9］ 葛天顺. 电动汽车再生制动能量回馈控制策略研究［D］. 合肥：合肥工业大学，2017.

［10］ 吴志红，科陆，元朱. 车用电机控制器功能安全及主动短路分析［J］. 同济大学学报，2018，46（9）：1298-1305.

［11］ 郎文嵩. 分布式驱动电动汽车动力系统建模与驱动力控制［D］. 长春：吉林大学，2013.

［12］ 臧怀泉，戴彦，张素燕，等. 一种基于相对滑移率的电动汽车电子差速控制方法研究［J］. 机械工程学报，2017，53（16）：112-119.

［13］ WANG J，GAO S，WANG K，et al. Wheel torque distribution optimization of four-wheel independent-drive electric vehicle for energy efficient driving［J/OL］. Control Engineering Practice，2021，110：1-14.

［14］ 安群涛. 三相电机驱动系统中逆变器故障诊断与容错控制策略研究［D］. 哈尔滨：哈尔滨工业大学，2011.

［15］ 赵永正. 变频器电流传感器故障诊断与容错控制［D］. 哈尔滨：哈尔滨工业大学，2017.

［16］　徐琛杰. 永磁同步电机系统开路故障诊断及容错控制策略研究［D］. 杭州：浙江大学，2022.

［17］　吴浩，魏广杰. 电驱动力系统功能安全概念设计和安全确认［J/OL］. 汽车科技，2021：17-24.

［18］　纪竹童. 基于碳化硅的电动汽车电机控制器研究［D］. 杭州：浙江大学，2022.

［19］　胡金芳，颜春辉，赵林峰，等. 分布式驱动电动汽车转向工况转矩分配控制研究［J］. 中国公路学报，2020，33（8）：92-101.

［20］　许世维. 前轴双电机后轴单电机（DFSRM）四驱电动汽车驱制动控制策略及模拟试验台开发研究［D］. 西安：长安大学，2017.

第5章 线控悬架系统

线控悬架也即主动悬架，是一种能够根据行驶工况和操作者需求，从外部向悬架作动器输入能量，在车身与车轮间主动产生作用力，从而实时调整悬架刚度、阻尼特性和高度的悬架系统。对比被动和半主动悬架，线控主动悬架的一个显著特征是需要从外部输入能量来产生车身与车轮间的部分或全部作用力，这意味着需要消耗能量。如果换一种思路，把路面的激励当作能量输入，主动悬架也可以吸收能量并将其转化为电能或其他势能从而衰减车身振动，各种电磁作动器既消耗能量也吸收能量。线控主动悬架不仅影响车辆的平顺性，还通过车轮载荷转移、车身质心运动等在一定程度上影响车辆的纵向和横向动力学，例如，通过增加前轴外侧车轮的垂向载荷，可增加不足转向程度。因此在底盘集成协调控制中，线控悬架是一种辅助的车辆动力学控制手段。

5.1 线控悬架系统结构及原理

根据所采用作动器的受控介质分类，线控悬架分为主动油气悬架、主动空气悬架和电磁主动悬架。在具体构型上，主动作动器通常与被动或半主动的弹性和阻尼元件串/并联实现车轮与车身间的传力和减振。根据作动器执行件的响应带宽，分为有限带宽主动悬架和宽带宽主动悬架，如图5-1所示。有限带宽主动悬架也即慢主动悬架，主动作动器与被动或半主动弹性、阻尼元件结合使用，作动器响应带宽<6Hz。由于难以在全频率范围内起作用，通常作动器与弹簧串联使用，当激励频率高于6Hz时，由弹簧吸收冲击。宽带宽主动悬架又称为全主动悬架，作动器的带宽高达100Hz。高带宽的作动器可以取代被动悬架中的弹性和阻尼元件实现传力和减振。为降低能耗，通常将弹簧与作动器并联安装，由弹簧承载车身静载荷。本节以作动器的受控介质分类，介绍各类作动器的结构与工作原理。

5.1.1 主动油气悬架

介绍主动油气悬架前，首先了解被动油气悬架。被动油气弹簧悬架由液压缸、蓄能器、常通阻尼阀、单向阻尼阀和管路等构成，结构如图5-2所示。受路面起伏激励，活

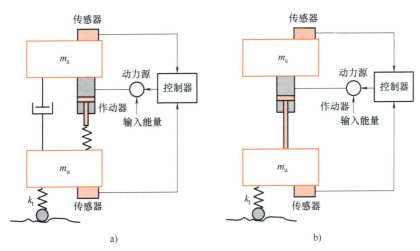

图 5-1　有限带宽主动悬架与宽带宽主动悬架

a）有限带宽主动悬架　b）宽带宽主动悬架

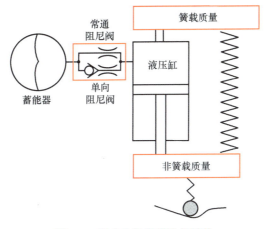

图 5-2　被动油气弹簧悬架结构

塞在液压缸内往复运动。活塞向上运动时，液压缸上腔压缩，液压油经常通阻尼阀、单向阻尼阀进入蓄能器，冲击力被蓄能器吸收。活塞向下复原时，蓄能器经常通阻尼阀向上腔补充油液。油缸压缩和复原时，油液在压差作用下往复通过常通阻尼阀消耗能量（复原时阻尼最大）抑制车身的振动，形成悬架阻尼特性，蓄能器充放油过程缓和压力冲击，形成悬架刚度特性。

主动油气悬架是在被动油气弹簧悬架的基础上增加一个可控作用力的作动器及控制系统，由液压泵、控制阀、悬架行程传感器、车身加速度传感器和控制器等构成。主动油气悬架有三种构型，如图 5-3 所示。A 类由高速响应阀控制双作用液压缸的作动力输出，该类构型的能耗高、输出作动力大、控制灵活度高。B 类由流量控制阀将液压油输入到单作用缸和蓄能器中，实现作动力控制，能耗略低于 A 类。C 类采用压力控制阀驱动带有节流孔的差动液压缸，同时布置小型蓄能器以吸收部分振动，由液压系统的主动阻尼和被动阻尼实现对簧载质量的振动控制，具有最低的能耗，但主动控制能力较弱。

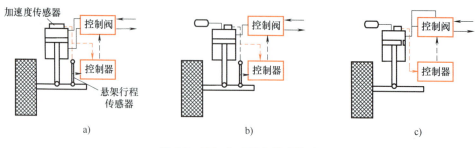

图 5-3　油气作动器的基本构型

a）A 类作动器　b）B 类作动器　c）C 类作动器

图 5-4 所示为 A 类作动器构型的示例。减振器液压缸被活塞分为上下两个腔，通过控制两个腔室液压油的进出，推动活塞上下运动，调整减振器高度。上下腔分别连通减振器外嵌套的两个空心圆柱腔，圆柱腔内各安装有一个高压气囊，气囊的体积随压力增减而变化，起到减振的作用。主动油气悬架采用 48V 电动液压泵输入控制能量，双向液压泵连接液压缸上下腔，通过控制油液流向推动活塞上下运动。控制系统基于路面起伏调节悬架阻尼、刚度特性，大功率的作动力还可以灵活地调节车身倾角和高度，从而提升动态特性及越野脱困能力。主动油气悬架系统具有平整路面调节、崎岖路面调节、提升运动调节和主动弯道调节等功能。

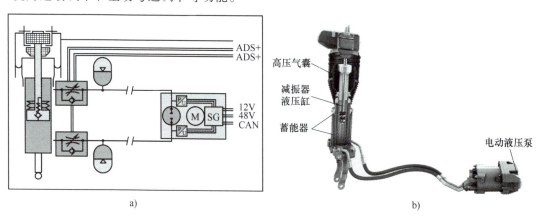

图 5-4　48V 电动泵驱动的双作用缸主动油气悬架

1）平整路面调节功能适用于平整路面或运动模式，减振器伸缩幅度小。减振器阻尼阀开度低，液压油分别在独立液压腔和蓄能器中流动，液压泵不工作，上下腔之间不流通，如图 5-5a 所示。

2）崎岖路面调节功能适用于起伏大的路面，减振器伸缩幅度大。减振器阻尼阀开度大，液压油在上下腔间流动，驱动液压泵及电机反转，电机能量回馈制动，产生与液压油运动方向相反的力，如图 5-5b 所示。

3）提升运动调节功能适用于不良路况，以提高车辆的通过性。液压泵工作，将液压油从上腔泵入下腔，减振器伸长，从而抬高车身。车速增加时，液压油由下腔回流至上腔，车身高度随车速升高而逐渐降低至正常高度，如图 5-5c 所示。

4）主动弯道调节功能适用于车辆进入弯道时的车身侧倾控制。通过相机或侧向加

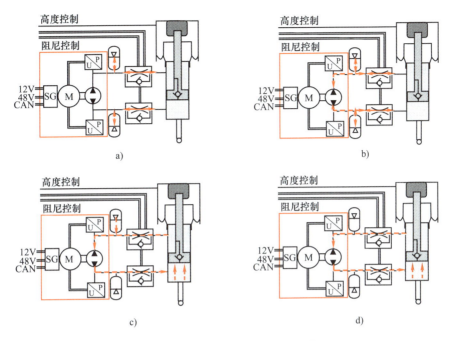

图 5-5 主动油气悬架的调节功能与工作过程

a) 平整路面调节 b) 崎岖路面调节 c) 提升运动调节 d) 主动转弯调节

速度信号检测车辆是否进入弯道，进入弯道时，液压泵激活，使外侧减振器伸长，内侧减振器缩短，从而使车辆过弯时车身更加平稳，如图 5-5d 所示。

图 5-6 所示为 B 类作动器构型的具体结构示例。控制器根据车身倾角、加速度、速度和位移信息，分析车辆的运动状态和路面工况，在中低激励频率时，通过控制液压泵和电液伺服阀，向液压缸补充或释放油液，以控制液压缸的作动力，实现自适应实时调整悬架阻尼、刚度特性和车身姿态；在较高激励频率时，利用油气弹簧减振。

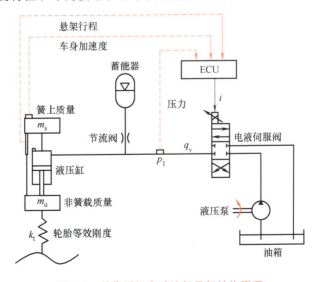

图 5-6 单作用缸主动油气悬架结构原理

5.1.2 主动空气悬架

主动空气悬架的弹性元件采用空气弹簧，相比油气弹簧、板簧和螺旋弹簧等，空气弹簧的优点有：通过控制气室体积实现悬架高度和刚度的调节，并具有更低的自然频率和更理想的非线性特性。主动空气悬架结构如图 5-7 所示，由空气弹簧、减振器、充放气电磁阀、空压机、储气罐、车身高度和加速度传感器、控制器等构成。减振器是悬架的阻尼元件，吸收冲击能量。空压机和储气罐向悬架系统提供稳定压力的气源，通过控制电磁阀向空气弹簧充、放气以调节车身高度和刚度。主动空气悬架的控制方式有高度控制、刚度阻尼控制等。

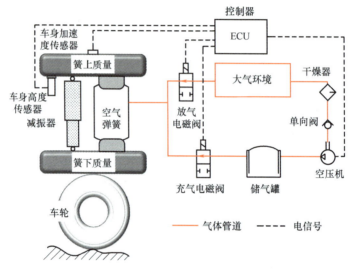

图 5-7　主动空气悬架结构原理

高度控制是空气悬架的基本功能。理想的车身高度随路况及驾驶人需求不断变化，例如，车辆在中低速、高速和越野时分别需要中位、低位和高位车身高度，为方便上下乘客需要降低车身高度，同时驾驶人对车身高度也有主观的需求。控制系统根据工况及驾驶人的需求设定，对气室进行充、放气，使气室体积发生变化从而调节车身高度。

悬架的刚度控制要求为：在起伏路面需要降低悬架瞬时刚度以有效吸收路面冲击，在平整路面需要提高悬架瞬时刚度以改善车身稳定。空气弹簧的刚度与内部压力、容积有关，对刚度的控制方法，包括改变气室容积，以及连续对空气弹簧进行充气和排气。

图 5-8 所示为采用双腔的空气弹簧通过改变气室容积的方法调节刚度。图中空气弹簧有两个气室，下部为主气室，上部为副气室，主副气室间通过电磁阀控制连通。当主副气室连通时（图 5-8a），容积增大，刚度减小，反之容积减小，刚度增加。车辆在起伏路面工况时，气室处于压缩过程，容积减小，内部压力增加，对空气弹簧适当放气，瞬时刚度下降，内部压力相对保持不变，吸收压缩的势能；当气室处于膨胀过程时，容积变大，内部压力减小，对空气弹簧适当充气，反向瞬时刚度下降，吸收膨胀势能。在平整路面的控制则与起伏路面相反，以达到提高刚度的目的。空气弹簧本身不具有阻尼特性，通常与液压阻尼器、电磁阻尼器等阻尼元件集成，实现阻尼控制，控制方法有节

流孔尺寸、流体黏度、主动电磁阻尼力调节等。

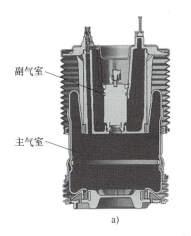

图 5-8　双腔空气弹簧

　　图 5-9 所示为用于轿车的集成单腔气囊和减振器的空气弹簧结构，结构特点为：空气弹簧的气囊嵌套在减振器的上部，气囊下部的支撑安装在减振器壳体上。油气弹簧的阻尼通过气动阻尼控制阀（Pneumatic Damping Control，PDC）控制。PDC 是一种单向溢流阀，只允许油液由减振器上腔的孔流向减振器的气室。气囊压力控制 PDC 的开度，

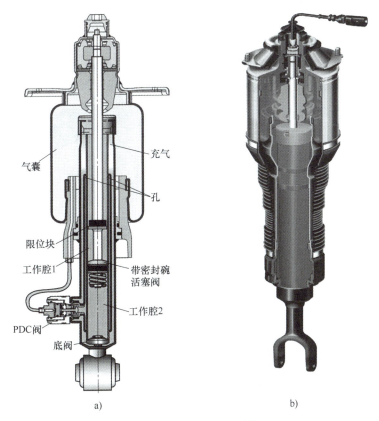

图 5-9　单腔空气弹簧结构

当控制压力小时，PDC 阀开度增大，阻尼降低；当控制压力增大时，PDC 阀开度减小，阻尼增大。采用 PDC 对阻尼控制的效果是：车重增加，气囊压力升高，减振器阻尼增大；车重降低，气囊压力减小，减振器阻尼降低。对 PDC 的改进可采用电控的连续阻尼控制阀 CDC、磁流变阻尼控制等，其控制范围、精度、带宽均优于 PDC。

5.1.3 电磁主动悬架

电磁主动悬架以永磁电机为作动器，主动控制车身与车轮间的作用力，从而实时调整悬架的刚度、阻尼特性。根据电机作动器的类型，分直线式和旋转式两种。图 5-10 所示为直线式作动器结构。其主体是一个外永磁体动子的直线电机，内筒为定子，与车身连接，外筒动子与车轮连接，由螺旋弹簧支持簧上质量。在路面激励下，动子相对定子作往复直线运动。旋转式作动器采用旋转电机，并利用传动装置将旋转运动转换为直线运动，故其结构设计较直线式作动器复杂。图 5-11 所示为旋转式作动器结构，主要由空心轴旋转电机和滚珠螺母丝杠副构成。滚珠螺母固定在电机空心轴转子上，转子通过轴承安装在作动器壳体上，滚珠丝杠与上部车身固定，电机定子安装在作动器壳体内，壳体与簧下质量相连。当车轮相对车身跳动时，滚珠丝杠相对螺母作直线运动，驱动滚珠螺母旋转。

图 5-10　直线式作动器结构图

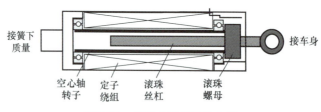

图 5-11　旋转式作动器结构图

电磁主动悬架可根据路面激励工况选择主动模式和馈能模式。

1）在馈能模式下，定子绕组切割磁场产生感应电动势，经逆变桥整流滤波后向蓄电池充电，实现能量回收。

2）主动模式下，向定子绕组输入电流使定子、转子间产生电磁力以抑制车身振动。

5.2 线控悬架控制

线控悬架的控制问题包括平顺控制、车身高度控制和姿态控制等。平顺性是指车辆在一般速度范围内行驶时，能保证乘员不会因车身振动而引起不舒服和疲劳的感觉，平顺性指标有车身加速度、车轮动载荷和悬架动挠度等。车身高度控制即对车身的高度进行调节，以适应工况和驾驶人的主观需求。车辆姿态控制是指车辆行驶过程中的侧倾和俯仰抑制，以改善乘坐体验，并间接影响车辆的操纵稳定性。近年来结合主动路面感知技术，线控悬架控制正朝预瞄主动车身控制发展。

5.2.1 平顺控制

本节以慢主动油气悬架为例介绍平顺控制的基本方法。平顺控制多采用内、外双层的控制结构，如图 5-12 所示。外层根据车身、悬架的状态及优化目标，确定作动器的主动控制力，采用的方法有天棚控制、模糊控制、线性最优控制、PID 控制、神经网络控制、预测控制等。内层为作动力伺服闭环控制，以主动控制力误差为输入，通过控制作动器的机电液执行部件的输出力、位移、速度等，实现目标力跟踪，伺服控制方法有PID 控制、滑模控制等。

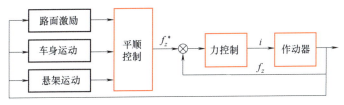

图 5-12 主动悬架平顺控制结构

控制器设计的第一步是构建悬架系统的状态方程（或动力学微分方程），故首先建立 1/4 悬架系统物理模型，如图 5-13 所示。图中，$z_s(t)$、$z_u(t)$ 和 $z_r(t)$ 分别为簧上质量、非簧载质量和路面的垂直位移；m_s、m_u 分别为簧上和簧下质量；p_z 为液压缸内压力；k_t 为轮胎垂向等效刚度；q_s 为液压油从液压缸流出的流量；q_v 为伺服阀的流量。采用节流孔模型和气室压力模型在静平衡位置的线性化方程，得到液压缸的输出力：

$$f_z(t) = A_z \left\{ p_{s0} + R[q_s(t) + q_v(t)] + \frac{1}{C} \int [q_s(t) + q_v(t)] \right\} \tag{5-1}$$

式中，等式右侧括号中第一部分 p_{s0} 为静平衡时气室压力，第二部分表示由节流孔产生的压降，第三部分表示液压油流进、流出引起的气室压力变化；A_z 为液压缸截面积；R 和 C 是线性化方程的常数。

平顺性的三个指标是不一致的，如减小车身加速度需增加悬架动挠度。车辆的振动响应是典型的随机过程，采用线性二次高斯控制（Linear Quadratic Gaussian Control，LQG）设计 $f_z(t)$ 控制器可兼顾平顺性的三个指标。1/4 主动油气悬架线性振动方程可表示为

$$\begin{cases} m_s \ddot{z}_s(t) = \dfrac{A_z}{C} \int \left[q_s(t) + q_v(t) \right] + A_z R \left[q_s(t) + q_v(t) \right] \\[4mm] m_u \ddot{z}_u(t) = -\dfrac{A_z}{C} \int \left[q_s(t) + q_v(t) \right] - A_z R \left[q_s(t) + q_v(t) \right] + k_t \left[z_r(t) - z_u(t) \right] \end{cases} \tag{5-2}$$

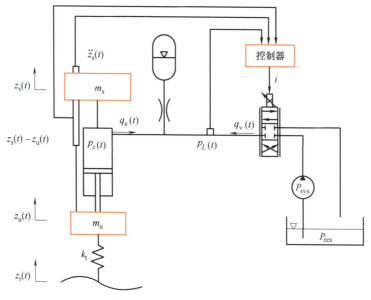

图 5-13　1/4 主动油气悬架模型

控制流量 $q_v(t)$ 将引起缸内压力变化，故以振动方程中主动控制流量 q_v 引起的控制压力为主动控制力：

$$f_z(t) = A_z R q_v(t) + \frac{A_z}{C} \int q_v(t)\, \mathrm{d}t \tag{5-3}$$

联立式（5-2）和式（5-3），并将 $q_s = A_z$（$\dot{z}_u - \dot{z}_s$）带入，得

$$\begin{cases} m_s \ddot{z}_s(t) = \dfrac{A_z^2}{C} z_u - \dfrac{A_z^2}{C} z_s + A_z^2 R \dot{z}_u - A_z^2 R \dot{z}_s + f_z \\[4mm] m_u \ddot{z}_u(t) = k_t z_r - \left(k_t + \dfrac{A_z^2}{C} \right) z_u + \dfrac{A_z^2}{C} z_s - A_z^2 R \dot{z}_u + A_z^2 R \dot{z}_s - f_z \end{cases} \tag{5-4}$$

取状态变量 $\boldsymbol{X} = \begin{bmatrix} z_s & \dot{z}_s & z_u & \dot{z}_u & z_r \end{bmatrix}^{\mathrm{T}} = \begin{bmatrix} x_1 & x_2 & x_3 & x_4 & x_5 \end{bmatrix}^{\mathrm{T}}$，$\boldsymbol{Y} = \begin{bmatrix} \ddot{z}_s & z_s - z_u & z_u - z_r \end{bmatrix}$；令路面速度输入为白噪声，取

$$\dot{z}_r(t) = -2\pi f_0 z_r(t) + 2\pi n_0 \sqrt{G_q(n_0) v}\, w(t)$$

其中，$w(t)$ 是均值为 0、强度为 1 的均匀分布单位白噪声；f_0 为下截止频率；$G_q(n_0)$ 为路面不平度系数；v 为车速；n_0 为参考空间频率。

得到系统的状态方程：

$$\begin{cases} \dot{\boldsymbol{X}} = \boldsymbol{A}\boldsymbol{X} + \boldsymbol{B}f_z + \boldsymbol{E}w \\ \boldsymbol{Y} = \boldsymbol{C}\boldsymbol{X} + \boldsymbol{D}f_z \end{cases} \tag{5-5}$$

式中，矩阵 $\boldsymbol{A}$，$\boldsymbol{B}$，$\boldsymbol{E}$，$\boldsymbol{C}$，$\boldsymbol{D}$ 分别为

$$A = \begin{pmatrix} 0 & 1 & 0 & 0 & 0 \\ \dfrac{-A_z^2}{Cm_s} & \dfrac{-A_z^2 R}{m_s} & \dfrac{A_z^2}{Cm_s} & \dfrac{A_z^2 R}{m_s} & 0 \\ 0 & 0 & 0 & 1 & 0 \\ \dfrac{A_z^2}{Cm_u} & \dfrac{A_z^2 R}{m_u} & -\dfrac{Ck_t + A_z^2}{Cm_u} & \dfrac{-A_z^2 R}{m_u} & \dfrac{k_t}{m_u} \\ 0 & 0 & 0 & 0 & -2\pi f_0 \end{pmatrix}$$

$$B = \begin{pmatrix} 0 & \dfrac{1}{m_s} & 0 & \dfrac{-1}{m_u} & 0 \end{pmatrix}^{\mathrm{T}}$$

$$E = \begin{pmatrix} 0 & 0 & 0 & 0 & 2\pi n_0 \sqrt{G_q(n_0)v} \end{pmatrix}^{\mathrm{T}}$$

$$C = \begin{pmatrix} \dfrac{-A_z^2}{Cm_s} & \dfrac{-A_z^2 R}{m_s} & \dfrac{A_z^2}{Cm_s} & \dfrac{A_z^2 R}{m_s} & 0 \\ 1 & 0 & -1 & 0 & 0 \\ 0 & 0 & 1 & 0 & -1 \end{pmatrix}$$

$$D = \begin{pmatrix} \dfrac{1}{m_s} & 0 & 0 \end{pmatrix}^{\mathrm{T}}$$

根据平顺性的三个主要性能指标，LQG 的控制目标是使损失函数的值最小。

$$J = \lim_{T \to \infty} \frac{1}{T} \int_0^T \left[q_1 \ddot{z}_s^2 + q_2 (z_s - z_{us})^2 + q_3 (z_u - z_r)^2 \right] dt \tag{5-6}$$

式中，q_1，q_2，q_3 是加权系数。利用 LQR 求解最优控制的增益矩阵 K，控制力 f_z 的控制率为

$$f_z = -K\hat{X} \tag{5-7}$$

式中，$\hat{X}$ 为 X 的估计值。

5.2.2 车身高度控制

下面以主动空气悬架为例来介绍车身高度控制的基本思路。图 5-14 所示为车身高度控制的基本原理。控制器首先根据车辆综合性能（平顺性、操纵稳定性和通过性）要求，确定行驶速度、路面工况与车身高度的基本关系作为参考，然后根据实测的车速、车身垂向加速度和车身高度变化等确定目标静高度。对获得的车身高度信号进行低通滤波，得到实际车身静高度，与目标静高度比较得到静高度误差，由静高度控制算法

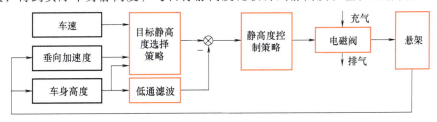

图 5-14 车身高度控制的基本原理

产生电磁阀控制指令，对空气弹簧进行充/放气，使车身静高度跟踪目标值。

目标静高度多采用三档行驶车高模式，即平稳行驶车高、越野车高和高速车高，加上起停车高共四种模式，如图 5-15 所示。起停车高 H1 是当车辆熄火停车时为方便乘员上下车的一种低车身高度，一般低于高速车高 H2；高速车高 H2，是为减少高速行驶时的空气阻力、提高稳定性的一种较低车身高度；平稳行驶车高 H3 为中低车速时的车身高度，一般高于高速车高 H2，该高度下具有较好的操纵稳定性和平顺性；越野车高 H4 是在较大起伏路面行驶时，为提高车辆通过性，增加车身高度，在四个模式中车身最高。除起停车高以外，其余三档车高模式在车辆行驶过程中动态调节，故静高度控制只考虑三档车高的切换控制。

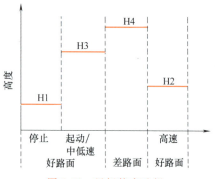

图 5-15　目标静高选择

静高度控制由目标静高度选择策略（图 5-16）和静高度闭环控制构成。路面平整度和车速是静高度选择的基本依据。车速可通过轮速传感器直接获得，路面平整度可通过车身加速度或车身高度的变化反映。图 5-16 所示描述了以车身高度变化识别路面并选择目标静高度的方法。对车辆行驶一段距离内（如 4m）的高度差大于设定阈值的事件进行计数，计数值越大意味着路面平整度越差。根据车速和计数值将行驶工况分为九个区域：

A：车速低，路面平整，车身高度 H3。

B：车速高，路面平整，车身高度 H2。

B′：A、B 中间滞回区。

C：车速低，路面颠簸，车身高度 H4。

C′：A、C 中间滞回区。

D，F：中高车速，路面中等，车身高度 H3。

E，G：中间滞回区。

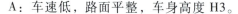

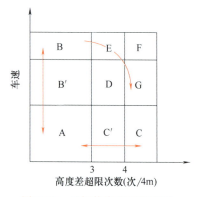

图 5-16　目标静高度选择策略

设置中间滞回区的目的是避免车身高度的频繁调整，行驶工况位于此区域时，保持原来的目标静车高。

由于车身惯性力的作用，静高度调节过程中易发生超调从而引起振荡。为实现平稳快速的目标高度跟踪，采取的策略有基于高度差的控制、基于高度差及垂向速度的高度闭环控制（图 5-17）等。如图 5-17 所示，根据高度差和垂向速度将工作区间分为 A、B 和 C 三部分。区间 A 包括三种情况：高度差小，变化速率

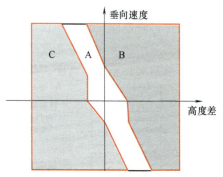

图 5-17　基于高度差和垂向速度的高度闭环控制

低；高度差偏高，但正快速下降；高度差偏低，但正快速上升。区间 B 包括三种情况：高度差过高，仍在上升；高度差过高，正在下降；高度差偏低，正快速上升。区间 C 包括三种情况：高度差过低，仍在下降；高度差过低，正在上升；高度差偏高，正在快速下降。采取的控制策略为：A 区间停止充放气；B 区间放气；C 区间充气。

5.2.3　姿态控制

车身侧倾运动由不平路面激励和高速转向时的离心力产生。车身的俯仰运动由不平路面激励和加减速操作时的纵向惯性力产生。主动悬架通过主动施加作动力可有效抑制车身的侧倾和俯仰运动。不同于平顺控制可以对单个悬架（1/4 车身模型）设计控制器，使单个车轮处的车身加速度、悬架扰度、车轮动载荷达到加权最优，车身姿态是全部悬架共同响应的结果，控制对象是整车悬架，因而控制系统复杂性高于平顺控制。姿态控制有两种具体实现方法：①侧倾与俯仰独立控制；②侧倾和俯仰集成控制。前者忽略了各自由度间的耦合，采用低阶模型描述对象和设计控制器，以降低系统的维度，从而简化控制器设计，但复杂工况下各控制目标的协调困难。后者采用整车模型描述对象和设计控制器，以统一的优化目标协调全部作动器的输出，综合性能较前者更优，但系统阶数高于前者。高阶系统控制算法的计算复杂度是影响嵌入式系统实时性的主要因素，如何设计高效的控制算法是集成控制的难点。

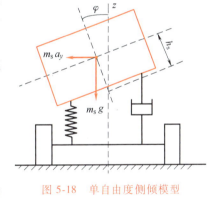

本节以不考虑路面干扰的转向侧倾抑制为例，介绍独立的车身姿态控制的基本思路和控制方法，对于俯仰抑制，控制器设计方法基本一致。集成控制思路参见 5.2.4 节的主动车身控制。

不考虑路面干扰时，侧倾响应用一个单自由度模型表述，如图 5-18 所示。

图 5-18　单自由度侧倾模型

侧倾动力学方程为

$$I_x\ddot{\varphi} = m_s a_y h_s + m_s g h_s \varphi - M_u - B_r\dot{\varphi} - K_r\varphi \quad (5\text{-}8)$$

式中，m_s 为簧上质量；I_x 为簧上质量在 x 轴上的转动惯量；a_y 为簧上质量的侧向加速度；h_s 为簧上质量质心到瞬时侧倾中心的距离；B_r、K_r 分别为悬架的等效侧倾阻尼和侧倾刚度；M_u 为主动悬架输出的抑制侧倾的力矩。

对式（5-8）变形，可表达为

$$\ddot{\varphi} = f(\dot{\varphi}, \varphi, a_y) - \frac{M_u}{I_x} + \Delta \quad (5\text{-}9)$$

式中，$f(\dot{\varphi}, \varphi, a_y) = (m_s a_y h_s + m_s g h_s \varphi - B_r\dot{\varphi} - K_r\varphi)/I_x$；$\Delta$ 表示有界的建模不确定，包括高阶未建模误差、道路干扰、对象非线性等，可表示为

$$\Delta = \Delta(\dot{\varphi}, \varphi) \leqslant \rho_1 |\varphi| + \rho_2 |\dot{\varphi}| \quad (5\text{-}10)$$

式中，ρ_1 和 ρ_2 为正实数。

由于存在不确定项，控制系统的鲁棒性是需要重点考虑的问题，下面以滑模控制为例，介绍控制器的设计及鲁棒性分析。

定义系统的误差为 $e=\varphi-\varphi_d$，φ_d 为期望侧倾角，通常取 0，得 $e=\varphi$。定义滑模面：

$$s=\dot{e}+k_p e=\dot{\varphi}+k_p \varphi \tag{5-11}$$

k_p 为 >0 的常数。为使系统误差收敛，滑模面 s 应等于 0，也即，误差 e 为正时，误差导数 $\dot{e}$ 应小于 0，反之亦然。选择滑模面的收敛速率为指数趋近率：

$$\dot{s}=-[\varepsilon s+c\,\mathrm{sgn}(s)] \tag{5-12}$$

式中，ε 和 c 均为 >0 的常数，取值大小决定收敛速度。

第二项符号函数的目的是在 s 较小时仍能以一定速度趋近滑模面。根据系统的动力学方程又可知：

$$\dot{s}=\ddot{\varphi}+k_p\dot{\varphi}=f(\dot{\varphi},\varphi,a_y)+k_p\dot{\varphi}-\frac{M_u}{I_x}+\Delta \tag{5-13}$$

联立式（5-12）和式（5-13），得到 M_u 的控制率为

$$M_u=I_x[\varepsilon(\dot{\varphi}+k_p\varphi)+c\,\mathrm{sgn}(\dot{\varphi}+k_p\varphi)+f(\dot{\varphi},\varphi,a_y)+k_p\dot{\varphi}+\Delta] \tag{5-14}$$

为保证在系统存在不确定时仍能稳定，ε 和 c 的取值推导过程如下。

不失一般性，假设系统状态 φ 的初始状态 φ_0 属于 Y，Y 为紧凑域类的正不变集，任意 $\varphi(t)\in Y$，且存在 $\varphi_{max}>0$，使得 $\varphi_{max}>\varphi_0$。取李雅普诺夫函数：

$$V=\frac{1}{2}(\varphi^2+s^2) \tag{5-15}$$

其对时间的一阶导为

$$\dot{V}=\varphi\dot{\varphi}+s\dot{s}=-k_p\varphi^2+\varphi s-\varepsilon s^2-c|s|+\Delta s \tag{5-16}$$

将 $\Delta=\Delta(\dot{\varphi},\varphi)\leqslant\rho_1|\varphi|+\rho_2|\dot{\varphi}|$ 代入式（5-16），得

$$\begin{aligned}\dot{V}&\leqslant-k_p\varphi^2+\varphi s-\varepsilon s^2-c|s|+(\rho_1|\varphi|+\rho_2|\dot{\varphi}|)s\\&\leqslant-k_p\varphi^2+|\varphi||s|-\varepsilon s^2-c|s|+\rho_1|s||\varphi|+\rho_2(k_p|\varphi|+|s|)|s|\\&\leqslant-k_p\varphi^2-(\varepsilon-\rho_2)s^2-[c-(1+\rho_1+\rho_2 k_p)]\varphi_{max}|s|\end{aligned} \tag{5-17}$$

为使 $\dot{V}$ 严格负定，需要：

$$\varepsilon>\rho_2 \tag{5-18}$$

$$c>(1+\rho_1+\rho_2 k_p)\varphi_{max} \tag{5-19}$$

根据前述的控制率得到滑模控制器的输出 M_u，M_u 通过左右悬架作动器产生大小相等、方向相反的作动力 u_1、u_r 实现。

$$u_1=-u_r=\frac{M_u}{2w_b} \tag{5-20}$$

式中，w_b 为轮距。

5.2.4 预瞄主动车身控制

经典平顺控制的思路是抑制路面激励产生的车身和簧下质量的振动、车轮动载荷等。传感技术的发展使得能够提前获得路面轮廓信息，为主动应对路面起伏改善车辆平顺性提供了途径。图 5-19 所示为预瞄主动车身控制的示意图，在车辆前部安装双目相

机或激光雷达等，对车辆前方的路面进行实时扫描，以提前获得路面的轮廓信息，主动、独立地控制车辆各悬架的作动力和位移，补偿路面的起伏，使车身保持平稳。预瞄主动车身控制由三个部分构成，分别是路面高程估计、车速修正和主动悬架闭环控制。

图 5-19　预瞄主动车身控制示意图

1. 路面高程估计

以激光测量路面高程为例，两个激光传感器分别安装在左右前照灯位置，向地面发出扫描角为 0.5° 的激光束，如图 5-20 所示。传感器在车身上的俯仰角和安装高度分别为 γ_s 和 Z_s，每个光斑的入射角为 γ_i，到传感器的距离为 D_i。每个光斑在车辆局部坐标系的位置为

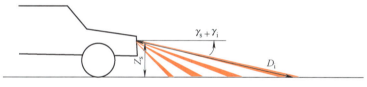

图 5-20　激光传感器测量路面轮廓原理

$$x_i = (D_i + D_{off}) \cos(\gamma_s + \gamma_i) + x_{cor}(v, \Delta T) \qquad (5-21)$$

$$y_i = (D_i + D_{off}) \sin(\gamma_s + \gamma_i) - Z_s \qquad (5-22)$$

式中，D_{off} 用于补偿不同反射面的漫反射产生的测量误差；$x_{cor}(v, \Delta T)$ 用于修正与行驶速度、采样周期与滞后相关的误差。

为了降低测量误差，对采样点处的相邻点和重叠点进行加权平均以计算路面高程。由于车辆在行驶过程中姿态和车身高度发生变化，故 γ_s 和 Z_s 的误差是路面高程误差的主要构成之一。采用回归分析修正 γ_s 和 Z_s，即将当前和上一次测量的高程信息在纵向上对齐，构建线性回归方程，估计传感器俯仰和高度误差。在每个采样周期进行迭代计算，最终得到对误差的准确估计，并代入式（5-21）和式（5-22）获得准确的路面高程估计。

2. 车速修正

车辆速度决定了悬架主动补偿的时机，因此准确的速度信息是主动车身控制的前提。通过 ABS 轮速传感器获得的速度信号含有未知的车轮滑移率、车轮半径变化等引入的误差。激光传感器数据记录了连续的路面高程，通过分析两个连续的路面高程序列的相关性，可得到车身速度信息，利用这个信息可校正滑移率、半径变化等引入的车速误差。具体方法为：用估计的车身速度与测量轮速的比值迭代更新车速校正因子，ABS 轮速与车速校正因子之积为修正后的车速。

3. 主动悬架闭环控制

下面简略介绍基于 LQR 的最优控制方法。首先建立七自由度车辆模型（图 5-21）描述在路面激励下的车身垂向、俯仰和侧倾运动。

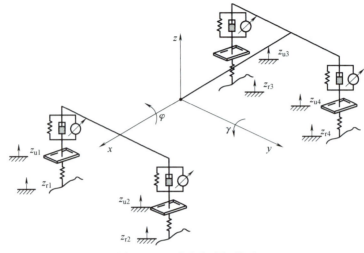

图 5-21　七自由度车辆模型

γ—车身俯仰角　φ—车身侧倾角　z_{ui}—第 i 个车轮的垂向位移　z_{ri}—第 i 个车轮路面的高度

由七自由度车辆模型建立主动悬架控制的线性状态方程。取状态变量 $\boldsymbol{X}$、控制变量 $\boldsymbol{u}$、干扰量 $\boldsymbol{w}$ 分别为

$$\boldsymbol{X} = \begin{bmatrix} z_{u1} & z_{u2} & z_{u3} & z_{u4} & \dot{z}_{u1} & \dot{z}_{u2} & \dot{z}_{u3} & \dot{z}_{u4} & z & \dot{z} & \varphi & \dot{\varphi} & \gamma & \dot{\gamma} \end{bmatrix}^{\mathrm{T}} \quad (5\text{-}23)$$

$$\boldsymbol{u} = \begin{bmatrix} F_1 & F_2 & F_3 & F_4 \end{bmatrix}^{\mathrm{T}}$$

$$\boldsymbol{w} = \begin{bmatrix} z_{r1} & z_{r2} & z_{r3} & z_{r4} \end{bmatrix}^{\mathrm{T}}$$

线性状态方程表示为

$$\dot{\boldsymbol{X}} = \boldsymbol{A}\boldsymbol{X} + \boldsymbol{B}\boldsymbol{u} + \boldsymbol{E}\boldsymbol{w} \quad (5\text{-}24)$$

$$\boldsymbol{Y} = \boldsymbol{C}\boldsymbol{X} + \boldsymbol{D}\boldsymbol{u}$$

进一步得到离散状态方程：

$$\boldsymbol{X}(k+1) = \boldsymbol{A}_{\mathrm{d}}\boldsymbol{X}(k) + \boldsymbol{B}_{\mathrm{d}}\boldsymbol{u}(k) + \boldsymbol{E}_{\mathrm{d}}\boldsymbol{w}(k) \quad (5\text{-}25)$$

$$\boldsymbol{Y}(k) = \boldsymbol{C}_{\mathrm{d}}\boldsymbol{X}(k) + \boldsymbol{D}_{\mathrm{d}}\boldsymbol{u}(k)$$

参考图 5-22 所描述的单轮预瞄示意，定义 $\boldsymbol{X}_{\mathrm{p}}(k)$ 为观测到的路面扰动量：

$$\boldsymbol{X}_{\mathrm{p}}(k) = \begin{pmatrix} \boldsymbol{w}(k) \\ \boldsymbol{w}(k+1) \\ \vdots \\ \boldsymbol{w}(k+N_{\mathrm{p}}) \end{pmatrix} \quad (5\text{-}26)$$

式中，N_{p} 是预瞄步数，取 $N_{\mathrm{p}} = T_{\mathrm{p}}/T_{\mathrm{s}}$，其中，$T_{\mathrm{p}}$ 是预瞄长度，T_{s} 为离散时间步长。

扰动量的状态转移方程为

$$\boldsymbol{X}_{\mathrm{p}}(k+1) = \boldsymbol{A}_{\mathrm{p}}\boldsymbol{X}_{\mathrm{p}}(k) + \boldsymbol{E}_{\mathrm{p}}\boldsymbol{w}(k+N_{\mathrm{p}}+1) \quad (5\text{-}27)$$

$$\boldsymbol{Y}_{\mathrm{p}}(k) = \boldsymbol{C}_{\mathrm{p}}\boldsymbol{X}_{\mathrm{p}}(k) = \boldsymbol{w}(k+N_{\mathrm{p}})$$

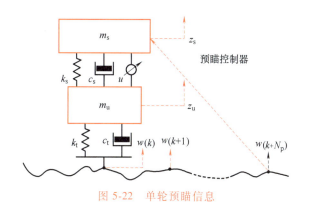

图 5-22   单轮预瞄信息

式中，

$$A_p = \begin{pmatrix} 0 & 1 & 0 & 0 \\ \vdots & 0 & I & 0 \\ 0 & 0 & 0 & 1 \\ 0 & 0 & \cdots & 0 \end{pmatrix}, \ E_p = \begin{pmatrix} 0 \\ \vdots \\ 0 \\ 1 \end{pmatrix}, \ C_p = \begin{bmatrix} 0 & \cdots & 0 & 1 \end{bmatrix}$$

将观测的路面扰动增广到状态变量中，定义：

$$X_{aug}(k) = \begin{bmatrix} X(k) \\ X_p(k) \end{bmatrix} \tag{5-28}$$

得到增广后的状态矩阵：

$$X_{aug}(k+1) = A_{aug}X_{aug}(k) + E_{aug}w(k+N_p+1) \tag{5-29}$$

$$Y(k) = C_{aug}X_{aug}(k) + D_{aug}u(k)$$

建立增广状态方程的 LQR 控制器，求解增益矩阵 K，得到控制率：

$$u(k) = -KX_{aug}(k) \tag{5-30}$$

5.3 线控悬架电控系统

5.3.1 主动油气悬架电控系统

图 5-23 和图 5-24 所示分别为某车型主动油气悬架电控系统主要零部件位置及系统结构图。电控系统由传感器、ECU、前后桥分配阀单元、液压泵单元等构成。

主要传感器及其作用：

1）三个车身加速度传感器布置在车身的左前、右前及右后部位，测量车身的垂向加速度。

2）四个车身高度传感器布置在四个悬架支柱位置，测量车身高度。

3）四个柱塞行程传感器安装在悬架支柱上，提供液压缸活塞的位置反馈。

4）压力传感器检测液压泵输出压力。

5）油温传感器用于液压系统的状态反馈。

主要执行部件为前后桥分配阀单元和液压泵单元。ECU 根据本地传感器及 CAN 总

线的输入信息（轮速信息、点火状态、操作者设定等）控制液压泵产生作动压力，通过分配阀单元控制悬架支柱液压缸的液压油流向，调节悬架阻尼，以吸收低频振动（<5Hz）及调整车身高度。

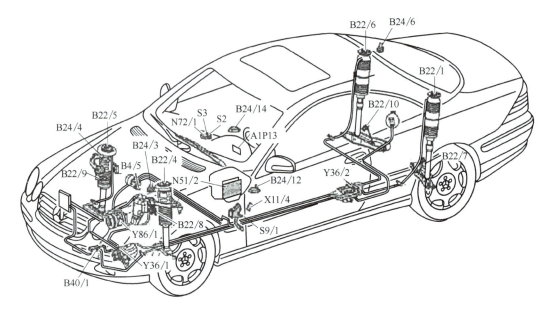

图 5-23　主动油气悬架电控系统零部件位置图

A1P13—显示器　B4/5—压力传感器　B22/1—左后柱塞行程传感器　B22/4—左前柱塞行程传感器　B22/5—右前柱塞行程传感器　B22/6—右后柱塞行程传感器　B22/7—左后高度传感器　B22/8—左前高度传感器　B22/9—右前高度传感器　B22/10—右后高度传感器　B24/3—左前加速度传感器　B24/4—右前加速度传感器　B24/6—右后加速度传感器　B24/12—侧向加速度传感器　B24/14—纵向加速度传感器　B40/1—油温传感器　N51/2—ECU　N72/1 S2—高度控制开关　N72/1、S3—舒适/运动开关　S9/1—制动灯开关　X11/4—诊断接头　Y36/1—前桥分配阀单元　Y36/2—后桥分配阀单元　Y86/1—液压泵单元

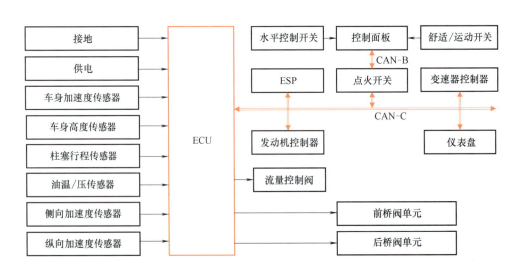

图 5-24　主动油气悬架电控系统结构

5.3.2　主动空气悬架电控系统

图 5-25 和图 5-26 所示分别为主动空气悬架电控系统主要零部件位置和系统结构图。电控系统由传感器、空气悬架控制器、操纵显示单元、供气总成、气压电磁阀组件和阻尼控制电磁阀等构成。

主要传感器及其作用：

1）四个车身水平高度传感器布置在悬架支柱位置，用于测量车身高度。

2）三个车身加速度传感器安装在前左、前右和后右悬架支柱位置的车身上，测量车身垂向加速度。

3）车门、行李舱盖开关信号用于停车高度控制。

4）压缩机温度传感器用于反馈空压机的运行状态。

5）压力传感器用于反馈调节阀内管道压力。

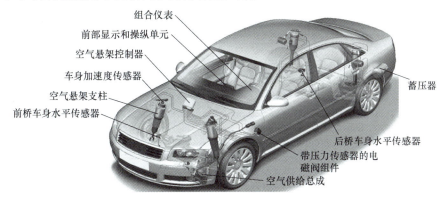

图 5-25　主动空气悬架电控系统零部件位置图

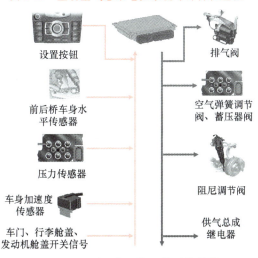

图 5-26　主动空气悬架电控系统结构

主要执行部件包括排气阀、空气弹簧调节阀、蓄压器阀、阻尼调节阀、供气总成等。图 5-27 所示为空气弹簧的充排气控制过程。电磁阀 9a～9d 为空气弹簧调节阀，电磁阀 10 为蓄压器阀，电磁阀 5 为排气阀。图 5-27a 所示为充气过程，排气阀 5 断电，

气控阀 6 断开，空压机输出的高压气体经单向阀 3a 进入电磁阀总成，控制调节阀 9a～9d 的启闭，向对应气囊充气。图 5-27b 所示为排气过程，排气阀 5 通电，气控阀 6 在两个控制压力共同作用下打开，调节阀 9a～9d 通电，气囊内压缩空气经调节阀、排气阀 5、单向阀 3b、气控阀 6 排出。

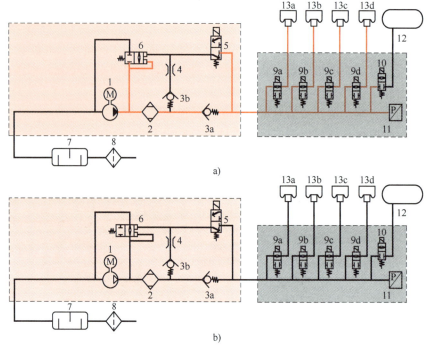

图 5-27　空气弹簧充排气控制

a）充气过程　b）排气过程

1—电动空压机　2—干燥器　3a、3b—单向阀　4—阻尼调节阀　5—排气阀　6—气控阀
7—消音器　8—过滤器　9a～9d—调节阀　10—蓄压器阀　11—压力传感器　12—蓄压器　13a～13d—气囊

阻尼调节阀的结构与工作原理如图 5-28 所示。当活塞以速度 v 向下运动动时，阻

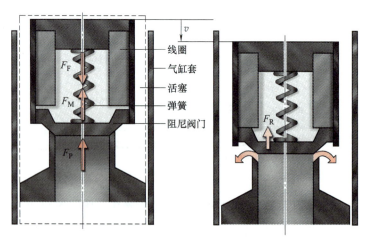

图 5-28　阻尼调节阀结构与工作原理

尼阀门下腔压力上升。电磁铁线圈通电，当电磁力 F_M 与阀门下腔的压力 F_P 超过弹簧预紧力 F_F 时，将阀门打开。控制线圈电流的大小从而改变阻尼阀口开启压力和节流孔面积，电流越大，减振器的阻尼力越小。

5.4　线控悬架系统的失效与容错控制

5.4.1　危害分析与风险评估

1. 失效模式与影响分析

将主动悬架系统分为传感、控制、执行、电源和通信五个功能模块，对五个模块进行 FMEA。分析各模块失效模式导致的主动悬架系统潜在失效后果的危害，得出以下几种有害的失效后果。

1）失去阻尼控制，产生过度/不足阻尼控制或意外的阻尼控制。

2）失去车身高度控制，产生过高/过低的车身高度控制或意外的车身高度控制。

3）失去刚度控制，产生过度/不足的刚度控制或意外的刚度控制。

4）失去侧倾/俯仰控制，产生过度/不足的侧倾/俯仰控制或意外的侧倾/俯仰控制。

线控悬架系统各模块潜在部分失效模式、失效后果及失效原因见表 5-1。

表 5-1　线控悬架失效模式与后果

模块	失效模式	潜在后果	失效原因
传感	车身高度传感器失效	过度/不足或意外的高度、刚度、阻尼、侧倾/俯仰控制	开路、短路、卡死、漂移、电磁干扰
	车身加速度传感器失效	过度/不足或意外刚度、阻尼控制	
	纵、侧向加速度传感器失效	过度/不足或意外的侧倾/俯仰控制	
	压力传感器失效	过度/不足的刚度、侧倾/俯仰控制	
控制	控制器输出错误信号或无输出	潜在失效后果 1）~4）等	硬件电路故障、软件故障、电磁干扰
执行	电机失效	失去阻尼、刚度、水平高度和侧倾/俯仰控制	电机绕组故障（开路/短路）、机械故障
	阀失效	潜在失效后果 1）~4）等	阀线圈开路、复位弹簧断裂、阀芯卡滞
通信	节点故障	失去水平高度控制	总线驱动器故障
	链路故障		线路开路、短路，总线被侵入、电磁干扰
电源	电源失效	失去阻尼、刚度、水平高度和侧倾/俯仰控制	电源断路、短路、电源电压异常引起供电保护

2. ASIL 等级

在失效模式及其失效后果分析的基础上，结合运行场景，对失效后果引起潜在危

害的严重度、暴露度和可控性进行评估，确定各失效模式在特定运行场景下潜在危害的 ASIL 等级。部分严苛工况下车身水平高度传感器失效引起危害的 ASIL 等级见表 5-2。车身水平高度传感器失效的 ASIL 等级取几种运行场景中的最高级——C 级。

表 5-2　高度传感器失效的 ASIL 等级

运行场景	失效后果	危害事件	严重度	暴露度	可控性	ASIL 等级
高速下严格转弯条件或换道	意外阻尼控制	产生稳定性问题和增加制动距离,发生碰撞或车辆失稳	S3	E2	C2	A
高速转弯或双车道换道	多个水平高度控制不正确或意外控制	车辆发生偏航、侧倾,引发碰撞或侧翻	S4	E3	C2	C
	多个车轮刚度控制不正确或意外	产生稳定性问题、增加制动距离、偏航、侧倾,引发碰撞或侧翻	S4	E3	C2	C
	侧倾控制不正确或意外	产生稳定性问题、增加制动距离、偏航、侧倾,引发碰撞或侧翻	S4	E3	C2	C

其他失效模式引起危害事件的 ASIL 等级见表 5-3，除电机和通信链路失效外，其他失效模式引起的潜在危害事件的 ASIL 等级为 C 级。

表 5-3　主动悬架系统各种失效模式引起危害事件的 ASIL 等级

失效模式	ASIL 等级	安全目标
车身水平高度传感器失效	C	避免意外的阻尼、刚度、高度、姿态控制,过大/小幅度在容限内
车身加速度传感器失效	C	避免意外的阻尼、刚度控制,过大/小幅度在容限内
纵、侧向加速度传感器失效	C	避免意外的侧倾/俯仰控制,过大/小幅度在容限内
压力传感器失效	C	刚度、侧倾/俯仰控制的过大/小幅度在容限内
控制器输出错误信号或无输出	C	避免意外的阻尼、刚度、高度、姿态控制,过大/过小幅度在容限内
电机失效	QM	—
阀失效	C	避免意外的阻尼、高度、刚度、姿态控制
节点/链路故障	QM	—

5.4.2　故障诊断与容错控制

主动悬架系统的故障分为三类：执行器故障、传感器故障和控制器故障，控制器的故障诊断、容错与安全架构等在前面章节已有介绍，本节主要介绍主动悬架执行器和传感器的故障诊断与容错控制。

1. 传感器故障诊断与容错控制

如图 5-24 所示，主动悬架的典型传感器有车身高度传感器、车身加速度传感器、柱塞行程传感器、压力传感器等，各传感器间存在冗余信息。以图 5-29 所示的主动悬

架为例，介绍基于模型的传感器故障诊断方法。

从前文章节可得到簧上和簧下质量的垂向加速度方程：

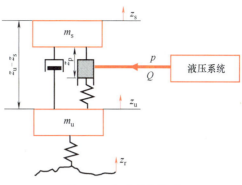

图 5-29　主动悬架模型

$$m_s \ddot{z}_s = f_z + F_D \tag{5-31}$$

$$m_u \ddot{z}_u = f_{z,\text{tire}} - F_s - F_D \tag{5-32}$$

式中，f_z 是作动器输出力，F_s 是弹簧力，$f_{z,\text{tire}}$ 是轮胎垂向力，均用线性弹簧模型描述；F_D 是阻尼力，可用分段线性模型描述。

$$F_s = k_s(z_u - z_s + z_p) \tag{5-33}$$

$$f_{z,\text{tire}} = k_t(z_r - z_u) \tag{5-34}$$

$$F_D = B_{si}(\dot{z}_u - \dot{z}_s) + F_{Ci} \tag{5-35}$$

式中，B_{si} 是阻尼器的等效黏滞阻尼系数；F_{Ci} 是阻尼器的库仑阻尼力；z_p 是作动器行程。考虑管道的层流阻力和湍流阻力 R_1 和 R_2，以及运动液体的质量效应，液压缸作动器的缸内压力 p_z 可表示为

$$p_z = p - R_1 Q - R_2 Q^2 - L\dot{Q} \tag{5-36}$$

作动器输出力 $f_z = p_z A_z$。忽略活塞和缸内液压油的质量，弹簧力 $F_s = f_z$。联立式 (5-31)~式 (5-36)，得到簧上质量垂向加速度的两种表达形式：

$$m_s \ddot{z}_s = A_z(p - R_1 Q - R_2 Q^2 - L\dot{Q}) + B_{si}(\dot{z}_u - \dot{z}_s) + F_{Ci}\,\text{sgn}(\dot{z}_u - \dot{z}_s) \tag{5-37}$$

或

$$m_s \ddot{z}_s = k_s(z_u - z_s + z_p) + B_{si}(\dot{z}_u - \dot{z}_s) + F_{Ci}\,\text{sgn}(\dot{z}_u - \dot{z}_s) \tag{5-38}$$

忽略液压油的压缩，作动器运动速度与流量 Q 的关系为

$$\dot{z}_p = Q/A_z \tag{5-39}$$

考虑作动器柱塞质量 m_p，根据作动力的受力，柱塞运动加速度表示为

$$\ddot{z}_p = [A_z p_z - k_s(z_u - z_s + z_p)]/m_p \tag{5-40}$$

对式 (5-37)~式 (5-40) 离散化，得到离散表达形式：

$$\ddot{z}_s(k) = f[p(k), Q(k, k-1), z_{su}(k, k-1)] \tag{5-41}$$

$$\ddot{z}_s(k) = f[z_p(k), z_{su}(k, k-1)] \tag{5-42}$$

$$z_{p,Q}(k) = f[z_p(k), Q(k), Q(k-1)] \tag{5-43}$$

$$z_{p,p}(k) = f[z_p(k-1, k-2), p(k), Q(k, k-1), z_{su}(k)] \tag{5-44}$$

式中，$z_{su}(k) = z_u - z_s$。

由此可以得到以车身加速度 $\ddot{z}_s$、车身高度 z_{su}、液压油压力 p、作动器行程 z_p、作动器液压流量 Q（由液压系统模型估计）为输入的传感器故障诊断模型，计算模型估计值与传感器输出的残差。残差表示为

$$r_{\ddot{z}_s,Q}(k) = \ddot{z}_{s,\text{meas}}(k) - f[p(k), Q(k, k-1), z_{su}(k, k-1)] \tag{5-45}$$

$$r_{\ddot{z}_s,z_p}(k) = \ddot{z}_{s,\text{meas}}(k) - f[z_p(k), z_{su}(k, k-1)] \tag{5-46}$$

$$r_{z_{\mathrm{p}},Q}(k)=z_{\mathrm{p,meas}}(k)-f[z_{\mathrm{p}}(k),Q(k),Q(k-1)] \tag{5-47}$$

$$r_{z_{\mathrm{p}},p}(k)=z_{\mathrm{p,meas}}(k)-f[z_{\mathrm{p}}(k-1,k-2),p(k),Q(k,k-1),z_{\mathrm{su}}(k)] \tag{5-48}$$

式中，$\ddot{z}_{\mathrm{s,meas}}(k)$ 和 $z_{\mathrm{p,meas}}(k)$ 是车身加速度和作动器柱塞行程传感器的测量值。

当残差大于设定阈值时，标记为"+/−"。根据残差超阈值情况判断发生故障的传感器（表 5-4），例如，当车身加速度传感器存在故障时，残差 $r_{\ddot{z}_{\mathrm{s}},Q}$ 和 $r_{\ddot{z}_{\mathrm{s}},z_{\mathrm{p}}}$ 将超阈值，而残差 $r_{z_{\mathrm{p}},Q}$ 和 $r_{z_{\mathrm{p}},p}$ 仍在阈值范围内。传感器的容错策略为：当发生传感器故障时，采用模型估计值代替对应的测量值，或主动悬架系统进入静默的安全状态。

表 5-4　残差与传感器故障

失效传感器	残差			
	$r_{\ddot{z}_{\mathrm{s}},Q}(k)$	$r_{\ddot{z}_{\mathrm{s}},z_{\mathrm{p}}}(k)$	$r_{z_{\mathrm{p}},Q}(k)$	$r_{z_{\mathrm{p}},p}(k)$
车身加速度传感器	+/−	+/−	0	0
作动器行程传感器	0	+/−	+/−	+/−
车身高度传感器	+/−	+/−	0	+/−
流量 Q	+/−	0	+/−	+/−
压力传感器	+/−	0	0	+/−

2. 执行器故障诊断与容错控制

对主动悬架执行器的故障诊断，可通过对电气执行部件（如电机、电磁阀）等的电压、电流等信号分析来判定故障，例如，在第 2、3 章介绍的基于信号的电机和电磁阀故障诊断方法，也可将整个作动器（包含液压缸/气室、阀模块/电机等）视作一个部件，根据其故障后对悬架系统的影响诊断和定位故障，下面介绍第二种方法。

作动器的主要故障有增益变化、恒偏差和卡死三种。当主动悬架作动器故障时，因悬架系统的控制输入（也即作动器的输出）的异常从而导致主动悬架控制输出和观测量均发生变化。故可设计故障检测滤波器，产生和提取主动悬架作动器在故障前后的残差信息。发生故障时，残差将超过设计阈值，从而确定系统是否发生故障，再对输出残差信息中所含故障特征进行提取，确定作动器故障部位。主动悬架作动器故障诊断原理如图 5-30 所示，图中 w 为路面高程扰动，u 是控制器的输出，即期望输出的作动力，u_{f} 是作动器实际输出的作动力，r 是输出残差。

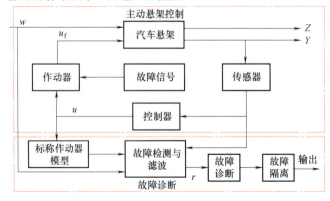

图 5-30　主动悬架作动器的故障诊断原理

基于故障检测滤波器的作动器故障诊断方法如下。

（1）**建立故障检测滤波器**　结合悬架系统的状态方程和观测方程（状态方程描述参考 5.2.1 节，虽然 5.2.1 节给出的是 1/4 悬架模型，半车或整车悬架系统模型在这里也同样适用），设计具有如下全维 Luenberger 观测器形式的故障检测滤波器：

$$\dot{\hat{X}} = A\hat{X} + Bu + Ew + G_l(Y - \hat{Y}) \tag{5-49}$$

$$\hat{Y} = C\hat{X} \tag{5-50}$$

式中，$\hat{X}$ 和 $\hat{Y}$ 分别为状态和观测量的估计；G_l 是待设计的故障检测滤波器反馈增益矩阵。定义状态误差 $\overline{X}$ 和输出残差 r 分别为

$$\overline{X} = X - \hat{X} \tag{5-51}$$

$$r = Y - \hat{Y} \tag{5-52}$$

结合无故障状态下的主动悬架状态方程和输出方程，状态误差和残差方程可表示为

$$\dot{\overline{X}} = (A - G_l C)\overline{X} \tag{5-53}$$

$$r = C\overline{X} \tag{5-54}$$

显然，当矩阵 $A - G_l C$ 的特征值实部 <0 时，且作动器和传感器均无故障时，随着 $t \to \infty$，状态误差 $\overline{X} \to 0$，残差 r 也趋于 0 向量，故设计故障检测滤波器的关键是设计合理的 G_l，使矩阵 $A - G_l C$ 的特征值实部 <0。

（2）**作动器故障检测**　当主动悬架的第 i 个作动器发生故障时，故障悬架系统的状态方程为

$$\dot{X} = AX + Bu + Ew + BE_i \tag{5-55}$$

式中，E_i 表示由第 i 个作动器故障导致的实际输出相对标称输出 u 的偏离。故障时状态误差方程为

$$\dot{\overline{X}} = X - \dot{\hat{X}} = (A - G_l C)\overline{X} + BE_i \tag{5-56}$$

作动器故障时残差 r 的稳态解 r_{sa} 为

$$r_{sa} = \lim_{t \to \infty} \int_0^t Ce^{(A - G_l C)(t - \sigma)} BE_i \mathrm{d}\sigma \tag{5-57}$$

可见当 $t \to \infty$，状态误差 $\overline{X} \neq 0$，残差 r 也不为 0 向量。当残差 r 出现大幅波动时，可判定作动器发生故障。

（3）**作动器故障隔离**　当采用半车或整车悬架模型的状态方程时，状态方程有两个或四个作动器输入，需要确定发生故障的作动器位置。从残差稳态值可以看出，它与第 i 个故障作动器对应的特征向量 $v_i = CBE_i$ 的方向一致，通过计算 r 与各故障作动器对应特征向量 v_i 的相关性，即可判断故障位置。

$$Corr_i = \frac{|r^T v_i|}{\|r\|\|v_i\|} \tag{5-58}$$

式中，$|\cdot|$ 表示绝对值；$\|\cdot\|$ 表示向量的 2 范数。

（4）容错控制策略　当作动器发生卡死、恒偏差时，主动悬架作动器需要关闭以进入安全状态。当发生增益偏差故障时，需要实时估计作动器的增益大小，然后对增益进行补偿。

参 考 文 献

［1］　刘秀梅，李永涛. 车辆油气悬架技术研究综述［J］. 西南交通大学学报，2023.

［2］　殷珺，罗建南，喻凡. 汽车电磁式主动悬架技术综述［J/OL］. 机械设计与研究，2020，36（1）：161-168.

［3］　凌俊威. 基于一种慢主动悬架的车身主动侧倾控制系统仿真研究［D］. 北京：北京理工大学，2016.

［4］　陈相甫. 汽车主动悬架系统的俯仰与侧倾控制方法研究［D］. 哈尔滨：哈尔滨工业大学，2016.

［5］　姚嘉凌. 基于主动悬架的车辆主动侧倾控制研究［J］. 机械强度，2018，40（3）：534-539.

［6］　霍东东. 油气悬架主动控制与状态估计研究［D］. 北京：北京理工大学，2015.

［7］　马冀. 复合式空气悬架性能分析与结构优化［D］. 武汉：华中科技大学，2019.

［8］　崔晓利. 车辆电子控制空气悬架理论与关键技术研究［D］. 长沙：中南大学，2011.

［9］　杨超. 电磁主动悬架直线式作动器优化设计及馈能特性研究［D］. 重庆：重庆大学，2018.

［10］　欣温. 电磁主动悬架作动器设计及控制研究［D］. 重庆：重庆大学，2020.

［11］　GYSEN B L J. Generalized harmonic modeling technique for 2D electromagnetic problems applied to the design of a direct-drive active suspension system［D/OL］. Eindhoven University of Technology，2011.

［12］　丰赵. 基于路面感知的车辆智能悬架控制策略研究［D］. 北京：北京理工大学，2016.

［13］　刘志远. 基于路面信息的智能汽车乘坐舒适性优化方法研究［D］. 哈尔滨：哈尔滨工业大学，2023.

［14］　KASHI K，NISSING D，KESSELGRUBER D，et al. Fault diagnosis of an active suspension control system［J/OL］. IFAC Proceedings Volumes（IFAC-PapersOnline），2006，6（PART 1）：498-503.

［15］　FISCHER D，KAUS E，ISERMANN R. Model based sensor fault detection for an active vehicle suspension［J/OL］. IFAC Proceedings Volumes（IFAC-PapersOnline），2003，36（5）：313-318.

［16］　SADEGHP M H，FASSOIS S D. On-board fault identification in an automobile fully-active suspension system［J/OL］. IFAC Proceedings Volumes，1995，28（1）：139-144.

［17］　寇瑞光. 车辆电控空气悬架系统执行器故障诊断研究［D］. 沈阳：东北大学，2021.

［18］　攀金. 汽车主动悬架系统执行器故障估计［D］. 镇江：江苏大学，2020.

第6章 底盘域协调控制技术

现代车辆装备数量众多的线控底盘子系统，如线控制动、前轮主动转向、后轮转向、主动悬架、四轮独立驱动等，这些子系统通常用于特定的车辆动力学控制。同时车辆作为一个复杂机电系统，各底盘子系统之间存在相互作用，这种作用既可能是干涉，也可能是互补。因此需要采取一定的机制，协调各底盘子系统的目标与控制量，达到避免冲突、实现协同增强的目的，因此底盘域协调控制技术应运而生。

6.1 底盘域协调控制框架

根据对车辆动力学的作用，可将底盘子系统的作用域分为纵向动力学控制、侧向动力学控制和车身运动控制等。例如，前轮转向系统和直接横摆控制属于侧向动力学控制，线控制动和线控驱动属于纵向动力学控制。一方面，在一个动力学作用域上存在多个底盘子系统，使得多子系统间协调改善性能成为可能；另一方面，由于车辆各向动力学间的强耦合，也有必要对各动力学作用域的底盘子系统进行协调，避免冲突。对各底盘子系统间进行协调控制，具有如下优点：

1）互补单个子系统的性能限制。

2）发挥协同效应，提高车辆动力学性能。

3）通过传感器和信息共享，降低底盘系统成本和复杂性。

底盘域协调控制主要分为自下而上（Downstream Architectures，DA）和自上而下（Upstream Architectures，UA）两种协调控制框架。自下而上框架又细分为独立共存和协作共存两类；自上而下框架进一步细分为集中协调、监督协调和多层协调的控制框架。

6.1.1 自下而上协调控制

自下而上框架的显著特征是并行结构。在并行结构中，底盘子系统独立工作，仅在最底层与其他底盘子系统存在一些形式的集成。因各独立的底盘子系统的失效不会相互影响，如 ESP 和线控转向的失效是独立发生的，因此通过这种方式集成，可提供底盘系统部分失效时的容错能力。同时，分散结构有利于底盘系统的模块化、可修改性和可扩展性，部署新的底盘子系统时无需对底盘系统进行大范围的重新设计。

1. 独立共存框架

图 6-1 所示为独立共存的底盘协调控制框架。所有底盘子系统单独开发，有独立的 ECU、控制算法和逻辑，因而也称作分散控制框架。底盘子系统间唯一的交互是通过通信总线，如 CAN、LIN、FlexRay 等，实现信息共享。基于共享的信息，独立共存框架允许底盘子系统行为之间的轻微协调，并通过调整各子系统的控制算法，避免各子系统目标响应的冲突。独立共存框架减少了传感器的数量，与缺乏任何协调控制相比，提高了可靠性和性能，且只需要较低的计算负荷。典型应用有：协调四轮转向（4WS）与主动悬架以改善过弯响应和防止过大的侧倾；协调电子稳定控制（ESP）、主动前轮转向（AFS）和连续阻尼控制（CDC）悬架以提高车辆的侧向稳定性；协调制动控制与驱动控制实现多种路面工况的车轮防滑控制等。

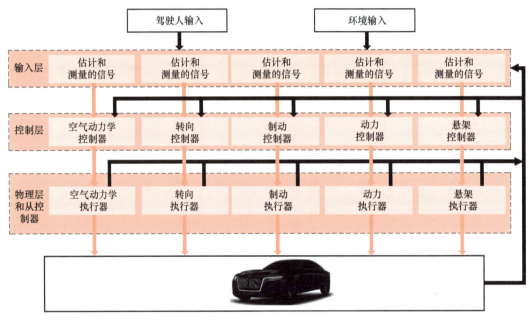

图 6-1　底盘独立共存协调控制框架

独立共存框架的局限在于：对于单一目标的运动学控制，它是一个低成本的解决方案，但对于多动力学目标的控制，如纵向和侧向动力学协同控制，由于缺乏上层的监督或协调，独立共存框架则难以有效实现。

2. 协作共存框架

协作共存框架（图 6-2）中，底盘子系统保留独立的控制器，但增加了一个协调层接收各控制器的输出，由协调层按一定的协调策略，对控制量进行修正，并反馈给各子系统。相比于独立共存框架的基于信息共享的低层次协调，协作共存框架强调执行分配策略的协调，如通过协调制动、悬架以分配轮胎地面纵、侧向附着力。

汽车制造商根据特定驾驶工况的期望目标，设计基于规则的协调策略。例如，为在极限工况下稳定车辆，ESP 可请求主动悬架调整阻尼以优化轮胎垂向负载，继而优化轮胎纵、侧向附着力分配。制定协调策略时应考虑冲突检测与处理、干扰限制等问题。

由于协调策略在各底盘子系统中实施，因而可以在无需增加高层级协调和主控制器的情况下实现，除了协调模块及兼容接口外，也无需对单个控制器进行实质性的修改。协作共存框架的不足有：

1）基于先验经验的测试场景无法考虑所有可能的驾驶工况。

2）每个子系统执行基于不同模型的控制率，如采用不同的车辆动力学参考模型，这些不同的参数和模型，以及各子系统所处的位置会影响协调策略的有效性。

与独立共存的协调框架相似，协调共存更适合单动力学目标的底盘协调控制。

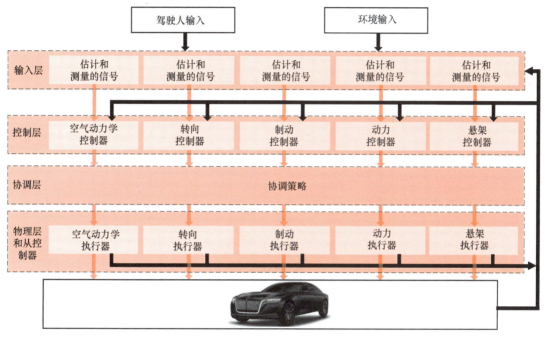

图 6-2　底盘协作共存控制框架

6.1.2　自上而下协调控制

自上而下协调控制框架中，在信号输入层和底盘执行层（即物理层和从控制器）间有一个协调控制器，通过控制分配算法协调各底盘子系统的工作，避免冲突。协调控制器考虑底盘控制中的各种因素，如驾驶工况、驾驶人意图、子系统动态响应时间、能量消耗等，产生最优的控制分配。控制框架所具有的在各种驾驶工况下的多目标协调能力使其成为未来车辆动力学控制的主流方案。

1. 集中协调框架

图 6-3 所示为集中的底盘协调控制框架。顶层为信号输入层，从传感器和状态观测器获取车辆状态信息，并将其输入到中间层——多变量主控制器。主控制器通过底盘协调算法确定位于底层的执行器动作和从控制器特定任务的目标参考（如目标制动压力）。主控制器对所有子系统具有完全权限，因此可通过同时控制所有底盘子系统来提高车辆动力学性能。集中协调框架的不足在于：

1）需要汽车制造商与供应商一起开发主控制器，并适当地修改子系统控制算法，增加了开发难度和复杂性。

2）多变量主控制器的逻辑、算法结构复杂，计算负荷大。

3）缺乏功能模块增减的灵活性。

4）主控制单元故障的容错手段较复杂、成本高。

基于上述原因，集中协调控制框架不适合整个底盘域的协调控制，但适用于耦合紧密的部分底盘子系统间协同控制。

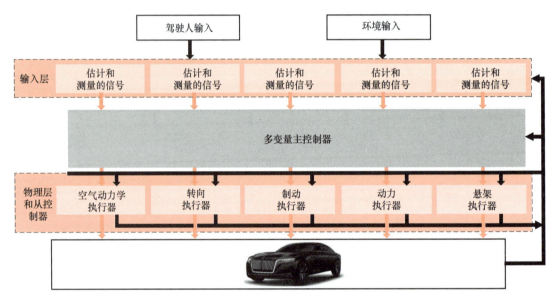

图 6-3　底盘集中协调控制框架

2. 监督协调框架

监督协调控制是在集中协调控制的基础上，增加了局部控制器和上层的协调控制层。如图 6-4 所示，监督协调控制由输入层、监督层、控制层和物理层构成。监督策略层从车辆状态信号、人工或智能驾驶的指令出发，对当前驾驶状态分类，检测不稳定因素或系统故障，并通过以下方式确定底盘子系统的工作。

1）监控子系统的控制行为，并允许子系统按照预定义的优先级进行干预。例如，当转向控制无法进一步提供横摆力矩时（监控控制行为），激活横摆力矩控制（干预）。

2）监控参考状态，如基于路面附着系数检测驾驶条件，然后调整参考模型，产生相应的横摆角速度目标参考。

3）上述两种方式的组合。

控制层包括高层级控制器和低层级控制器。高层级控制器通常为多变量主控制器，该控制器根据监督层生成的目标参考值产生每个局部控制器的控制动作。低层级控制器是底盘子系统的局部控制器，由各自的供应商单独设计和验证。

底盘监督协调控制的分层结构具有一定的容错能力。当控制层不完全依赖于监督

层，即必要的传感器和状态估计也输入到控制层时，该结构在监督层失效后可确保提供最少的功能来保证车辆安全。否则，如果车辆状态信息只输入到监督层，整个架构仍然是集中的，若监督层或通信失效将导致整个系统功能故障。监督协调框架具有模块化特征，在一致接口规范的前提下，车辆制造商（负责监督策略和主控制器）及其供应商可以独立开发互补的控制器。

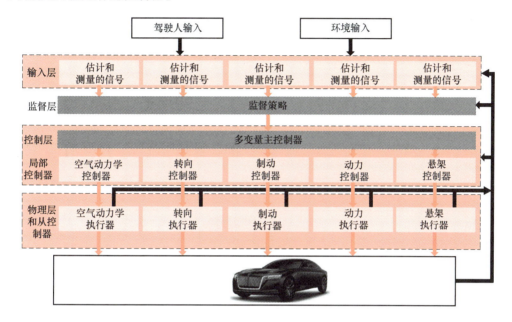

图 6-4　底盘监督协调控制框架

3. 多层协调框架

类似于监督协调，通过分离功能需求，同时协调和监控每个模块，多层协调控制框架（图 6-5）具有模块化和设计灵活性的特点。其层级及功能为：

1）监督策略层确定合适的控制模式，根据车辆动力学状态计算目标参考值。

2）高层级控制器计算全局控制输入，即广义的力和力矩，跟踪目标参考信号。

3）协调策略层根据控制模式选择对应的底盘子系统。

4）控制分配层在选择的底盘子系统间分配控制输入。

5）控制层跟踪分配的控制输入，将本地动作指令发送到执行器硬件。

6）物理层通过智能执行器执行各种操作。

车辆制造商负责监督策略层到控制分配层的设计，供应商则独立进行子系统控制层和物理层的开发。多层结构将一个复杂的底盘控制问题分解成更小、更易于管理的子部分，同时也提供了一种方便地描述和设计底盘子系统最优运行区间和解耦的方法。在自上而下协调控制框架中，多层协调框架更加适合智能驾驶车辆应用。例如，智能驾驶轨迹跟踪可通过协调转矩矢量控制和转向控制实现，多层协调框架允许在子系统控制层考虑路面摩擦条件的变化，而集中协调控制框架则需要根据确定的摩擦条件进行优化，并进一步考虑稳定性，从而使算法更加复杂。

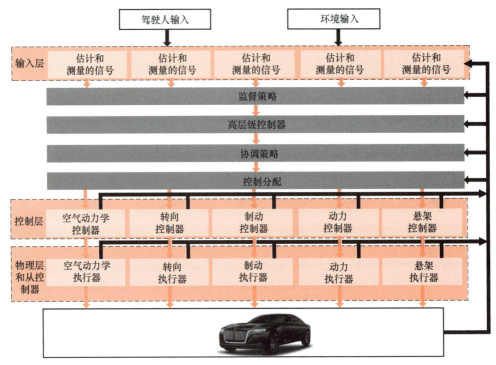

图 6-5　底盘多层协调控制框架

6.1.3　几种协调控制框架对比

从易实施性、协调控制性能及对不同类别车辆的适用性三个方面，表 6-1 定性地对比分析了所述几种协调控制框架，可为选择合适的底盘协调控制框架提供参考。智能驾驶需要采用自上而下的底盘协调控制框架，为车辆动力学稳定控制、轨迹跟踪和失效容错等提供高效的协调机制。而协作共存协调框架更容易实施、容错性好，且能显著改善车辆的操纵稳定性，被广泛应用于有人驾驶车辆。

表 6-1　协调控制框架的对比

协调控制性能		架构				
		自下而上协调控制		自上而下协调控制		
		独立共存	协作共存	集中协调	监督协调	多层协调
易实施性	成本	低	低	中等	中等	高
	复杂度	低	低	高	中等	中等
	车厂-供应商间独立性	独立	独立	紧密耦合	中等	中等
	模块化程度	高	高	低	中等	高
	集成度	低	低	高	中等	中等

（续）

协调控制性能		架构				
		自下而上协调控制		自上而下协调控制		
		独立共存	协作共存	集中协调	监督协调	多层协调
性能	计算负荷	低	低	高	中等	中等
	容错性能力	高	高	低	中等	高
	协调的执行器数量	少	少	中等	多	多
	最优控制分配	低	中等	高	中等	中等
	适应性	低	中等	高	高	高
	面向全局稳定性设计	差	差	好	好	好
	高层级监督	低	低	中等	高	高
	多目标协调	低	低	高	高	高
目标车	智能驾驶	不适合	不适合	适合	中等	适合
	有人驾驶运动型	中等	中等	适合	适合	中等
	普通有人驾驶	中等	适合	适合	适合	中等

6.2　底盘动力学协调控制

6.2.1　底盘协调控制的参考控制量

底盘协调控制侧重于单个或集成的纵向、侧向操纵稳定性及车身运动三个动力学域的控制。在每个动力学域控制中，控制器对参考量进行跟踪，并间接影响其他动力学域的响应。

1. 纵向参考控制量

参考驱动/制动力由驾驶人控制的加速/制动踏板输入决定，或由智能驾驶系统的目标车速闭环控制器输出所决定。驱动力由加速踏板行程、车辆速度、驾驶模式等输入计算，经总线发送给驱动单元。对于配备制动助力、串联主缸的传统制动系统的车辆，制动力由制动踏板力及其串联主缸压力决定。对于配备线控制动的车辆，参考制动力由制动踏板位置和（或）踏板速度决定（参见 3.2.1 节中"1. 制动意图识别"相关内容）。

ABS 和 ESP 属于法规强制配备的制动功能组件，用于防止车轮出现过大滑移率，维持车辆的方向控制能力，并通过改变作用在单个车轮上的制动力产生直接横摆力矩，减小横摆角速度误差和侧滑角。在自上而下协调控制框架中，车轮滑移率控制作为从控制器任务，跟踪协调层给定的参考滑移率，参考滑移率可根据上一个 ABS 工作循环估计。

2. 侧向参考控制量

（1）横摆角速度参考　对横摆角速度的跟踪是侧向动力学控制的重点。常采用简

化的线性两轮模型计算横摆角速度稳态响应：

$$\omega_{\mathrm{ref},\delta} = \frac{v_x \delta_{\mathrm{f}}}{L(1+Kv_x^2)} \tag{6-1}$$

式中，$\omega_{\mathrm{ref},\delta}$ 是根据转向角确定的参考横摆角速度；v_x 是纵向速度；δ_{f} 是前轮转向角；L 是车辆轴距；K 为不足转向系数。

速度一定时，$\omega_{\mathrm{ref},\delta}$ 与 δ_{f} 呈线性关系。因为驾驶人希望能够感受到从线性区域逐步过渡到最终转向不足状态（如图 6-6 所示的饱和段），并意识到接近转弯极限，故该参考模型对极低频次动力学介入的应用是合理的，如 ESP 仅在横摆角速度误差很大时介入，但不适合频繁或连续的侧向动力学介入。因此，一种合理的方法是以图 6-6 所示的横摆角速度与转向角、速度的非线性关系计算 $\omega_{\mathrm{ref},\delta}$，同时考虑路面附着力、驱动力需求等对映射关系进行修正。

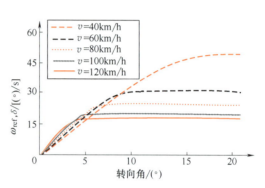

图 6-6　考虑轮胎侧向力饱和的横摆角速度响应

考虑路面附着限制，稳定的横摆角速度 $\omega_{\mathrm{sta},\mu}$ 可表示为

$$\omega_{\mathrm{sta},\mu} = \left| \eta\mu g / v_x \right| \tag{6-2}$$

式中，η 为安全系数。

另外，过大的车身侧偏角 β 或后轴滑移角可通过减小转向角以显著降低横摆力矩来控制。侧偏角可通过设计适当的控制器实现，如并联补偿，也可通过对横摆角速度的跟踪来实现，即

$$\omega_{\mathrm{ref}} = \omega_{\mathrm{ref},\delta} - w_\beta(\omega_{\mathrm{ref},\delta} - \omega_{\mathrm{sta},\beta}) \tag{6-3}$$

$$\omega_{\mathrm{sta},\beta} = (a_y - \mathrm{sgn}(a_y)\Delta a_y)/v_x \tag{6-4}$$

式中，a_y 是车身侧向加速度；Δa_y 用于提供安全余量。

式（6-3）的作用是：当 $\omega_{\mathrm{ref},\delta}$ 大于根据侧向加速度计算的稳定横摆角速度时，也即存在较大侧滑加速度时，减小横摆角速度参考幅值。为提供与车辆响应一致的侧向动力学响应，还应对 ω_{ref} 进行一阶或二阶低通滤波。

（2）侧偏角参考　车辆侧偏角 $\beta_{\mathrm{ref},\delta}$ 可由下式计算或简单地取为零。

$$\beta_{\mathrm{ref},\delta} = \frac{l_{\mathrm{r}} - \dfrac{Ml_{\mathrm{f}}v_x^2}{C_{\mathrm{r}}L}}{L(1+Kv_x^2)} \delta_{\mathrm{f}} \tag{6-5}$$

最大安全侧偏角 $\beta_{\max}$ 取决于路面附着系数 μ，下面的经验公式被广泛采用。

$$\beta_{\max} = \arctan(0.02\mu g) \tag{6-6}$$

侧向稳定不仅取决于侧偏角幅值，也与侧偏角速度有关，如图 6-7 所示。侧偏角控制的目标是使实际侧偏角响应保持在稳定区间内。

$$\left| K_1\beta + K_2\dot{\beta} \right| = 1 \tag{6-7}$$

基于 β-$\dot{\beta}$ 相平面图的方法在车辆侧向稳定控制中被广泛采用，优点在于：

1）可以直接对侧滑进行控制。

2）适当选定稳定裕度后，控制量与路面附着系数相对独立。

3）具有可解释性，即状态和它的一阶同时为正或负时，状态幅值增大，系统不稳定。

（3）侧翻指数　防侧翻控制中，常采用侧翻指数 RI 表示车辆的侧翻风险。侧倾角和侧倾角速度描述了簧上质量的侧倾运动，侧向加速度是侧向载荷转移和侧翻的主因，故侧翻指数的一种定义方式考虑了簧上质量的侧倾和侧向运动：

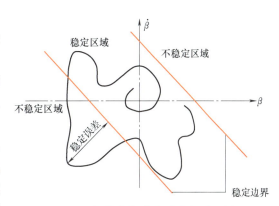

图 6-7　侧偏角-侧偏角速度相平面图

$$RI = \begin{cases} K_1 \dfrac{|\varphi|\dot{\varphi}_{\lim} + |\dot{\varphi}|\varphi_{\lim}}{\varphi_{\lim}\dot{\varphi}_{\lim}} + K_2 \dfrac{|a_y|}{a_{y,\lim}} + (1 - K_1 - K_2)\dfrac{\varphi}{\sqrt{\varphi^2 + \dot{\varphi}^2}}, & \varphi(\dot{\varphi} + K_3\varphi) > 0 \\ K_2 \dfrac{|a_y|}{a_{y,\lim}}, & \varphi(\dot{\varphi} + K_3\varphi) < 0 \end{cases} \tag{6-8}$$

式中，φ，$\dot{\varphi}$ 分别为车身侧倾角和侧倾角速度；$\varphi_{\lim}$，$\dot{\varphi}_{\lim}$ 分别为侧倾角和侧倾角速度阈值；$a_{y,\lim}$ 为侧向加速度阈值；a_y 为车身侧向加速度。

当侧倾角快速增加时，RI 由三部分构成：第一和第三部分考虑侧倾角及侧倾角速度的幅值，第二项考虑侧向加速度。当车身侧倾自然恢复（减小）时，需要注意侧向加速度过大引起侧翻，因此只需考虑侧向加速度部分。

侧翻指数也可采用一种更加直接的表达方式：

$$RI = \frac{|F_{zr} - F_{zl}|}{F_{zr} + F_{zl}} = \frac{|F_{zr} - F_{zl}|}{mg} \tag{6-9}$$

式中，F_{zr}，F_{zl} 分别为左、右车轮上的垂直载荷。

$RI = 0$ 时，左右车轮垂直载荷相等，车辆没有侧翻风险；当 $RI = 1$ 时，一侧车轮的垂直载荷为 0，车轮即将离开地面发生侧翻。式（6-9）描述侧翻风险更加简单、直接，难点在于轮胎垂直载荷的准确估计。一种实用的方法为：在车辆存在较大侧翻风险时，对非驱动左右轮同步施加主动脉冲制动激励，通过车轮的加速度响应，间接估计左右车轮的垂直载荷比。

3. 车身运动参考控制量

道路不平整、车辆纵、侧向加速引起车身的侧倾、俯仰和垂向运动均影响驾乘舒适性。从舒适性的角度，车身运动变量（如侧倾、俯仰、垂向运动）的参考值设定为零，而从车轮可靠抓地的角度，应将动态轮胎载荷参考值设置为零。车辆在运行过程中，舒适性和操纵性具有动态调整优先权。例如，运行工况为高附着路面、低失稳风险时，以舒适性为优先目标；高机动运行工况，濒临失稳风险时，以操纵性为优先目标。补偿车辆由纵向和侧向机动引起的车身运动时，根据车辆实际的纵向和侧向加速度分别

计算参考的抗俯仰和抗侧倾力矩，由主动悬架执行器产生相应的参考力矩。

6.2.2　协调方法

协调即控制量在各底盘子系统间的分配，自下而上和自上而下协调框架采取了不同的协调策略和算法。

1. 自下而上框架的协调方法

独立共存框架的协调策略较为简单，各底盘子系统获取共享信息，通过调整自身的控制行为或积极影响其他执行器的控制行为，达到协调控制的目的。协作共存框架通常采用基于规则的策略，通过预测可能发生的冲突，提前确定优先级和激活顺序。三种常用的协调方法为排序法、最大效用激活和神经网络/模糊控制。

（1）排序法　针对特定动力学目标，先对各底盘子系统进行排序，优先使用排序在前的子系统，直至其达到最大控制输出，再激活次之的子系统，并以此类推。例如，在以侧倾动力学为目标的协调控制中，优先使用主动侧倾控制（Anti Roll Control，ARC）抑制车辆侧倾，当 ARC 达到最大输出时，转矩矢量控制介入，激活车辆稳定控制系统 ESP，通过横摆力矩控制减小侧向加速度，避免车辆发生侧翻。

（2）最大效用激活　根据各底盘子系统对最危险事件的控制效用确定优先激活。各底盘子系统因其工作原理、控制参数不同，对车辆动力学的作用范围和影响程度也不一样。例如，后轮主动转向 RAS 可改善车辆的操纵性，但当轮胎侧向力接近饱和时，RAS 对轮胎侧向力的影响很小或没有影响；ESP 在极端工况下可显著改善车辆侧向稳定性，但会降低车速，驾驶人不希望 ESP 频繁干预。在集成 RAS 和 ESP 以提高车辆操纵稳定性的底盘协调控制中，根据图 6-7 所示的侧偏角-侧偏角速度相平面图确定车辆动力学稳定和不稳定区域。在稳定区域，改善车辆操纵性是主要控制目标，RAS 可以达成控制目标的最大效用且最小的负面影响（对纵向速度无影响），RAS 被激活；在不稳定区域，维持车辆动力学稳定是主要控制目标，RAS 的作用非常有限，ESP 通过差动制动产生的横摆力矩对恢复车辆稳定具有最大效用，ESP 被激活。

（3）神经网络/模糊控制协调器　前两种方法的逻辑简单、清晰，缺点是底盘子系统的激活切换会对动力学控制产生一定的扰动，执行器容易达到其工作极限或饱和工作区域。基于人工神经网络（Artificial Neural Network，ANN）的协调器使用非线性插值函数防止执行器饱和，通过权重因子允许不同协调模式之间平滑过渡。模糊控制（Fuzzy Control，FC）协调器与 ANN 协调器具有相似的优点，不同于 ANN 的黑箱特性，FC 具有更好的可解释性。

2. 自上而下框架的协调方法

自上而下框架利用上层的监督决策简化控制分配优化问题。

（1）监督决策策略　监督决策层的作用是识别车辆的运行状态，基于先验知识切换控制模式，或调整控制目标参考值。例如，根据侧向加速度 a_y 和横摆角速度 ω 的响应将车辆运行状态分为过转向、不足转向和濒临失稳三个状态，对应底盘协调控制的三个模式：机动控制、敏捷控制和稳定控制。在三个控制模式中，四轮转向 4WS、车辆

稳定控制 ESP 和主动悬架等具有不同的优先级。除了对车辆的状态进行监测，监督层也对驾驶人的操作进行评估，当检测到驾驶人的错误操作时，监控策略可超越驾驶人的命令，以保证安全。

在模式改变时，需避免控制输入在执行器间突然切换，一般采用平滑的权重调度机制将控制行为从一个执行器转移到另一个执行器。例如，利用侧偏角 β 和侧偏角速度 $\dot{\beta}$ 构建侧向稳定因子：

$$SI = \left| K_{\mathrm{si},1}\dot{\beta} + K_{\mathrm{si},2}\beta \right| \tag{6-10}$$

当 $SI < 0.6$ 时，由前轮主动转向 AFS 改善操纵性；当 $SI > 0.8$ 时，车辆稳定控制系统 ESP 产生横摆力矩提高车辆侧向稳定性。为实现 AFS 和 ESP 间的平滑过渡，采用如图 6-8 所示的 sigmoid 函数确定两个子系统间的权重分配。

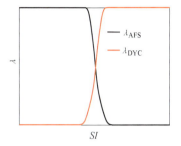

图 6-8　平滑过渡切换函数

（2）控制分配算法　控制分配的作用是在多个冗余的子系统间分配控制量，采用的方法包括基于规则的控制、最优控制、模型预测控制、神经网络、模糊逻辑等。

基于规则的控制分配是一种简单实用的方法。例如，在四个车轮上分配制动力实现期望横摆力矩时，根据车辆是否处于过转向或不足转向以及车轮附着力是否饱和，确定制动力在前后轮上的分配，规则见表 6-2。表中下角标 RR，RL，FR，FL 分别表示后右、后左、前右和前左车轮。

表 6-2　直接横摆控制的制动力分配规则

序号	转向状态	横摆力方向	摩擦力限制	制动力分配
1	不足转向	$M_z > 0$	$F_{x,\mathrm{RL}} \leq F_x, \max$	$F_{x,\mathrm{RL}} = M_z/w_{\mathrm{b}}$
2	不足转向	$M_z > 0$	$F_{x,\mathrm{RL}} > F_x, \max$	$F_{x,\mathrm{RL}} = \mu F_{z,\mathrm{RL}}, F_{x,\mathrm{FL}} = M_z/w_{\mathrm{b}} - F_{x,\mathrm{RL}}$
3	不足转向	$M_z < 0$	$F_{x,\mathrm{RR}} \leq F_x, \max$	$F_{x,\mathrm{RR}} = M_z/w_{\mathrm{b}}$
4	不足转向	$M_z < 0$	$F_{x,\mathrm{RR}} > F_x, \max$	$F_{x,\mathrm{RR}} = \mu F_{z,\mathrm{RR}}, F_{x,\mathrm{FR}} = M_z/w_{\mathrm{b}} - F_{x,\mathrm{RR}}$
5	过转向	$M_z > 0$	$F_{x,\mathrm{FL}} \leq F_x, \max$	$F_{x,\mathrm{FL}} = M_z/w_{\mathrm{b}}$
6	过转向	$M_z > 0$	$F_{x,\mathrm{FL}} > F_x, \max$	$F_{x,\mathrm{FL}} = \mu F_{z,\mathrm{FL}}, F_{x,\mathrm{RL}} = M_z/w_{\mathrm{b}} - F_{x,\mathrm{FL}}$
7	过转向	$M_z < 0$	$F_{x,\mathrm{FR}} \leq F_x, \max$	$F_{x,\mathrm{FR}} = M_z/w_{\mathrm{b}}$
8	过转向	$M_z < 0$	$F_{x,\mathrm{FR}} > F_x, \max$	$F_{x,\mathrm{FR}} = \mu F_{z,\mathrm{FR}}, F_{x,\mathrm{RR}} = M_z/w_{\mathrm{b}} - F_{x,\mathrm{FR}}$

最优控制即在给定的等式和不等式约束下，寻求使系统性能最优、代价最低的控制分配，也是一种常用方法。该方法可以考虑多个因素，以应对不断变化的条件、执行器限制和系统稳定性等，故适合于多目标的集成协调控制。通过考虑系统的未来行为，将控制动作分配给冗余执行器，模型预测控制 MPC 是解决车辆底盘协调优化控制问题的有效方法。以路径跟踪问题为例，为提高车辆的侧向敏捷性和响应速度，在转向控制的同时，可施加差动制动以产生额外的横摆力矩。这里涉及主动转向和差动制动控制量的分配问题，可构建模型预测控制优化问题：

$$\min_{\boldsymbol{U}} J = \sum_{k=1}^{N} \boldsymbol{X}^{\mathrm{T}}(k)\boldsymbol{Q}\boldsymbol{X}(k) + \boldsymbol{U}^{\mathrm{T}}(k)\boldsymbol{R}\boldsymbol{U}(k) + \Delta\boldsymbol{U}^{\mathrm{T}}(k)\boldsymbol{P}\Delta\boldsymbol{U}(k) \tag{6-11}$$

$$s.t. \begin{cases} |\boldsymbol{U}(k)| \leqslant U_{max}^k \\ |\boldsymbol{\Delta U}(k)| \leqslant \boldsymbol{\Delta}U_{max}^k \\ \boldsymbol{X}(k+1) = f_d(\boldsymbol{X}(k), \boldsymbol{U}(k)) \end{cases}$$

式中，$\boldsymbol{X} = [v_y, \omega, e_\theta, e_y]$，其中 $v_y, \omega, e_\theta, e_y$ 分别为侧向速度、横摆角速度、航向偏差和侧向偏差；$\boldsymbol{U} = [F_{yf}, M_{Fx}]$，$F_{yf}$、$M_{Fx}$ 分别为前轮转向产生的侧向力和差动制动产生的额外横摆力矩；$f_d(\cdot)$ 为车辆动力学状态方程。

式中第一项为跟踪误差惩罚量，使系统跟踪期望轨迹；第二项为控制量幅值惩罚量，以减小控制量幅值；第三项为控制增量的惩罚量，以尽量保持控制输出恒定或平滑变化。加权矩阵 $\boldsymbol{R}$ 对侧向力的惩罚为 0，故控制器优先使用转向对路径进行跟踪，当转向不能满足路径跟踪要求时，施加差动制动以减小跟踪误差。加权矩阵 $\boldsymbol{Q}$ 决定控制目标间的优先级。

控制分配的困难主要由系统非线性特性和各子系统间干扰耦合造成，如主动转向和主动悬架两个控制通道存在强耦合——转向和车轮垂向载荷控制均会引起车辆的横摆和侧倾运动。人工智能方法具有较强的非线性表达能力，在底盘域控制中被广泛应用：利用神经网络构建车辆系统逆模型，并基于逆模型计算产生车辆期望响应的主动转向、主动悬架等控制量；利用模糊化将车辆动力学状态转换为隶属函数范围在 0~1 之间的语言值，应用模糊规则实现控制量在冗余执行器间的分配（图 6-9）。

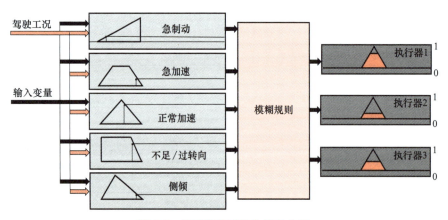

图 6-9　基于模糊逻辑的控制分配

6.2.3　纵向动力学协调控制

纵向动力学协调控制的主要目标有缩短制动距离、改善制动稳定性和舒适性以及提高能量回收率等。

在 ABS 控制过程中，制动压力呈周期性变化。一个控制循环包括增压、保压、减压和阶梯增减压等过程，使车轮滑移率在目标滑移率附近变化。当车轮垂向载荷与制动压力同步变化时，即制动压力高时，车轮垂向载荷大，反之亦然，可有效增加路面提供的总制动力。通过主动悬架可动态调整作用在前后车轮的垂向载荷。主动悬架的控制逻辑为

$$F_z = A\mathrm{sgn}(T_b - \overline{T}_b) \qquad (6\text{-}12)$$

式中，F_z 为主动悬架的输出力；A 为动态调整力幅值；T_b 为制动器的制动力矩；$\overline{T}_b$ 为制动过程中平均制动力矩。

在分离路面上制动，单独的 ABS 控制难以同时满足制动距离和方向稳定性的目标。主动前轮转向、四轮转向等与 ABS 协同控制，利用主动转向产生的横摆力矩部分抵消因左右制动力不对称产生的偏航力矩，从而充分利用路面提供的附着力来缩短制动距离并保持制动方向的稳定性。

电动车辆采用机、电复合制动实现能量回收，机、电协调包括静态制动力分配和动态复合制动协调。静态制动力分配涉及前后轴制动力分配和复合制动转矩分配两方面。在前后轴分配中，为实现能量回收最大化，对于单轴驱动的车辆，在保证后轮不抱死的前提下，尽可能将制动力分配到驱动轴。图 6-10 所示为前驱电动汽车前后轴制动力分配策略，图中 μ 为路面附着系数，z 为制动强度。制动强度小（如 $z<0.3$）时，制动力全部分配到前驱动轴；当制动强度进一步增

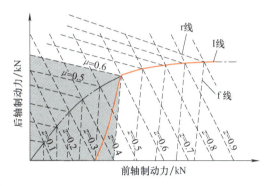

图 6-10　前驱电动汽车前后轴制动力分配

加，后轴制动介入，并最终过渡到 I 线（理想前后轴制动力分配曲线）。

电机再生制动和机械摩擦制动转矩的分配直接影响能量回收率。在电动助力型制动系统中，常采用并联式分配策略，即按照一定比例分配机、电制动力。在完全解耦型制动系统中，多采用串联式分配策略，优先使用再生制动，当再生制动不能满足制动强度要求时，再增加机械制动。

在机电复合制动中（图 6-11），由于电机和机械制动系统的动态响应特性不同，独立的电机和机械制动控制所产生的复合制动力不能准确跟踪

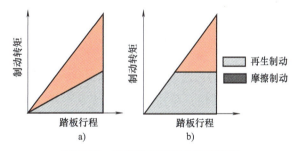

图 6-11　复合制动的基本分配策略
a）并联式　b）串联式

目标制动力，易引起制动力突变、响应滞后等，影响制动安全和舒适性。解决的思路有：

1）调整电机响应速度，使其与机械系统的动态特性一致。

2）利用电机快速响应的特点对控制偏差进行补偿。

3）控制再生制动退出和机械制动介入的速率等。

6.2.4　侧向动力学协调控制

侧向动力学协调控制的目标是改善车辆的操纵性和侧向稳定性。评价指标包括敏捷

性、线性度（车辆线性响应程度）、稳定性等。车辆侧向动力学控制手段有直接横摆力矩控制 DYC、四轮转向 4WS、主动悬架控制 ASS、主动空气动力学控制 AAS、主动前轮转向 AFS 以及主动侧倾控制 ARC、主动外倾控制 ACS 等。各控制手段对侧向动力学性能改善的效用、作用范围、动力学交互耦合程度等均不同。

1. 直接横摆力矩控制

直接横摆力矩控制可在整个侧向加速度范围内实现车辆的不足转向特性，是最有效的侧向动力学增强的底盘控制方法。DYC 通常基于差动制动实现，制动会导致车速降低和额外的能量损失，因此一般在危险、极限工况下应用。

2. 四轮转向

四轮转向同样可以在整个侧向加速度范围内实现车辆的不足转向特性，在中低侧向加速度条件下对转向特性调整的贡献要大于极限工况。DYC 和 4WS 协同控制可实现对不足转向特性和侧偏角的独立调节。

3. 主动悬架控制

主动悬架控制能改变前后轴抗侧倾力矩的分布，进而产生侧向载荷转移、侧向力和车轮侧偏刚度变化。增加前轴抗侧倾力矩时，前轴载荷的转移使得车辆不足转向增加，反之将降低不足转向。主动悬架控制对转向特性的作用只有在较大的侧向载荷转移（也即较大侧向加速度）时显著，且效用低于直接横摆力矩控制。

4. 主动空气动力学控制

主动空气动力学控制通过改变前后轴垂向载荷分配实现不足转向特性调整。因气动力与速度平方相关，AAS 对转向特性的效用受速度影响，仅在高速时起作用，另外在不同速度下产生的响应也不一致。

5. 主动前轮转向

主动前轮转向改变的是车辆侧向动力学响应与转向盘转角的关系，也即驾驶人感知的不足转向特性，而并没有改变车辆本身的转向特性，即车轮转向角与侧向动力学响应的关系，因而仅有益于有人驾驶车辆。

图 6-12 所示为主动前轮转向与直接横摆力矩协调控制以改善车辆侧向动力学响应的控制器结构。根据驾驶人的转向角输入 δ_{sw}、当前车速 v 及参考模型计算参考的横摆

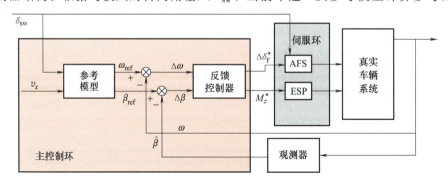

图 6-12　AFS+DYC 协调控制结构

角速度 ω_{ref} 和侧偏角 β_{ref}，将参考值与车辆状态的测量或估计值进行比较得到侧向响应误差，作为控制器的输入。控制器采用基于规则的控制、最优控制、MPC 或模糊控制等方法实现控制分配，输出主动前轮转向的控制量——转向增量 $\Delta\delta_f^*$ 和直接横摆力矩 M_z^* 等，分别由 AFS 和 ESP 进行伺服跟踪控制。

6.2.5　车身运动协调控制

车身运动协调控制的目的是改善驾乘舒适性、操纵性和稳定性。评价指标包括侧倾梯度（$\partial\varphi/\partial a_y$）、侧倾相位响应（相对侧向加速度）、侧翻指数、关键侧翻车速、俯仰角等操纵性指标，及侧倾、俯仰、垂向加速度响应等舒适性指标。从现有的研究重点和实际应用来看，车身运动协调控制关注的重点是整车操纵性和稳定性。车身运动控制的主要手段有主动侧倾控制 ARC、主动悬架控制 ASS、主动外倾控制等。通过主动/半主动悬架技术与直接横摆力矩控制、四轮驱动、主动转向等协调，改善车辆侧翻稳定性是常见的协调控制模式。

侧翻通常发生在大的侧向加速度工况，仅以防侧翻为目标的控制只能降低侧向加速度，并使车辆偏离驾驶人期望方向。图 6-13 所示为基于独立共存框架的 ESP 和 CDC 的侧倾/侧向稳定协调控制结构，控制目标是避免车辆侧翻并使车辆沿驾驶人期望方向运动。期望的制动力 ΔF_x^* 由侧翻指数 RI 计算，期望的横摆力矩 M_z^* 用于减小横摆响应误差。由 ΔF_x^* 和 M_z^* 得到四个车轮分配的制动力 $\Delta F_{x,i}$。侧倾稳定控制器输出期望的侧倾力矩 M_φ^* 以减小侧倾角，再由 CDC 的阻尼器特性和侧倾速度，计算 CDC 的控制电流。

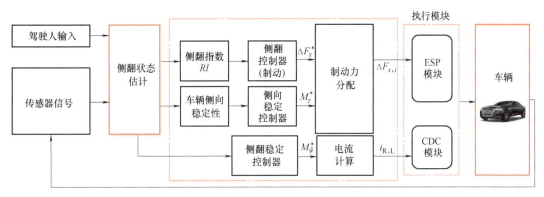

图 6-13　基于 ESP 与 CDC 的侧倾/侧向稳定协调控制结构

6.3　底盘域电子电气架构

随着计算机、机电执行器等关键技术的发展，以及智能驾驶对底盘、车身、动力等域的深度协调控制需求的提出，底盘域电子电气架构正逐渐由当前占主导地位的分布式架构发展为集中域控制架构，而未来将进一步朝整车集成架构演变。

底盘域分布式架构如图 6-14 所示，这是当前主流的电子电气架构。车辆总线分为

动力、车身和底盘总线，通过网关实现各总线间的信息交互。车辆底盘系统 ECU 通过底盘总线互联，构成分布式底盘控制系统。在分布式架构中，底盘子系统由供应商单独开发，有独立的 ECU、控制算法和逻辑。总线上没有主控制器用于

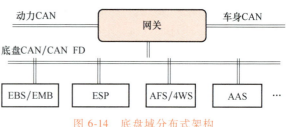

图 6-14　底盘域分布式架构

ECU 间的协调。基于共享的信息，分布式架构支持自下而上的协调控制。各底盘执行器间可存在有限的协调，并通过调整各子系统的控制算法，避免控制目标间的冲突。

底盘域集中控制架构如图 6-15 所示，是当前具有高阶智能驾驶功能车辆的主要电子电气架构类型。一个显著的特征是，在集中式架构中出现域控制器，如座舱域控制器、车身域控制器、动力底盘域控制器等，各域控制器通过以太网连接，实现域间的信息交互。底盘子系统通过总线、星形或混合拓扑等网络拓扑与域控制器通信，子系统的具体功能、结构等与域控制器所实现的协调控制功能有关。

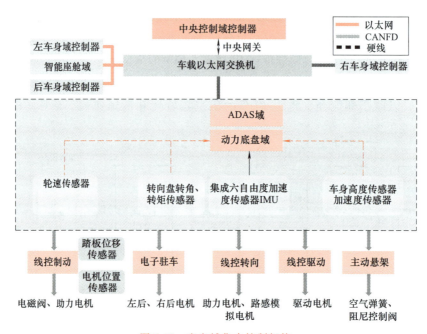

图 6-15　底盘域集中控制架构

当域控制器实施集中协调控制功能时，即域控制器根据整车动力学状态、动力学目标，按照预定的协调策略，向底盘子系统发出动作指令，此时的底盘子系统由原来的具有独立实现特定车辆动力学控制功能的系统退化为一个智能执行部件，执行低层次的闭环功能。例如，线控转向由具有操纵稳定性控制功能的独立系统，退化为执行目标转向角指令的智能转向执行器，线控制动则退化为执行制动压力闭环控制和滑移率控制功能的智能单元。

当域控制实现监督协调控制，即域控制器监控车辆状态和各执行器的工作状态，

适时调整控制参考量，并按预定的协调策略激活或分配动力学控制目标，这时各底盘子系统具有能够独立工作、实现特定动力学控制目标的基本要素，如必要的传感器输入以观测车辆动力学状态。由于各底盘执行器具有独立工作的能力，对底盘域其他部分的故障具有一定的免疫性，因而具有较好的容错性。

参 考 文 献

［1］ XU T, WANG X, MA C, et al. Coordinated control strategy of roll-yaw stability and path tracking for centralized drive electric vehicles ［J/OL］. Proceedings of the Institution of Mechanical Engineers, Part D：Journal of Automobile Engineering, 2023, 237（6）：1260-1276.

［2］ RAHIMI S, NARAGHI M. Design of an integrated control system to enhance vehicle roll and lateral dynamics ［J/OL］. Transactions of the Institute of Measurement and Control, 2018, 40（5）：1435-1446.

［3］ YOON J, CHO W, KOO B, et al. Unified chassis control for rollover prevention and lateral stability ［J/OL］. IEEE Transactions on Vehicular Technology, 2009, 58（2）：596-609.

［4］ RICCO M, ZANCHETTA M, RIZZO G C, et al. On the design of yaw rate control via variable front-to-total anti-roll moment distribution ［J］. IEEE TRANSACTIONS ON VEHICULAR TECHNOLOGY, 2020, 69（2）：1388-1403.

［5］ HAMERSMA H A, SCHALK ELS P. Improving the braking performance of a vehicle with ABS and a semi-active suspension system on a rough road ［J/OL］. Journal of Terramechanics, 2014, 56：91-101.

［6］ ALLEYNE A. Improved vehicle performance using combined suspension and braking forces ［J/OL］. Vehicle System Dynamics, 1997, 27（4）：235-265.

［7］ KIM Y S, PARK J, PARK T W, et al. Anti-jerk controller design with a cooperative control strategy in Hybrid Electric Vehicle ［C/OL］. 8th International Conference on Power Electronics - ECCE Asia：Green World with Power Electronics, ICPE 2011-ECCE Asia, 2011：1964-1968.

［8］ Ansgar Trachtler. Integrated vehicle dynamics control using active brake, steering and suspension systems ［J］. Int. J. Vehicle Design, 2004, 36（1）：1-12.

［9］ MIRZAEINEJAD H, MIRZAEI M, KAZEMI R. Enhancement of vehicle braking performance on split-μ roads using optimal integrated control of steering and braking systems ［J/OL］. Proceedings of the Institution of Mechanical Engineers, Part K：Journal of Multi-body Dynamics, 2016, 230（4）：401-415.

［10］ KOCH A, SCHULZ L, JAKSTAS G, et al. Drivability optimization by reducing oscillation of electric vehicle drivetrains ［J/OL］. World Electric Vehicle Journal, 2020, 11（4）：1-19.

［11］ WANG C, ZHAO W, LUAN Z, et al. Decoupling control of vehicle chassis system based on neural network inverse system ［J/OL］. Mechanical Systems and Signal Processing, 2018, 106：176-197.

［12］ HAJILOO R, ABROSHAN M, KHAJEPOUR A, et al. Integrated steering and differential braking for emergency collision avoidance in autonomous vehicles ［J/OL］. IEEE Transactions on Intelligent Transportation Systems, 2021, 22（5）：3167-3178.

［13］ HER H, JOA E, YI K, et al. Integrated chassis control for optimized tyre force coordination to enhance the limit handling performance ［J/OL］. Proceedings of the Institution of Mechanical Engineers, Part D：Journal of Automobile Engineering, 2016, 230（8）：1011-1026.

［14］ RICCO M, ALSHAWI A, GRUBER P, et al. Nonlinear model predictive control for yaw rate and body motion control through semi-active and active suspensions ［J/OL］. Vehicle System Dynamics, 2023.

［15］ ZHU J, WANG Z, ZHANG L, et al. Braking/steering coordination control for in-wheel motor drive electric vehicles based on nonlinear model predictive control ［J/OL］. Mechanism and Machine Theory, 2019, 142: 1-20.

［16］ HER H, SUH J, YI K. Integrated control of the differential braking, the suspension damping force and the active roll moment for improvement in the agility and the stability ［J/OL］. Proceedings of the Institution of Mechanical Engineers, Part D: Journal of Automobile Engineering, 2015, 229 （9）: 1145-1157.

［17］ RAHIMI S, NARAGHI M. Design of an integrated control system to enhance vehicle roll and lateral dynamics ［J/OL］. Transactions of the Institute of Measurement and Control, 2018, 40 （5）: 1435-1446.

［18］ MAZZILLI V, DE PINTO S, PASCALI L, et al. Integrated chassis control: Classification, analysis and future trends ［J/OL］. Annual Reviews in Control, 2021, 51: 172-205.

［19］ ZHANG H, WANG J. Vehicle lateral dynamics control through AFS/DYC and robust gain-scheduling approach ［J/OL］. IEEE Transactions on Vehicular Technology, 2016, 65 （1）: 489-494.

［20］ 靳万里. 基于传感器解析冗余的智能汽车底盘域控制策略研究 ［D］. 长春: 吉林大学, 2022.

［21］ GHONEIM Y A, LIN W C, SIDLOSKY D M, et al. Integrated chassis control system to enhance vehicle stability ［J/OL］. International Journal of Vehicle Design, 2000, 23 （1）: 124-144.

［22］ ZHANG L, DUAN J, SU T, et al. Chassis cooperative control of in-wheel motors drive electric vehicle for improving spatial stability ［J/OL］. Jixie Gongcheng Xuebao/Journal of Mechanical Engineering, 2022, 58 （10）: 209-221.

［23］ 邱绪云. 汽车底盘集成控制系统设计与开发 ［D］. 上海: 同济大学, 2006.